Hauke Ritz

Vom Niedergang des Westens zur Neuerfindung Europas

Bibliografische Information der Deutschen Bibliothek:
Die Deutsche Bibliothek verzeichnet diese Publikation
in der Deutschen Nationalbibliografie.

3. Auflage 2025

Umschlaggestaltung: Gisela Scheubmayr

Druck: Custom Printing, Warszawa
Printed in Poland
ISBN: 978-3-85371-526-0

Promedia Verlag
Rotenlöwengasse 8/4
1090 Wien
Österreich

E-Mail: promedia@mediashop.at
Web: www.mediashop.at | www.verlag-promedia.de

Hauke Ritz

Vom Niedergang des Westens zur Neuerfindung Europas

PROMEDIA

Über den Autor

Hauke Ritz, geboren 1975 in Kiel. Studium der Philosophie mit Schwerpunkt Geschichtsphilosophie. Lehrtätigkeit an der Universität Gießen, der Lomonossow-Universität und der Staatlichen Geisteswissenschaftlichen Universität in Moskau. 2022 veröffentlichte er mit Co-Autorin Ulrike Guérot »Endspiel Europa« und leitet seither gemeinsam mit ihr das European Democracy Lab e.V.

Inhalt

1. Der Niedergang des Westens und Europas

1.1 Eine Kinderfrage

»Warum hasst der Westen Russland so sehr?« Diese zunächst einfach klingende Frage ist doch außergewöhnlich komplex. In normalen Zeiten hätten sich wahrscheinlich Universitäten mit ihr befasst und die Entwicklungsgeschichte der Feindbilder erforscht. Heute jedoch, da sich auch die Universitäten an Sprachregelungen halten, war es der polnischen Youtuberin Ania K. vorbehalten, diese Frage im Frühjahr 2024 in einem Interview mit dem ehemaligen Soldaten und UN-Waffeninspektor Scott Ritter zu stellen.[1]

Was wie eine Kinderfrage anmutet, öffnet doch die Tür zu den tiefsten Geheimnissen unserer gegenwärtigen Epoche. Wer oder was ist die westliche Welt, dass sie sich nach zwei Weltkriegen und einem Kalten Krieg erneut in einem kriegerischen Konflikt mit Russland befindet? Wäre es unter Umständen möglich, gerade mittels dieser Frage einige Rätsel der Gegenwart zu lüften? Und vielleicht verhilft uns gerade diese Frage zu einer neuen Orientierung in dieser schwer verständlichen Zeit. Warum also hasst der Westen Russland so sehr? Auf den folgenden Seiten soll ein Versuch unternommen werden, diese Frage einer polnischen Youtuberin zu beantworten.

Der Zweite Weltkrieg wurde vom faschistischen Deutschland als Vernichtungskrieg geführt. Das Kriegsziel bestand in einer Ausdünnung der russischen Bevölkerung sowie der Versklavung der Überlebenden. Praktisch bedeutete dies, dass während des Russlandfeldzugs Tausende von Dörfern samt ihren Bewohnern ausgelöscht wurden, dass Millionen von Kriegsgefangenen erschossen oder dem Tod durch Hunger und Zwangsarbeit preisgegeben wurden. Während der Genozid an den europäischen Juden mittlerweile aufgearbeitet und zum Teil einer Erinnerungskultur geworden ist, ist das Verbrechen der Nazis an den slawischen Völkern und insbesondere den Russen bis heute kaum in die kollektive Erinnerung eingegangen. Wie

1 Ania K., Scott Ritter, »Why the West hates Russia so much?«, 2. März 2024 https://www.youtube.com/watch?v=Qx6Cm_l94F0 (zuletzt abgerufen am 9. Juni 2024)

real dieser Vernichtungskrieg gegen die sowjetische Bevölkerung erfolgte, ist schon an den Zahlen ersichtlich. Die Sowjetunion verlor im Zweiten Weltkrieg ca. 15 Prozent ihrer Bevölkerung, nämlich 27 Millionen Menschen, von denen ungefähr 16 Millionen Zivilisten waren.

Doch diesem ungeheuren Verbrechen waren Jahrhunderte intensiver Beziehungen zwischen Deutschland und Russland vorangegangen. Zwischen der Zeit Peter des Großen zu Beginn des 18. Jahrhunderts bis zur Amtszeit Bismarcks am Ende des 19. Jahrhunderts bestand sogar eine Deutsch-Russische Allianz, die sich durch einen engen Handels- und Kulturaustausch, militärische Allianzen sowie die Auswanderung von Hunderttausenden von Deutschen nach Russland manifestierte.[2] In dieser Zeit hat Russland einen großen Teil seiner Modernisierung in Kooperation mit deutschen Wissenschaftlern, Kaufleuten, Handwerkern und Diplomaten erfahren. In vielen russischen Regierungskabinetten arbeiteten Deutsche als Minister, dreimal waren Deutsche in Russland Kanzler und in Gestalt Katharina der Großen sogar einmal Zarin.

Es war diese Vergangenheit, die schließlich die Erfahrung des von Deutschland initiierten Vernichtungskrieges überwog und dazu führte, dass sich die Sowjetunion nach den Schrecken des Zweiten Weltkrieges allmählich wieder Deutschland zuwandte. Zunächst der DDR, dann ab den 1970er Jahren auch Westdeutschland, dessen Entspannungspolitik neues Vertrauen schuf und schließlich im Gas-Röhrengeschäft sogar zu einer wirtschaftlichen Kooperation führte. Ab den späten 1980er Jahren ging die Sowjetunion sogar so weit, gegenüber Deutschland die Möglichkeit einer Wiedervereinigung anzusprechen und voranzutreiben. Denn so sehr der deutsche Vernichtungskrieg in Vergessenheit geraten ist, so sehr ist auch vergessen worden, dass Deutschland seine Wiedervereinigung im Wesentlichen der Sowjetunion zu verdanken hat. Frankreich und Großbritannien lehnten die Idee einer deutschen Vereinigung zunächst ab und die USA waren nur unter der Bedingung fortgesetzter NATO-Mitgliedschaft und amerikanischer Truppenpräsenz (einschließlich der Atomwaffen) dazu bereit. Letztlich war es die Sowjetunion, die durch Erfüllung der amerikanischen Bedingungen den Weg zur deutschen Einheit frei

2 Алексей Валериевич Фененко, Взлет и падение русско-германской системы, 12. Mai 2022, https://russiancouncil.ru/analytics-and-comments/analytics/vzlet-i-padenie-russko-germanskoy-sistemy/ (zuletzt abgerufen am 9. Juni 2024)

machte und zudem noch ihre Truppen aus dem gesamten sowjetischen Einflussbereich Osteuropas abzog. Hinter dieser großen Geste stand letztlich der Wunsch der russischen Gesellschaft, wieder ein Teil Europas zu sein und erneut intensive Beziehungen zu Deutschland zu entwickeln, das man trotz des Zweiten Weltkrieges achtete. Nie zuvor hat ein Imperium so viel Macht so schnell – lediglich für das Versprechen der Freundschaft – aufgegeben. Und doch quellen unsere Zeitungen, Fernseh- und Radiosender heute nur so über vor Ablehnung von allem Russischen. Die Frage »Warum hasst der Westen Russland so sehr?« ist von höchster Aktualität. Und man muss ergänzend fragen: »Warum beteiligt sich Deutschland daran?«

Sicherlich spielen die Geographie Russlands und die gewaltigen Rohstoffe des Landes hierbei eine Rolle. Wer so viel besitzt, der weckt Begehrlichkeiten. Sicherlich geht es wie so oft in der Weltgeschichte um Macht- und Geopolitik. Aber Ania K. hätte die Frage dennoch nicht gestellt, wenn es nur darum gehen würde. Denn man kann förmlich spüren, dass in dem Hass, den Hunderte von Artikeln und Fernsehbeiträgen jeden Tag über Russland ausschütten, Kräfte am Werk sind, die mit Macht- und Interessenpolitik alleine nicht mehr erklärt werden können. Wenn der CDU-Politiker Roderich Kiesewetter in der Talkshow bei Markus Lanz die Bombardierung russischer Regierungsgebäude fordert,[3] wenn russischen Bürgern bei der Einreise in die EU ihre Autos, Handys und Reisekoffer entwendet werden, weil diese angeblich gegen die Sanktionen verstoßen,[4] wenn russische Kunst, Literatur aus den Lehrplänen der Universitäten gestrichen werden,[5] wenn russische Athleten gezwungen sind, ohne Fahne und ohne Hymne an den Olympischen Spielen teilzunehmen,[6] wenn ein fast hundertjähriger Angehöriger der Waffen-SS, der im Verdacht steht, an Massenhinrichtungen beteiligt gewesen zu sein, im kanadischen Parlament dafür beklatscht wird, gegen Russland gekämpft zu haben,[7] dann geht es um mehr als nur geopolitische Konkurrenz.

3 Alexander Schmalz, Kiesewetter: Der Krieg muss nach Russland getragen werden, *Berliner Zeitung*, 11.02.2024

4 Lietuvos Respublikos muitinė (Zollbehörden der Republik Litauen) Muitinės pareigūnai sulaikė pirmąjį automobilį su rusiškais registracijos numeriais (Zollbeamte halten das erste Auto mit russischen Kennzeichen fest), 12. März 2024

5 Rupert Koppold, Auf geht's! Tschaikowsky, Tolstoi und Co. ausmerzen!, *Nachdenkseiten*, 4. Juli 2023

6 Tokio 2021 – Ohne Flagge und Hymne: So kämpft Russland um Medaillen, 15. Juli 2021, www.sport.de

7 Werner J. Marti, Eklat wegen Ehrung für einen Waffen-SS-Veteranen in Kanadas Parlament, in: *NZZ*, 26.9.2023

Nun lässt sich die Gegnerschaft zu Russland schon Jahrhunderte zurückverfolgen. Sie strukturierte nicht nur den Kalten Krieg, den Vernichtungskrieg der Nazis und den Krim-Krieg im 19. Jahrhundert. Die ersten Zuschreibungen, die Russland als asiatische Macht beschrieben und somit orientalisierten, finden sich im 16. Jahrhundert, lange bevor Russland die Grenze zu Asien überschritten hatte.[8] War es anfänglich die orthodoxe Identität, die als Triebfeder der Feindschaft fungierte, so wurde es im 19. Jahrhundert Russlands Rolle in der Heiligen Allianz, das Bündnis der großen europäischen Mächte und deren Bekenntnis zur Monarchie, durch die Russland als Gegenpol aller liberalen Kräfte wahrgenommen wurde. Im 20. Jahrhundert kehrt sich dies jedoch um, nun ist Russland zu revolutionär und zu fortschrittlich und wird aus diesem Grund aus Europa ausgeschlossen. Die Zurückweisung Russlands scheint so alt zu sein wie Russland selbst, wobei die konkreten Anlässe wechseln. Russland wird augenscheinlich für das gehasst, was es ist. Doch was verbindet das Zarenreich, die Sowjetunion und das heutige Russland, außer dass sie alle an der Tiefe und Vieldeutigkeit der russischen Identität partizipiert haben? Und was ist der Westen, dass er dieses so schwer auf den Begriff zu bringende Russland hassen muss?

1.2 Europa und der Westen

Dieses Buch stellt die Frage nach dem Wesen dieser Gegnerschaft. Es soll der Versuch gemacht werden, herauszufinden, wie das Fundament des heutigen Westens mit der Frontstellung gegenüber Russland verflochten ist, ja ob nicht vielleicht sogar der unsere Gegenwart bestimmende Niedergang des Westens darin seine Ursache hat? Doch wer nach dem Wesen des Westens fragt, der kommt nicht umhin, auch die Frage nach Europa aufzuwerfen. Denn Europa und der Westen werden heute oft in eins gesetzt, sind aber – und das zeigt sich gerade in dieser Krise – sowohl geographisch, historisch und erst recht zivilisatorisch zu unterscheiden.

Hier eine sich über zwei Kontinente erstreckende internationale Staatengemeinschaft, die ihr politisches Entscheidungszentrum in den USA hat und dessen verbindendes Element von einer gemeinsamen Außen- und

8 Hannes Hofbauer, Feindbild Russland. Geschichte einer Dämonisierung, Promedia, Wien 2022, S. 14f.

Sicherheitspolitik sowie einer gemeinsamen ideologischen Orientierung im Rahmen der NATO bestimmt ist. Und dort ein alter Kontinent, der mindestens 2500 Jahre Geschichte verkörpert, der eine Vielzahl an Epochen und politischer Systeme durchlaufen hat, dessen Identität aber trotz allem ein paar Kernelemente enthält. Zu diesen gehören etwa das antike Erbe, die Prägung durch das Christentum, der Humanismus, die europäische Kunst, Musik, Literatur und Philosophie, die Ansprüche der Aufklärung und schließlich die Erinnerung an zwei Weltkriege und einen Kalten Krieg, die als Mahnung vor jeder Debatte über die Zukunft Europas stehen.

Der Westen hingegen ist über weite Strecken der europäischen Geschichte kaum mehr als eine geographische Bezeichnung für den westlichen Teil Europas gewesen. Erst zu Beginn der Neuzeit wird Westeuropa als ein besonderer Teil Europas erkennbar. Hier bildeten sich die ersten modernen Nationalstaaten, während Mittel- und Osteuropa noch lange in kleinteilige Herrschaftsgebiete eingeteilt blieb, die sich selten an Sprachgrenzen hielten. Im Zentrum Europas, also in Deutschland, existiert zwar eine lange Geschichte von Staatlichkeit, allerdings in einer strikt föderalen Form, durch die über Jahrhunderte hinweg alle Energie auf die Innenpolitik gerichtet und die Kraft für die außenpolitische Expansion gebunden wurde. Lediglich im äußersten Osten Europas entsteht mit Beginn der Neuzeit ebenfalls ein starker Staat, Russland.

Portugal und Spanien begannen bereits im 15. Jahrhundert ihren kolonialen Ausgriff auf die übrige Welt, der bald von Großbritannien, den Niederlanden und Frankreich nachgeahmt wurde. Mit dem Kolonialismus entwickelte sich der Handel, dessen wirtschaftliche Logik bald in einen Konflikt mit den Ansprüchen des Adels geriet, was wiederum zu bürgerlichen Revolutionen führte, erst in den Vereinigten Niederlanden und in Großbritannien, dann in den britischen Kolonien Nordamerikas und schließlich in Frankreich. Trotz dieser politischen Gemeinsamkeiten einiger westeuropäischer Seemächte konnte von einem vereinten Westen lange Zeit nicht die Rede sein. Vielmehr war Konkurrenz und Krieg zwischen den Kolonialmächten die Norm. Dass sich das erste Mal ein Bündnis zwischen den imperialen Mächten Europas herausschälte, das man als die Keimzelle des heutigen Westens bezeichnen könnte, geschah erst mit der Entente cordiale im Vorlauf zum Ersten Weltkrieg, ein von Großbritannien und Frankreich

1904 begründetes Militärbündnis zur Eindämmung des deutschen Kaiserreichs, dem sich 1907 Russland anschloss. Bereits während des Ersten Weltkrieges wurde der Begriff der Demokratie zumindest für die westeuropäischen Mitglieder dieser Allianz zum Leitstern erhoben, mit dem sie sich von den Monarchien Deutschlands und Österreich-Ungarns abgrenzten. Die Spuren dieser ideologischen Auseinandersetzung finden sich heute noch im Briefwechsel zwischen Thomas und Heinrich Mann,[9] die während des Ersten Weltkrieges auf unterschiedlichen Seiten standen.

Der heutige Westen konstituierte sich allerdings erst infolge des Zweiten Weltkrieges. Nun umfasste er mit Ausnahme Spaniens alle Länder Westeuropas, einschließlich Norwegen und Italien. Ab 1952 sind auch Griechenland und die Türkei dabei und ab 1955 ist auch Westdeutschland Mitglied der NATO. Die Allianz begründet sich erneut auf dem Narrativ, die Demokratie müsse gegen ihre Feinde verteidigt werden. Gemäß seiner eigenen Erzählung sind zwar die bürgerlichen Revolutionen der Vereinigten Niederlande, Englands, der Vereinigten Staaten (1776) und Frankreichs (1789) der Ursprung des Westens. Doch haben just drei dieser Länder den europäischen Imperialismus mitbegründet, während das vierte, die Vereinigten Staaten, erst Teile des spanischen Imperiums übernahmen und später auch zum inoffiziellen Nachfolger des britischen Kolonialreichs wurden, weshalb die USA heute das letzte Glied in der langen Abfolge europäischer Imperien sind.

Was also ist der Wesenskern des Westens? Ist es die Demokratie oder der Imperialismus? Nach dem Zerfall des Warschauer Vertrages wird schließlich neben Ostdeutschland auch der größte Teil Osteuropas in den westlichen Einflussbereich integriert. Plötzlich gehören auch slawische Länder wie Polen zum sogenannten Westen. Ja, mitunter werden sogar Japan, Südkorea, Taiwan sowie Australien, Neuseeland und Israel hinzugerechnet, wodurch sich der Westen als ein disparates Gebilde zu erkennen gibt, dem sich nur schwerlich kulturelle und politische Gemeinsamkeiten zuordnen lassen. Der heutige Westen ist in erster Linie das zufällige Produkt von Frontverläufen und Kriegsausgängen, die vom Ersten über den Zweiten Weltkrieg bis zum Kalten Krieg reichen. Der Westen ist somit ein junges Gebilde, das weniger durch politische, geographische oder kulturelle Ähnlichkeit, als

9 Heinrich Mann, Briefwechsel Thomas Mann, Frankfurt am Main 2021

vielmehr durch eine strategische Logik und Machtanwendung geformt worden ist. Dafür spricht auch, dass der heutige Westen von seinen demokratischen Grundlagen nur noch wenig wissen will, diese abbaut und alles der geopolitischen Konkurrenz unterordnet, weshalb er im Ukrainekrieg auch bewusst das Risiko eines Atomkrieges zugelassen hat.

1.3 Der Niedergang des Westens

Vielleicht ist es dieser nicht-revolutionären, sondern vielmehr imperialen Entstehungsgeschichte der westlichen Allianz geschuldet, dass sie die historische Chance von 1989 nicht zu nutzen verstand. Selten in der bisherigen Geschichte wurde eine Zivilisation so sehr von den Umständen begünstigt wie die westliche Welt nach dem Mauerfall 1989 und erneut nach dem Zerfall der Sowjetunion im Dezember 1991. Soeben hatte dieser Westen noch mit einem zweiten Weltsystem konkurriert. Die Konkurrenz durchzog alle Bereiche der modernen Zivilisation, das Militär, die Wirtschaft, die Ideologie und sogar die Kultur. Doch mit einem Mal trat die Gegenseite von ihren Ansprüchen zurück und begann sich stattdessen selbst auf den Westen auszurichten.

Damit war der von den USA angeführte Westen für alle übrigen Kulturkreise zum einzigen Modell von Modernität geworden. Es gab zwar noch andere Zivilisationen, aber nur die westliche Welt war voll entwickelt und verband globalen Einfluss mit Fortschritt. Dem Westen schien daher die Zukunft zu gehören, weshalb auch Osteuropa einschließlich Russland selbst all seine Bemühungen auf eine Integration in den Westen setzte. Entsprechend hoch war die Anziehungskraft, die vom westlichen Lebensstil ausging. Von westlichen Moden, Trends bis zu Filmen, von westlichen Kunstrichtungen bis zu Konsumprodukten wurde nahezu alles aus dem Westen als Symbol einer besseren Zukunft angesehen und entsprechend nachgeahmt. Die geistige und kulturelle Ausstrahlungskraft der USA und Westeuropas war enorm und ließ sich leicht in politischen Einfluss übersetzen.

Doch heute, nur 33 Jahre später, hat derselbe Westen diese Strahlkraft nahezu eingebüßt. An die Stelle des globalen politischen Einflusses ist eine weltweite Ungeduld und Müdigkeit mit der westlichen Politik getreten. Sowohl die USA als auch Westeuropa stehen heute nicht mehr wie 1989 für

Freiheit, Reichtum, Konsum und kulturelle Kreativität. Außenpolitisch steht der Westen heute eher für Sanktionen, Einmischung, ideologische Bevormundung sowie von Irak, Libyen bis Gaza für Krieg. Und innenpolitisch für mehr und mehr sichtbare Armut, hohe Lebenshaltungskosten, kulturellen Verfall und eine zunehmend harte und irrationale Ideologie, die Zustimmung verlangt und Widerspruch ahndet. Bestimmte Aspekte der westlichen Ideologie, wie z. B. die von der LGBT-Bewegung hervorgebrachten Werte, die intime Fragen öffentlich verhandeln, ruft sowohl in und erst recht außerhalb der westlichen Welt Unverständnis hervor. Gerade in traditionellen Gesellschaften zeigt man sich oft verwundert über die dort wahrgenommene Künstlichkeit der postmodernen Werte und Themen, insbesondere dann, wenn diese Werte auch noch als Vorwand für Einmischung in die inneren Angelegenheiten anderer Länder dienen.

An die Stelle der einstigen Modernität und Strahlkraft sind somit Konfliktbeziehungen zu gleich mehreren Kulturkreisen der Welt getreten. Die Beziehungen zu Russland haben bereits ihren Endpunkt erreicht und sind in den offenen Krieg übergegangen. Die Beziehungen zu China und Iran sind äußerst angespannt und befinden sich kurz vor diesem Punkt. Das Verhältnis zur arabischen Welt, Lateinamerika und Afrika ist von zunehmender Distanz, Entfremdung und wechselseitigem Desinteresse geprägt. Man fragt sich, mit wem der Westen überhaupt noch verbündet ist? Denn die Tagesnachrichten zeugen unmissverständlich davon, dass der heutige Westen einen Konflikt mit allen Regionen der Welt unterhält, die außerhalb seiner direkten Einflusszone liegen.

Diese rasante Verwandlung des Westens vom Hort der Zivilisation in ein Beispiel ihres dramatischen Zerfalls wirft viele Fragen auf. Wie konnten die USA und Westeuropa in nicht einmal drei Jahrzehnten von der einst vorbildhaften Position derart ins Abseits geraten? Wieso hat die westliche Welt das Vertrauen nicht genutzt, das ihr in den 1990er- und auch noch in den 2000er Jahren von vielen Schwellenländern entgegengebracht wurde? Wie kam es zu der Kette von westlichen Kriegen, die von Afghanistan, Irak, Libyen bis Gaza zusammen mit diesen Ländern auch die Aura westlicher Werte zerstörte? Und wieso sucht der Westen in dieser problematischen Situation auch noch den Konflikt mit Russland? Einen Konflikt wohlgemerkt, den der Westen nur führen kann, indem er die Ukraine und ihre Menschen selbstsüchtig vor den Augen der Welt als Werkzeug seiner eigenen geopolitischen Einflussnahme benutzt und verbraucht. Ist diese Entwicklung mit dem Kern der westlichen Identität verbunden und wenn ja, worin besteht sie?

1.4 Der Niedergang Europas

Um den Niedergang des Westens zu verstehen, ist es ratsam, einen anderen damit verflochtenen Prozess zu betrachten, nämlich die jüngere Geschichte Europas, das sowohl geographisch als auch historisch mit dem Westen verflochten ist, ohne in ihm aufzugehen.

In der jüngeren Geschichte Europas sticht ein Datum besonders ins Auge, nämlich der 28. Juli 1914, der Tag des Ausbruchs des Ersten Weltkrieges. Der Erste Weltkrieg wird häufig als die Urkatastrophe der jüngeren europäischen Geschichte bezeichnet, weshalb es durchaus möglich ist, an diesem Datum den Beginn einer Geschichte des Niedergangs festzumachen. Wie dramatisch der Einschnitt des Ersten Weltkrieges für Europa gewesen ist, wird nicht nur anhand der 10 Millionen Soldaten deutlich, die in diesem Krieg ums Leben kamen, was auf die Kriegstage verteilt mehr als 6000 Soldaten pro Tag bedeutete. Sondern auch, weil dieser Krieg das erste Glied in einer langen Kette von europäischen Kriegen gewesen ist, die bis heute fortdauern. Wie dramatisch der Einschnitt des Ersten Weltkrieges tatsächlich gewesen ist, wird auch daran deutlich, dass es durch diese Katastrophe zu einer nachhaltigen Veränderung der europäischen Kultur gekommen ist. Die geistigen Erschütterungen, die von diesem Krieg ausgingen, waren derart gewaltig, dass sogar die Kunst sich veränderte und abstrakt wurde. Der Erste Weltkrieg bildet die Wasserscheide zwischen dem 19. und 20. Jahrhundert.

Die Kriegsschuldfrage ist im Falle des Ersten Weltkrieges außerordentlich komplex und bis heute heiß umkämpft. Es war sicherlich ein Krieg zwischen dem absteigenden britischen Kolonialreich und der aufsteigenden Macht Deutschland, das schon ökonomisch kurz davorstand, zum Hegemon Europas zu werden. Durch die Reichseinigung 1871 unter Bismarck war aus der Perspektive der westeuropäischen Staaten das Mächtegleichgewicht in Europa gestört worden. Es funktionierte dennoch leidlich, solange das bismarcksche Bündnissystem in Takt blieb, das Deutschland im Osten verankerte, nämlich sowohl an Österreich-Ungarn als auch an Russland band, obgleich beide Bündnispartner auf dem Balkan miteinander konkurrierten. Als nach Bismarcks Abgang 1891 der Rückversicherungsvertrag mit Russland aufgelöst wurde, vertraute die deutsche Diplomatie darauf, dass sowohl die Spannungen zwischen Frankreich und Großbritannien als auch die zwischen Großbritannien und Russland groß genug sein würden, um eine Einkreisung des Kaiserreichs zu verhindern. Sie täuschten sich, und so ermöglichte die Abkehr von den Grundsätzen der bismarckschen Außenpolitik die Entstehung gänzlich neuer Bündnisbeziehungen, die letztlich den Ersten Weltkrieg ermöglichten.

Konkurrenzsituationen zwischen einer auf- und einer absteigenden Weltmacht kehren in der Geschichte immer wieder und werden seit einigen Jahren in Anlehnung an den griechischen Historiker Thukydides auch als Thukydides-Falle bezeichnet.[10] Nach ihr ist ein Krieg sehr wahrscheinlich, wenn ein etablierter Hegemon allmählich durch eine aufsteigende Macht überflügelt wird. Weder konnte im frühen 20. Jahrhundert die damalige Supermacht Großbritannien die wachsende Macht Deutschlands akzeptieren, das sich anschickte, über die Bagdad-Bahn Zugriff ins Herz des Nahen Ostens zu erlangen und dessen wachsende Flotte von Großbritannien zumindest als Gefahr wahrgenommen wurde, wenngleich sie es aufgrund fehlender Stützpunkte nicht war. Für Deutschland wiederum war es sehr schwierig, auf seinen Aufstieg zu verzichten. In wirtschaftlicher Hinsicht ließ sich dieser ohnehin kaum beeinflussen. Lediglich in politischer Hinsicht hätte es Spielräume gegeben. Doch hatte das bismarcksche Verständnis von Deutschland als einer saturierten Macht zunehmend an politischem Einfluss verloren und war – ganz ähnlich wie in der Gegenwart – durch das auftrumpfende Verhalten einer jüngeren Generation ersetzt worden, die den Ernst der Lage nicht erfasste und vor allem die Denkweise der britischen Elite nicht zu antizipieren vermochte. Doch neben den Interessen der damaligen britischen Weltmacht spielten auch die imperialen Interessen Frankreichs, Russlands, der USA, Österreich-Ungarns und Italiens eine Rolle und bildeten das Zünglein an der Waage. Erschwerend hinzu kam, dass die deutsche Kriegsplanung in Gestalt des Schliefen-Plans eine Mobilisierung vorbereitet hatte, die an sehr

10 Der griechische Historiker Thukydides hatte eine Machtkonstellation zwischen dem absteigenden Sparta und dem aufsteigenden Athen beschrieben.

enge Fristen gebunden war. Diese engen Fristen übertrugen sich auf die Diplomatie, deren Möglichkeiten entsprechend eingeengt wurden und letztlich einen Automatismus in Gang setzten, der nur noch zum Krieg führen konnte.

Doch der Friedensvertrag von Versailles 1919 reflektierte weder die Paradoxie einer Thukydides-Falle, noch unternahm er einen Versuch nach dem Vorbild des Wiener Kongresses, ein neues Machtgleichgewicht in Europa zu etablieren, das allen Parteien gerecht geworden wäre. Hatte der Wiener Kongress den Verlierer Frankreich ausdrücklich in die neue Ordnung einbezogen und so diese stabilisiert, so tat man in Versailles das Gegenteil und strebte die nachhaltige Schwächung Deutschlands an. So übertrug man die Kriegsschuld auf jenen Akteur, der durch sein Wirtschaftswachstum das Mächtegleichgewicht verändert hatte. Indem die Kriegsschuld auf den Verlierer Deutschland übertragen wurde, wurde sie zur Rechtfertigung für Reparationszahlungen, Gebietsabtretungen und Rüstungsbeschränkungen, die letztlich den Krieg als Wirtschaftskrieg fortsetzten. Der Ökonom John Maynard Keynes hatte für die britische Delegation an den Verhandlungen teilgenommen und versuchte vergeblich, die Durchsetzung eines einseitig von den Siegern diktierten Friedens zu verhindern. Hellsichtig schrieb er ein Jahr nach Abschluss der Friedensverhandlungen in einem eigens dazu verfassten Buch: »Wenn wir bewusst auf die Verarmung Mitteleuropas [Deutschlands] abzielen, wird die Rache, so wage ich vorauszusagen, nicht auf sich warten lassen. Nichts kann dann den endgültigen Krieg zwischen den Kräften der Reaktion und den verzweifelten Zuckungen der Revolution noch lange hinauszögern, vor dem die Schrecken des späten deutschen Krieges zu einem Nichts verblassen werden.«[11]

Tatsächlich war es diese Verarmung, die eine stabile bürgerliche Ordnung im Nachkriegsdeutschland unmöglich machte und die junge Weimarer Republik so letztlich vor die fatale Wahl zwischen Revolution und Reaktion, bzw. Sozialismus oder Nationalismus stellte. Der Erste Weltkrieg und der Versailler Vertrag legten die Saatkörner für den Aufstieg des Faschismus, eine Saat, die dann infolge der Inflation von 1922/23 und der Weltwirtschaftskrise von 1929, die Deutschland besonders hart traf, tatsächlich auch aufging. Der vom nationalsozialistischen Deutschland ausgelöste Zweite Weltkrieg führte sogar zu noch mehr Opfern als der Erste Weltkrieg. Doch zu einem wirklich

11 John Maynard Keynes, The economic consequences of the peace, London 1920, S. 251

stabilen Frieden sollte es auch dieses Mal nicht kommen. Durch die Teilung Deutschlands und Europas ging der Zweite Weltkrieg fast umstandslos in den Kalten Krieg über. Das europäische Mächtegleichgewicht konnte angesichts der nun vorhandenen amerikanischen Präsenz in Europa nicht wiederhergestellt werden. An die Stelle eines Gleichgewichts zwischen vier bis sechs europäischen Mächten trat die Bipolarität zwischen den USA und der Sowjetunion, die nun beide ihre Ideologien auf ihren Machtbereich übertrugen.

Der Kalte Krieg endete abermals in einem problematischen Friedensschluss, insofern dieser keine Synthese zwischen dem sozialistischen und kapitalistischen Wirtschafts- und Gesellschaftsmodell anvisierte (was z. B. ein sozialdemokratischer Kompromiss hätte sein können), sondern stattdessen das neoklassische und liberale Wirtschaftsmodell amerikanischer Prägung zum verbindlichen Modell für die Zeit nach dem Mauerfall machte. Durch die Wahl dieses Wirtschaftsmodells wurde das Ende des Kalten Krieges von den USA als Sieg interpretiert, was mit dem Anspruch einherging, dem Verlierer Bedingungen aufzuerlegen. Und so dauerte es nicht lange, bis die einstmals sozialistischen Länder mittels der neoliberalen Schocktherapie praktisch deindustrialisiert wurden, während die USA und Westeuropa sich im Rahmen der Globalisierung dem Freihandel verschrieben. Für das einst sozialistische Lager des Kalten Krieges war weder Souveränität noch Partnerschaft, sondern eher eine neokoloniale Abhängigkeit als Lieferant von Rohstoffen und billigen Arbeitskräften vorgesehen. Die Fehler des Versailler Friedensschlusses wurden in gewisser Weise wiederholt. Statt einen Ausweg aus dem europäischen Jahrhundert des Krieges anzustreben, suchte man das eigene Lager durch Schwächung der Gegenseite zu stabilisieren, ein Umstand, der für Russland aus einer ganzen Reihe an Gründen unannehmbar war, weshalb es zu einem neuen Kalten Krieg in Europa und schließlich sogar einem heißen Krieg in und um die Ukraine gekommen ist.

1.5 Die europäische Tragödie

Aus all dem folgt, dass sich der europäische Kontinent seit 1914 in einer nicht enden wollenden Schuldverstrickung befindet, in der ein Krieg den nächsten gebiert. Ja, man fühlt sich fast an die Schuldenketten griechischer Tragödien erinnert, in der ganze Familien über Generationen hinweg von einem Fluch belastet sind. Man kann deshalb die europäische Schuldverstrickung mit einem Sinnbild beschreiben: Der Periode von 1914 haften alle Merkmale eines europäischen Bürgerkrieges an. Gemessen an diesem Bild ist 1914 die kulturelle Einheit Europas zerbrochen und der Kontinent befindet sich seitdem in einem nicht enden wollenden Bürgerkrieg. Jeder einzelne Abschnitt dieses europäischen Bürgerkrieges hat Europa weiter geschwächt. Nach jedem einzelnen Abschnitt dehnte sich der Westen aus und wurde Europa weiter verwestlicht. Mit jeder neuen Phase in diesem Bürgerkrieg begann die einstige Einheit »Europa« weiter zurückzutreten und wurde schleichend durch eine neue Einheit ersetzt, der Einheit des »Westens«, die im Unterschied zur ersten nicht mehr auf den Kontinent Europa beschränkt war, sondern sein Zentrum sogar in Nordamerika, einem ganz anderen Kontinent, hatte.

Noch vor dem Ersten Weltkrieg war Europa das Zentrum der globalen Weltwirtschaft mit dem höchsten Entwicklungsgrad im Bereich der Wissenschaft und Technik. Sowohl die USA als auch Russland bildeten damals eher die Peripherie der Weltwirtschaft. Hinzu kam Europas Rolle als Kulturzentrum mit globaler Ausstrahlungskraft. Trotz der Unterteilung in verschiedene Nationalstaaten standen die Philosophen, Schriftsteller und Künstler Europas im ständigen Austausch untereinander. Diese kulturelle Einheit Europas, an der seit dem 19. Jahrhundert auch russische Schriftsteller und Intellektuelle mitwirkten, war spürbar im zeitlichen Takt der Kunstepochen, die wie Wellen durch Europa gingen und sie als kulturellen Resonanzraum erfahrbar machten. Thomas Mann hat in seinem berühmten Roman »Der Zauberberg« diese kulturelle Einheit am Beispiel eines Schweizer Sanatoriums beschrieben. Allerdings beschreibt sein Roman auch, wie bereits der Zerfall dieser Einheit durch die Unversöhnlichkeit zwischen einer liberalen Weltsicht (vertreten durch Settembrini) und der kommunistischen Weltsicht (vertreten durch Naphta) innewohnt.

Nach dem Ersten Weltkrieg war der Kontinent immer noch die am höchsten entwickelte Region der Welt, allerdings bereits hoch verschuldet und politisch instabil. Eigentlich hätte das 20. Jahrhundert dennoch ein europäisches Jahrhundert werden können und sollen. Doch der Zweite Weltkrieg zerstörte diese Möglichkeit. Nach dem Zweiten Weltkrieg war Europa bereits in amerikanische und sowjetische Abhängigkeit geraten. Europa wurde von den beiden Flügelmächten besetzt und zum Schlachtfeld in einem potenziellen Dritten Weltkrieg auserkoren. Die Einheit des Kontinents wurde durch die Teilung in Ost und West endgültig aufgehoben.

Ende der 1980er Jahre stand es um dieses besetzte und geteilte Europa nicht besonders gut. Die einzelnen Staaten hatten fast alle ihre Souveränität in Fragen der Sicherheits- und Außenpolitik an eine der beiden Supermächte abgetreten. Wie selbstmörderisch das war, zeigte der Herbst des Jahres 1983, als ein äußerst provokativ und verantwortungslos durchgeführtes NATO-Manöver mit dem Namen »Abel Archer« beinahe den Dritten Weltkrieg ausgelöst hatte.[12] Diese Situation war vor allem deshalb gefährlich, weil damals die Idee eines begrenzten Atomkrieges, der sich lediglich auf Mitteleuropa beschränken würde, von den Supermächten in Erwägung gezogen wurde. Auch wenn es dieses Mal noch einmal gut gegangen war, schien es nur eine Frage der Zeit zu sein, bis der Krieg einmal ausbrechen würde.

Doch dann kam 1985 ganz überraschend der Machtwechsel in Moskau. Ein Entspannungspolitiker zog in den Kreml ein, der das Feindbild der NATO durch bis dahin nicht für möglich gehaltene Zugeständnisse und vertrauensbildende Maßnahmen ad absurdum führte. Die Teilung Europas und Deutschlands, die fast alle Zeitgenossen als dauerhaft eingeschätzt hatten, kam so überraschend mit dem Fall der Berliner Mauer am 9. November 1989 an ihr Ende.

1.6 Das Jahr 1989: ein symbolisches Datum

Das Jahr 1989 wäre im Grunde genommen der Zeitpunkt gewesen, an dem Europa den europäischen Bürgerkrieg hätte beenden können. Denn einerseits wurde mit dem Mauerfall die Spaltung Deutschlands und Europas aufgehoben, womit die latente Drohung des Atomkrieges endete, die wie ein Damoklesschwert 40 Jahre über Europa geschwebt hatte. Andererseits war 1989 aber auch das Jahr, in dem die Französische Revolution sich zum zweihundertsten Mal jährte. Hinzu kam noch der 75. Jahrestag des Ausbruchs des Ersten Weltkrieges im Jahr 1914.

Diese einzigartige Kombination an Jubiläen im Jahr des Epochenbruchs verlieh dem Jahr 1989 eine hohe symbolische Bedeutung. Es wurde

12 Georg Schild, 1983 – Das gefährlichste Jahr des Kalten Krieges, Paderborn 2013, S. 161–190

buchstäblich zu dem historischen Moment, an dem sich für Europa ungeahnte Möglichkeiten auftaten. Einerseits war im Mauerfall und im Jahrestag des Ersten Weltkrieges die Aufforderung beschlossen, nun endlich die Kette von Kriegen und Konfrontationen zu unterbrechen, die den Kontinent seit dem Ausbruch des Ersten Weltkrieges im Jahr 1914 nie mehr losgelassen hatte. Und andererseits bot der Jahrestag der Französischen Revolution den Anlass, sich erneut an das Zivilisationsversprechen Europas zu erinnern, das mit dem Gedanken einer aufs Allgemeinwohl orientierten Republik aufs Engste verbunden ist. In gewisser Weise hätte 1989 das beenden können, was 1914 begonnen hatte, die Epoche des europäischen Bürgerkrieges. Europa hatte nach 1989 die einmalige Chance, das Gründungsversprechen eines geeinten Europas, Frieden und Demokratie dauerhaft zu verwirklichen.

Knapp zwei Jahre nach dem Mauerfall erneuerte sich diese Möglichkeit ein weiteres Mal. Am 25. Dezember 1991 war mit dem Rücktritt Michail Gorbatschows die Sowjetunion zerfallen und die Russische Föderation als eigenständiges völkerrechtliches Subjekt begründet. Nur sechs Wochen und zwei Tage später, am 7. Februar 1992, wurde die Europäische Union gegründet. Die Tatsache, dass die Russische Föderation und die Europäische Union fast zeitgleich entstanden, wirkt im Rückblick wie ein Wink des Schicksals. Darin schien die Aufforderung beschlossen zu sein, doch gemeinsam die Zukunft zu gestalten.

Nachdem sich Russland als Rechtsnachfolger der UdSSR selbst vom Sozialismus verabschiedet hatte, bestand die Möglichkeit, das Land in den Westen zu integrieren. An entsprechenden Angeboten von russischer Seite hatte es nicht gefehlt. Russland war sogar bereit, der NATO beizutreten.[13] Mit Gorbatschow, Jelzin und Putin (in seiner ersten Amtszeit) hatten ein sowjetischer Generalsekretär und zwei russische Präsidenten auf dieses Ziel einer Integration in den Westen hingearbeitet. Diese Periode, in der die russische Außenpolitik von einer ausgestreckten Hand in Richtung Westen bestimmt gewesen ist, deckte einen Zeitraum von mindestens 19 Jahren ab. Und selbst danach bestanden viele der damals verhandelten Möglichkeiten weiter und wurden erneut Angebote unterbreitet.

13 Jacques Baud, Putin Herr des Geschehens? Frankfurt am Main 2023, S. 39ff.

Wäre es dazu gekommen, hätten die beiden Flügelmächte Europas, nämlich die USA und Russland, sich auf europäischem Boden die Hände gereicht. Das Ende des Kalten Krieges wäre nicht als Sieg einer Seite über die andere, sondern als Einigung beider interpretiert worden. Damit wären die schmerzhaften Spuren des Kalten Krieges aber auch zweier Weltkriege endgültig aufgehoben worden. Auch das Europa der EU hätte in dieser Dreierkonstellation wirkliche Souveränität erlangen können. An die Stelle des einstigen Vasallenstatus gegenüber den USA und der Sowjetunion wäre eine partnerschaftliche Beziehung getreten. Dies wiederum hätte die Tür geöffnet für die Entstehung einer nördlichen Zivilisation, die ihrerseits aus drei souveränen Polen, nämlich den USA, dem Europa der EU und Russland, bestanden hätte und die sich auf gemeinsame Wurzeln in der europäischen Kultur und Geistesgeschichte hätte berufen können. Der Bezug auf die gemeinsame historische und kulturelle Identität hätte die Machtbeziehungen eingehegt und beherrschbar gemacht. Die Entspannungspolitik eines Henry Kissingers und Willy Brandts hätten zudem die Methoden und Werkzeuge für einen dauerhaften Frieden von Wladiwostok bis Vancouver bereitgestellt. Vor allem dann, wenn in ökonomischer Hinsicht eine neue Periode der Sozialdemokratie die Synthese zwischen den kapitalistischen und sozialistischen Ansprüchen gebildet hätte. Der Westen hätte also seine eigenen Konzepte (Entspannungspolitik und Sozialdemokratie) verwenden können, um nach dem Kalten Krieg eine stabile und integrative Friedensordnung zu errichten.

Wie sähe die Welt heute aus, wäre ein solches Bündnis zustande gekommen? Mit hoher Sicherheit gäbe es heute keinen Krieg in Europa. Und auch der Aufstieg der Bevölkerungsgiganten China und Indien hätte in dieser Konstellation sicher nicht die Probleme verursacht, mit denen die USA heute konfrontiert sind. Statt mit einer Gegenkoalition der BRICS+-Staaten konfrontiert zu sein, hätten die USA zusammen mit der EU und Russland selbst den Weg in eine multipolare Welt ebnen können. Unter solchen Bedingungen wäre eine gewisse Führungsfunktion des Westens auch noch innerhalb einer multipolaren Welt anerkannt worden.

Warum ist dieser vernünftige Weg, von dem ja letztlich auch die Vereinigten Staaten selbst profitiert hätten, nicht eingeschlagen worden? Warum wurde stattdessen ein Entwicklungspfad gewählt, der Russland, China und

Iran konstant unter Druck setzt, sie auf diese Weise zu einer Schicksalsgemeinschaft zusammenschmiedet und so letztlich die Entstehung eines antiwestlichen Blocks provoziert hat, dem sich derzeit sogar noch große Teile der arabischen, afrikanischen und lateinamerikanischen Welt anschließen?

1.7 Das Rätsel, um das es geht

In gewisser Weise handelt es sich bei dem gerade beschriebenen Widerspruch um ein Rätsel, das im Laufe dieses Buches näher beantwortet werden soll. Die Gründe, aus denen heraus sowohl Europa als auch die USA Russland nur als Konkurrenten, als Gegner und nicht als europäischen Nachbarn, verwandte Kultur und stärkende Kraft wahrnehmen konnten, mögen unterschiedlich sein. Im Falle Europas ist dies vermutlich die Folge eines Selbstverlustes, das Verstummen eines Grundgefühls von sich selbst, was vielleicht die späten Folgen des Traumas zweier Weltkriege darstellt. Also das Resultat von etwas, das sich geistig in Europa ereignet hat, lange bevor es sich schließlich in einer bestimmten Politik materialisierte. In seinem tiefsten Inneren ist Europa von den beiden Weltkriegen immer noch derart erschüttert und traumatisiert, dass es aus ihnen die Angst zurückbehalten hat, erneut europäisch zu sein. Und so konnte in der Nachkriegszeit schleichend die westliche Identität die europäische überdecken. Die Ansprüche der alten europäischen Zivilisation wurden im Schatten des Wirtschaftswunders, des Konsums und des beruflichen Aufstiegs einer ganzen Generation schleichend durch eine westliche Identität überlagert. Während alles Europäische mit dem Ballast der Geschichte beladen war, Ernsthaftigkeit und Studienzeit voraussetzte, präsentierte sich der Westen vor allem über das Versprechen, das von seinen Produkten ausging. Diese versprachen schnelle Lusterfüllung, boten Unterhaltung, vermittelten Freude am Besitz und traten mit einer geradezu jugendlichen Einfachheit auf. Und so wurde ein europäisches Bewusstsein bald durch ein westliches Lebensgefühl überschrieben. Dass dieses zunächst von Leichtigkeit geprägte Lebensgefühl auch einen Preis hatte, nämlich mit dem Verzicht auf die eigene Geschichte und Identität einhergeht, wurde für viele erst seit der Jahrtausendwende fühlbar.

Im Falle der USA scheinen die Gründe, die zur Russlandfeindlichkeit führten, deutlich komplizierter zu sein. Um die amerikanischen Motive zu verstehen, muss man fragen, von welchem Selbstverständnis die amerikanische Außenpolitik ausgeht, von welchen machtpolitischen Erwägungen sie bestimmt ist. Auch muss man verstehen, welche Merkmale Russland besitzt, dass selbst sein größtes Entgegenkommen, der einseitige Rückzug Russlands aus Osteuropa, die Preisgabe seiner sozialistischen Ideologie, das Geschenk der deutschen Wiedervereinigung nach den Schrecken des Zweiten Weltkrieges, stets aufs Neue wieder die Aggression nach sich zieht. Denn auch für die USA gab es immer die Option einer Bündnisbeziehung mit Russland, die zudem die amerikanische Macht enorm gestärkt hätte. Und man muss deshalb fragen, warum diese Option so leichtfertig verspielt wurde?

Waren es lediglich Inkompetenz, Größenwahn, schlechte Staatsführung, die dies bewirkt haben? Stand dahinter eine Art »westlicher Nationalismus«? Waren es Gewohnheit und institutionelle Trägheit, die hier die Oberhand gewannen? War das Feindbild Russland nach Jahrzehnten des Kalten Krieges einfach zu gut etabliert, um einfach so aufgegeben zu werden? Oder war es die imperiale Vergangenheit vieler westeuropäischer Mächte selbst, die sich hier nur erneut in moderner Form manifestierte? Man darf nicht vergessen, dass die wichtigsten Länder der westlichen Welt, allen voran Großbritannien und Frankreich, auf eine Geschichte als Kolonialmacht zurückblicken. Auch die USA sind im Laufe des 19. Jahrhunderts von einem zunächst antiimperialistisch verfassten Staat zu einer Kolonialmacht geworden, die hinsichtlich ihres Sendungsbewusstseins sogar alle ihre europäischen Vorgänger übertrifft. Der naive Glaube, im Dienst der Menschheit zu handeln, macht viele US-Amerikaner bis heute blind für den Gewaltindex der US-amerikanischen Außenpolitik. Doch auch eine Kolonialmacht ist auf einen Realitätssinn angewiesen. Und dass dieser verletzt worden ist, ist schon alleine daran erkennbar, dass während der Niederschrift dieses Buches ein antiwestlicher Block entsteht, der die größte Nuklearmacht (Russland), die größte Rohstoffmacht (Russland), die größte Wirtschaftsmacht (China), die beiden bevölkerungsreichsten Staaten der Welt (Indien, China) und die zwei wichtigsten Ölproduzenten des Nahen Ostens (Saudi-Arabien und Iran), die beiden kulturell einflussreichsten Staaten der islamischen Welt (Ägypten und Iran) und die stärkste Macht Lateinamerikas (Brasilien) vereint.

Warum haben die USA und mit ihr die gesamte westliche Welt letztlich zum eigenen Nachteil die Konfliktbeziehung zu Russland aufrechterhalten und zugleich andere aufsteigende Mächte von sich entfremdet? Was ist an Russland, dass der Westen es nur als Feind und Gegenpol wahrnehmen konnte und nicht als Partner und stärkende Kraft? Handelt es sich bei dem von den USA angeführten Westen und Russland um antithetische Zivilisationen, vergleichbar dem Verhältnis von Rom und Karthago? Und wenn ja, wie weit geht diese Unversöhnlichkeit? Könnte sie so weit gehen wie im Fall der beiden antiken Großmächte, deren Konkurrenz bekanntlich damit endete, dass Rom im Jahr 146 v. Chr. schließlich dazu überging, die Stadt Karthago und mit ihr die phönizisch-punische Zivilisation und Kultur förmlich auszulöschen? Der Legende nach soll sogar die Ackerfläche in der Region durch Salz unfruchtbar gemacht worden sein.

Eines der furchterregendsten Phänomene, die man nach dem Beginn des amerikanisch-russischen Krieges um die Ukraine beobachten konnte, war die Verleugnung der russischen Kultur, wobei sogar musikalische und literarische Werke aus dem 19. Jahrhundert sowohl von Lehrplänen als auch von Bühnen verschwanden. Auch in der Ukraine wird mit Billigung des Westens ein Krieg gegen die russische Sprache und Kultur geführt, im Zuge dessen – sollten die Ankündigungen wahr gemacht worden sein – Millionen von russischen Büchern aus den Bibliotheken entfernt wurden.[14] Begegnet einem in dieser Missbilligung alles Russischen ein Vorbote einer künftigen Zerstörung der gesamten Kultur, wie sie Rom an Karthago exerzierte? Im Falle des antiken Vorbilds sind die Worte von Cato dem Älteren berühmt geworden, der jede Senatssitzung mit den Worten beendete: »Ceterum censeo Carthaginem esse delendam.« (»Im Übrigen bin ich der Meinung, dass Karthago zerstört werden muss.«) Auch heute existieren in den USA zahlreiche Politiker, die Russland sogar für die innenpolitischen Probleme der USA verantwortlich machen, wie z. B. den Wahlsieg Donald Trumps im Jahr 2016. Nehmen also die heutigen USA eine ähnliche Haltung gegenüber Russland ein wie einst Rom gegenüber Karthago?

Diese hypothetische Überlegung macht eine zweite noch dringlicher. Warum beteiligt sich Europa an einer Politik, die auf die Schwächung Russlands abzielt, zumal Deutschland tatsächlich schon einmal einen Krieg gegen Russland geführt hat, der an den Roms gegen Karthago erinnert? Und warum

14 »Russische Literatur ins Altpapier« – Bücherentsorgung in der Ukraine, *taz*, 23.11.2022

hat sich auch das übrige Europa an der Ablehnung der russischen Kultur beteiligt? Sofern sich tatsächlich herausstellen sollte, dass die westliche Welt und Russland antithetische Zivilisationen sind, deren Prinzipien sich gegenseitig ausschließen, würde dies dann auch für die europäische Zivilisation gelten? Vieles spricht dagegen. Denn ein Europa, das sich von Russland abtrennt, wäre sowohl hinsichtlich seiner historischen, kulturellen als auch geographischen Gestalt verstümmelt.

Wie man es auch dreht und wendet, in kultureller Hinsicht ist Russland ein Mitglied der europäischen Familie. Die russische Geschichte ist aufs Engste mit der Geschichte Zentraleuropas verflochten. Wie das übrige Europa ist auch Russland vom Christentum geprägt worden, wenn auch vom orthodoxen Christentum. Wie das übrige Europa bezieht sich auch Russland seit über tausend Jahren auf das antike Erbe. Seit Russland sich unter Peter dem Großen an der Wende vom 17. zum 18. Jahrhundert nach Europa öffnete, ist es einbegriffen in den Rhythmus der europäischen Kunst- und Kulturepochen. Seither haben alle Neuerungen und künstlerischen, philosophischen und politischen Debatten, alle revolutionären Unruhen und Bewegungen stets auch Russland einbezogen. Zudem war Russland seit über dreihundert Jahren ein unverzichtbarer Faktor im europäischen Mächtegleichgewicht. Kam es in Europa zu einer gefährlichen Monopolisierung von Macht, etwa unter Napoleon oder Hitler, so war es Russland, das durch seine Verteidigung letztlich an der erneuten Herstellung einer neuen Machtbalance mitwirkte. Das Ziel Russlands war nie die dauerhafte Kontrolle über Europa, sondern vielmehr die Herstellung einer langfristigen, für beide Seiten vorteilhaften Partnerschaft im Rahmen eines Mächtegleichgewichts, weshalb die UdSSR selbst unter Stalin die Wiedervereinigung Deutschlands unter der Bedingung der Neutralität anbot. Auch die Übertragung einer sozialistischen Staatsform auf Ostdeutschland, Polen, Ungarn, die Tschechoslowakei, Rumänien und Bulgarien stand für Moskau nach dem Zweiten Weltkrieg nicht absolut fest und wäre durchaus verhandelbar gewesen.[15]

15 Hätte nämlich die Sowjetunion auf ihre eigene Präsenz in Osteuropa verzichtet, während sich die Amerikaner in Westeuropa festsetzten, so wäre damals bereits geschehen, was nach 1989 passiert ist, nämlich die Ostausdehnung des amerikanischen Einflussbereichs. Vor diesem Hintergrund wird sichtbar, dass die russische Präsenz in Osteuropa nach 1945 eher eine Verteidigungsmaßnahme darstellte, als die Verwirklichung eines erklärten außenpolitischen Ziels.

Doch neben all dem, was Russland letztlich zu einem Bestandteil Europas macht, existieren auch mehrere Merkmale, die Russland von vielen europäischen und vor allem westeuropäischen Staaten unterscheidet. Im kulturellen Bereich ist dies einerseits die orthodoxe und andererseits die sozialistische Prägung des Landes, die insbesondere für Westeuropäer eine Irritation darstellt. Der russische Bezug auf das antike Erbe bezieht sich eher auf Byzanz denn auf Rom. Russland ist europäisch, ohne westlich zu sein. Damit verbunden ist eine weitere Tendenz der russischen Identität. Blicken nämlich die Russen nach Europa, so identifizieren sie sich oft nicht mit dem herrschenden Trend, sondern mit der Opposition. So war es jedenfalls im Mittelalter, als viele der Kritikpunkte an der Katholischen Kirche von der Orthodoxie geteilt wurden. So war es auch im 20. Jahrhundert, als Russland das erste sozialistische Land der Welt wurde und so ist es auch heute, insofern Russland die postmodernen Werte des heutigen Westens sehr kritisch betrachtet.

Hinzu kommt die geopolitische Ausnahmestellung Russlands. So ist Russland das mit Abstand größte Land der Welt im Zentrum der eurasischen Landmasse. Damit verbunden ist ein enormer Rohstoffreichtum, der ebenfalls von keinem anderen Land der Welt übertroffen wird. Ein weiterer Faktor ist seine militärische Bedeutung als einzige den USA ebenbürtige Nuklearmacht. Auch die außenpolitische Erfahrung, über die die russische Diplomatie verfügt, ist enorm und kann hinsichtlich ihrer Professionalität und Reflexionstiefe nur mit wenigen Ländern verglichen werden. Und schließlich ist auch die Vergangenheit Russlands von besonderer Bedeutung, sowohl in Hinblick auf das Zarenreich als auch auf die Sowjetunion. Das Zarenreich verstand sich als Nachfolger des oströmischen Reiches. Die Sowjetunion wiederum vertrat die erste jemals erfolgreiche sozialistische Revolution und stellte somit ein zweites modernes Zivilisationsmodell neben dem des Westens dar. Auch wenn der sozialistische Charakter der Sowjetunion später von einzelnen westlichen Politikern und Historikern immer wieder gerne in Frage gestellt wurde, blieb die Revolution von 1917 doch für sieben Jahrzehnte ein Faktor in der internationalen Politik. Hat die Unfähigkeit des Westens, Russland zu integrieren, etwas mit diesen Merkmalen zu tun?

Hier soll versucht werden, die geistigen Konzepte genauer zu verstehen, die den doppelten Niedergang Europas und des Westens herbeigeführt haben. Dies geschieht in der Hoffnung, dass die genaue Darstellung dessen, was falsch gelaufen ist, als Spiegelschrift einer positiven Vision eines neuen, anderen Europas gelesen werden könnte. Wäre ein Europa denkbar, das die notwendigen Schlüsse aus seiner historischen Vergangenheit zöge, das den Untergang des Westens überlebte und sich als Zivilisation zugleich neu erfände? Eines steht aber schon fest. Im Zentrum dieser Neuerfindung Europas müsste der Ausweg aus dem seit 1914 andauernden europäischen Bürgerkrieg stehen. Ein Europa, das den Frieden gewinnt, könnte fast alles schaffen.

2. Die amerikanische Tragödie

2.1 Der Weg in die unipolare Welt

Liest man heute die verschiedenen Wahl- und Grundsatzprogramme der CDU, SPD, FDP und Grünen, die zwischen 1990 und 1994 – also in den ersten Jahren nach dem Epochenbruch von 1989 – verfasst wurden, so fällt einem als Erstes die nach Innen gerichtete Perspektive auf. Alle deutschen Parteien dieser Periode betreiben im Grunde Nabelschau. Ihre Wahlprogramme und Grundsatzpapiere sind zu über 90 bis 95 Prozent der Innenpolitik gewidmet. Es geht um Umweltschutz, Sozialstaat, Emanzipation der Frau, Vereinbarkeit von Beruf und Familie und viele ähnliche Themen. Im SPD-Wahlprogramm des Jahres 1990 kommen die Wörter Sowjetunion bzw. Russland nicht einmal vor, stattdessen finden sich formelhafte Bekenntnisse zur transatlantischen Partnerschaft. Lediglich die Grünen fallen etwas aus dem Rahmen, insofern sich bei ihnen vereinzelt ein Problembewusstsein bezüglich des Fortbestands der NATO finden lässt. Sie sprechen von einer Überwindung der Blockordnung und beziehen damit die absolut gegenteilige Position zu ihrem heutigen Kurs. Doch letztlich ging es auch bei den Grünen vorrangig um Innenpolitik.

Die Dominanz der Innenpolitik in allen Wahlprogrammen zeugt von einer Gesellschaft, die die Verantwortung über die Weltordnung an eine andere Macht abgetreten hat. Da helfen auch ein paar idealistische Bekundungen zum Kampf gegen den Hunger in der Welt nicht, solange solche Äußerungen ohne Kenntnis und Thematisierung der globalen ökonomischen Strukturen abgegeben werden. Deutschland besaß zur Zeit des Mauerfalls kein öffentliches Bewusstsein von der Gestaltbarkeit der Welt. Die damals existierende Weltordnung wurde als etwas an sich Gegebenes wahrgenommen und wie eine natürliche Ordnung verstanden. Dass diese Weltordnung von der damals dominanten Supermacht USA gestaltet worden war und daher auch anders geformt werden könnte, wurde in der Öffentlichkeit ausgeblendet. Dies waren denkbar schlechte Voraussetzungen, um der Sternstunde der europäischen Geschichte im 20. Jahrhundert – dem Fall der Berliner Mauer – mit einer eigenen Willensbekundung zu begegnen.

Ganz anders in den USA. Als 1989 die Berliner Mauer fiel, begriff man dort sehr schnell, dass mit dem Wegfall des geopolitischen Konkurrenten sich eine einmalige Möglichkeit für eine amerikanische Expansion bot. Dies löste an amerikanischen Universitäten Euphorie, aber auch hitzige Diskussionen aus. Bald schon tauchte der Begriff einer unipolaren Welt auf. Die Welt des Kalten Krieges besaß eine bipolare Struktur. In ihr musste die internationale Ordnung stets mühsam ausgehandelt werden. In den amerikanischen Diskussionen begann nun der Gedanke Gestalt anzunehmen, die Welt nach dem Kalten Krieg könne eine unipolare Struktur annehmen. Darin wiederum war eine Vielzahl an Implikationen beschlossen, die fast jeden Bereich der modernen Zivilisation berührten und die schnell von einzelnen Wissenschaftlern ausbuchstabiert wurden.

Was während des Mauerfalls als Diskussionen an Universitäten begonnen hatte, war sehr folgenreich. Es begann mit rein akademischen Debatten, in denen man verschiedene Begriffe zur Beschreibung einer noch unerhört wirkenden Vision bemühte. Man sprach abwechselnd vom »Ende der Geschichte«, von einer »neue Weltordnung«, von einem »unipolaren Moment«, schließlich vom »neuen amerikanischen Jahrhundert«.

In der zweiten Hälfte der 1990er Jahre gewann man allmählich Sicherheit, trat zunehmend forsch und auch gut organisiert auf. Nach und nach trat das Ideal einer unipolaren Weltordnung in den Vordergrund, verdrängte alternative Konzepte und wurde zum strategischen Ziel der US-amerikanischen Außenpolitik.

Die Europäer haben anfänglich gar nicht verstanden, dass die USA den Weg hin zu einer unipolaren Weltordnung eingeschlagen hatten. Sie machten sich nicht klar, was dies letztendlich beinhaltete. Nämlich, dass es fortan nur noch ein einziges modernes Zivilisationsmodell geben würde. Und dass dieses über wirtschaftliche, militärische oder ideologische Abhängigkeit und Verflechtungen für alle übrigen Kulturen der Welt Verbindlichkeit erlangen sollte. Das bedeutete zwar nicht, dass gänzlich andere Kulturen wie die chinesische und die indische sofort ihre Charakteristika verloren hätten. Aber es bedeutete schon, dass eine liberale internationale Kultur amerikanischer Prägung die globalen Entwicklungen so tief greifend prägen würde, dass die übrigen lediglich regional verankerten Kulturen die Möglichkeit verlieren würden, selbst eine Interpretation der modernen Welt zu entwickeln. Die USA strebten danach, über eine Kombination aus wirtschaftlicher, technologischer, kultureller und ideologischer Macht eine Weltordnung vorzugeben, deren strukturelle Macht letztlich eine Verwestlichung der gesamten Welt einleiten würde.

Die unipolare Weltordnung beruhte somit auf einem unglaublich ehrgeizig gedachten Machtanspruch, dessen negative Konsequenzen entweder hingenommen oder nicht mitgedacht wurden. Die Architekten und Planer einer unipolaren Welt glaubten, dass es den USA sowohl als Staat als auch als Kultur vorbehalten sei, im Alleingang darüber zu befinden, in welche Richtung sich die moderne Welt im 21. Jahrhundert entwickeln sollte. Vor dem Hintergrund ihrer Geschichte hätten die Europäer einem solchen Machtanspruch niemals zustimmen können. Denn durch diesen werden einzelne Kulturen vor die Wahl zwischen massiver Schwächung oder Selbstbehauptung gestellt; eine fatale Alternative, die schon einmal im Europa des 17. Jahrhunderts zahlreiche Bürgerkriege in Gang gesetzt hatte. Zur Vermeidung der Wiederholung derartiger Konflikte waren seinerzeit die Grundsätze des Westfälischen Friedens aufgerichtet worden, die bis heute das Fundament des Völkerrechts bilden.

Doch die Europäer blieben hinsichtlich der Grundprinzipien der neuen Ära erstaunlich unbewusst. Sie merkten nicht einmal, dass alle strategischen Grundsatzentscheidungen der 1990er- und 2000er Jahre ohne sie vollzogen wurden. Die Europäer waren nicht beteiligt bei der Ausgestaltung der Globalisierung, bei der Wahl der ihr zugrunde liegenden Wirtschaftsphilosophie, bei der Architektur des modernen Finanzmarktes.[16] Die Europäer waren auch nicht beteiligt an der Entwicklung neuer Technologien, etwa des Internets. Sie entwickelten infolgedessen auch keine internetbasierten digitalen Konzerne, hatte keine Stimme bei der Frage, ob diese Konzerne eine Monopolstellung erwerben dürften und waren daher auch nicht in der Lage, europäische Werte im Bereich der Datensicherheit und Privatsphäre mit diesen neuen Technologien zu versöhnen. All diese Entwicklungen nahmen die Europäer wie Naturphänomene wahr, ohne die gestaltende amerikanische Macht dahinter zu erkennen, geschweige denn öffentlich zu thematisieren.

16 Als Oskar Lafontaine 1998 als Finanzminister der damals noch jungen rot-grünen Regierung darauf hinwies und einen eigenen europäischen Weg vorschlug, wurde er von der britischen Presse als der gefährlichste Mann Europas tituliert. Kurze Zeit später reichte er seinen Rücktritt ein.

2.2 Die neokonservative Bewegung in den USA

Wie sicher sich die Amerikaner von Anfang an hinsichtlich der neuen Rolle in der nun anbrechenden Welt waren, kann anhand zweier Veröffentlichungen exemplarisch beschrieben werden. 1990 – also noch vor dem Zerfall der Sowjetunion – veröffentlichte der amerikanische Politikwissenschaftler Charles Krauthammer in der Zeitschrift *Foreign Affairs* den später berühmten gewordenen Aufsatz mit dem Titel »The Unipolar Moment« (Der unipolare Moment).[17] Darin weist Krauthammer die Idee weit von sich, dass mit dem Ende der bipolaren Welt nun eine multipolare Welt mit Japan, Deutschland, Russland und China als unabhängige Machtpole angebrochen sei. Die USA, so Krauthammer, würden für drei bis vier Jahrzehnte im globalen Maßstab die einzige Macht bleiben, die in der Lage wäre, globale Politik zu gestalten. Allen übrigen Staaten, nämlich China, Russland, aber auch Deutschland, Frankreich, Großbritannien und Japan, bliebe nichts anderes übrig, als den Führungsanspruch der USA anzuerkennen und sich ihm unterzuordnen. Die Welt würde nun eine unipolare Ordnung annehmen.

Den UN-Sicherheitsrat nennt Krauthammer einen »Garanten für nichts« und fügt an, dass man abgesehen von seiner formalen Bedeutung »gar nicht sicher sagen könne, ob der UN-Sicherheitsrat überhaupt existiere«. Seine Beteiligung hätte für die USA eher einen innen- statt außenpolitischen Wert. Denn letztlich seien die USA die einzige Macht, die im globalen Maßstab Politik gestalten und Entscheidungen treffen könne. Auch wenn die USA in einer solchen unipolaren Welt keinen ebenbürtigen Konkurrenten mehr besäßen, sei die Welt dennoch nicht frei von Feinden. Die größte Bedrohung der Zukunft ginge, so Krauthammer, von der illegalen Verbreitung von Massenvernichtungswaffen aus. Krauthammer nennt Staaten, die nach solchen Waffen streben »Waffenstaaten« (Weapon States). Da es auch für zweitrangige Staaten immer leichter werde, die Technologie zu erwerben oder zu entwickeln, bedürfe die daraus erwachsende Gefahr eines verstärkten Engagements der USA. Nur die USA könnten angesichts dessen als globale Ordnungsmacht auftreten und weltweit gültige Regeln erlassen.

17 Charles Krauthammer, The Unipolar Moment, in: *Foreign Affairs*, Vol. 70, Nr. 1 Washington 1990/91, S. 23–33

Hier ist bereits vorgedacht, was dann vom Jugoslawien- bis hin zum Irakkrieg zur offiziellen außenpolitischen Strategie der USA werden sollte, nämlich den UN-Sicherheitsrat durch die von den USA dominierte NATO zu ersetzen, die dann einfach als »internationale regelbasierte Ordnung« bezeichnet wird, ohne dass je irgendwo aufgeschrieben worden wäre, auf welchen Regeln diese Ordnung eigentlich basiert. Die USA sollten fortan eine Funktion in den internationalen Beziehungen bekommen, die vier Rollen in sich vereint:

Erstens die eines globalen Gesetzgebers, insofern nun die USA durch ihr Handeln das Völkerrecht neu bestimmen würden. Das Völkerrecht hat anders als das nationale Recht keinen Garanten, der seine Geltung sicherstellt. Es kann daher durch die Erzeugung von Präzedenzfällen umgeschrieben werden. Und die USA hatten nach dem Mauerfall durchaus die Macht, solche Präzedenzfälle zu schaffen und konnten somit über einen längeren Zeitraum zum Gestalter des Völkerrechts werden.

Zweitens die Rolle des globalen Anklägers, die sich die USA von nun an zusprachen, insofern die USA durch den globalen Einfluss ihrer Medien und Nachrichtenagenturen die Berichterstattung über einzelne Länder und Vorkommnisse so formen konnten, dass eine bestimmte Wahrnehmung und Wertung vorab in der Berichterstattung gewährleistet war. Der Einfluss auf die weltweiten Informationsströme ermöglichte es ihnen, Anklage gegen bestimmte Staaten und Akteure zu erheben. In den folgenden Jahren sollten die USA von dieser Macht übermäßig Gebrauch machen, insofern sie im Alleingang und oft gegen die Interessen der Europäer entschieden, welcher Staat nun als Feindstaat zu gelten hatte.

Drittens die Rolle des globalen Richters. Der gleiche mediale Einfluss auf die global tätigen Nachrichtenagenturen, der ihnen erlaubte, als Ankläger aufzutreten, erlaubte ihnen auch, Urteilssprüche zu formulieren, die dann von den international tätigen Medien aufgegriffen und verbreitet werden konnten und über kurz oder lang auch die Politik beeinflussen würden.

Viertens die Rolle eines globalen Polizisten, insofern die USA im globalen Maßstab die einzige Macht sein würden, die militärische Macht weit entfernt von ihren Landesgrenzen projizieren konnte und insbesondere auf See sowie entlang der Küsten der Weltmeere über ein Gewaltmonopol verfügte. Die USA konnten somit auch zum Vollstrecker der von ihnen selbst gefällten Urteile werden.

Doch Krauthammer war nicht der einzige US-amerikanische Intellektuelle, der damals versuchte, die Konsequenzen aus dem Ende des sozialistischen Weltsystems auszubuchstabieren. Bereits ein Jahr zuvor – sogar wenige Monate vor dem Mauerfall – hatte Francis Fukuyama an der Universität von Chicago einen Vortrag zum Thema mit dem Titel »The end of history and the last man« gehalten. Hatte Krauthammer eher die geopolitischen Konsequenzen des Zusammenbruchs des sozialistischen Lagers hervorgehoben und auch schon Gedanken angestrengt, welche neuen Feinde nun an die Stelle der Sowjetunion zu treten hätten, so konzentrierte sich Fukuyama auf die geschichtsphilosophische Bedeutung der neuen Situation. Was Krauthammer den »unipolaren Moment« nannte, war für Fukuyama kurzerhand das »Ende der Geschichte«.

Damit meinte Fukuyama, dass mit dem Ende der sozialistischen Staatenallianz eine Entwicklung zum Abschluss gekommen sei, die einst mit der Französischen Revolution begonnen habe, nämlich der endgültige Sieg der bürgerlichen, liberalen Gesellschaft. Insofern die liberale Demokratie als das einzige praktikable Gesellschafts- und Regierungsmodell über seine Widersacher gesiegt habe und alle Alternativen vom Sozialismus über den Nationalismus bis hin zum Faschismus sich historisch diskreditiert hätten, würde die Geschichte nun als Erfahrungsraum aufhören, im Lebenshorizont der Menschen eine Rolle zu spielen. Denn Geschichte als Erfahrungshorizont gebe es nämlich nur, wenn verschiedene Ideen miteinander um ihre Geltung kämpfen würden. Weil es in einer unipolaren Welt aber keine Alternativen zum liberalen Gesellschaftsmodell mehr gebe, würde nun auch die Geschichte als gelebte Erfahrung und somit als Realitätshorizont zurücktreten. In der unipolaren Welt könne sich der einzelne Bürger nicht länger historisch verstehen und sich deshalb auch nicht länger negativ von der politischen Ordnung abgrenzen. Mit dem Verschwinden der Geschichte im Posthistoire verschwinde somit auch die Negativität der Subjektivität (verstanden eben als diese Fähigkeit zur Abgrenzung). Doch diese Fähigkeit zur Negativität ist einerseits die Grundlage der modernen Subjektivität und andererseits die Grundvoraussetzung für historische Kämpfe. Was somit nach dem Verschwinden des Erfahrungshorizonts der Geschichte übrig bliebe, wäre lediglich die Suche nach individueller Lebensgestaltung und der persönlichen Differenz und damit die Suche nach ästhetischen Abstufungen in einer zunehmend gleichförmigen Welt. Insofern durch den Verlust der Geschichte die Fähigkeit verloren gehen würde, das Seiende auf das Noch-Nicht-Seiende hin zu überschreiten, würde die Negativität der modernen Subjektivität durch einen affirmativen Weltbezug ersetzt werden.

Während Krauthammer die neue Geopolitik der unipolaren Welt durchaus mit einem gewissen amerikanischen Patriotismus feierte, beschreibt Fukuyama eher die kulturellen Konsequenzen dieses Weltmodells. Er hebt hervor, was es bedeutet, wenn in der gesamten Welt nur noch eine Interpretation der modernen Welt in Gestalt des amerikanischen Liberalismus existierte, dass sich nämlich dann dieses Modell für die gesamte Welt zum einzigen Bezugspunkt entwickeln würde. Doch zusätzlich zu diesen in der Tradition des amerikanischen Exzeptionalismus formulierten Aussagen enthält Fukuyamas Analyse allerdings auch einige Abschnitte, die Sorge und Ambivalenz ausdrücken. So gibt er am Ende seines Vortrages in Chicago zu bedenken: »Das Ende der Geschichte wird eine traurige Zeit sein. Der Kampf um Anerkennung, die Bereitschaft, sein Leben für ein abstraktes Ziel zu riskieren, der weltweite ideologische Kampf, der vor allem vier Eigenschaften erforderte, nämlich Wagemut, Courage, Vorstellungskraft und Idealismus, wird ersetzt werden durch ökonomisches Kalkül, das endlose Lösen von technischen Problemen, ökologischen Sorgen und die Befriedigung ausgefeilter Konsumbedürfnisse. In der Periode des Posthistoire wird weder Kunst noch Philosophie existieren, sondern nur die wiederholte Restauration des Museums der menschlichen Geschichte.«[18]

Doch die Zweifel, die Fukuyama in seine These eingestreut hatte, wurden in der nachfolgenden Rezeption immer wieder übersehen. Überhaupt zeichnete sich diese dadurch aus, dass der Gedanke, den der Philosoph Fukuyama und der Politikwissenschaftler Krauthammer als erstes formuliert hatten, ihnen alsbald aus der Hand genommen wurde. Das Konzept einer unipolaren Welt zirkulierte nun in den Universitäten und Think Tanks und gewann vor dem Hintergrund der nationalen Traditionen der USA bald eine fatale Eigendynamik.

18 Francis Fukuyama, The End of History, in: *The National Interest*, Summer 1989 Washington D.C. 1989, S. 18

2.3 Grundannahmen der neokonservativen Bewegung

Obwohl das Konzept einer unipolaren, von den USA angeführten Weltordnung innerhalb der US-amerikanischen Elite an Boden gewann, wurde es dennoch nicht sofort umgesetzt. Die 1990er Jahre sind eine Periode der Überlegungen, der Planungen und auch des Zögerns. Zwar gewinnt im Verlauf der 1990er Jahre die Idee einer von den USA angeführten unipolaren Weltordnung immer mehr an Attraktivität. Doch zugleich hält man sich bei der Umsetzung noch zurück. Oder, anders gesagt: Das, was umgesetzt wurde, war theoretisch reversibel und beinhaltete noch keine absolute unumkehrbare Entscheidung für eine unipolare Weltordnung.

Es wurde zwar schnell klar, dass man das durch den Zerfall des Warschauer Vertrages und der Sowjetunion entstandene Machtvakuum füllen würde; dass man sich an die Absprachen mit Gorbatschow ausdrücklich nicht halten würde und darauf vorbereitet war, die geschlossenen Verträge zu unterhöhlen. 1999 kam es zur ersten Erweiterungsrunde der NATO, die zur Mitgliedschaft Polens, Tschechiens und Ungarns führte. Das NATO-Militärbündnis begann seine Expansion in Richtung der russischen Grenze. Doch all dies war noch keine unumkehrbare Entscheidung für eine unipolare Weltordnung. Sollte Russland wieder an Kraft gewinnen, müsste die politische Klasse in Washington ihre Einschätzung der Weltlage ändern. Sollten die Europäer eine gemeinsame Gegenposition beziehen, so existierten in den 1990er Jahren immer noch genügend Formate der Verständigungspolitik, die eine Rückkehr zu einer anderen außenpolitischen Philosophie relativ leicht gemacht hätten. Zudem hätte die Möglichkeit bestanden, die gesamte NATO umzuwidmen, indem z. B. Russland selbst beigetreten wäre.

Auch war die westliche Welt in den 1990er Jahren noch immer an die Denkweise der langen Phase der Entspannungspolitik gewöhnt, die seit den 1970er Jahren ein fester Bestandteil der politischen Kultur Europas geworden war. Entsprechend hoch wurde Diplomatie eingeschätzt, entsprechend skeptisch stand man militärischen Abenteuern gegenüber, wie z. B. im Golfkrieg 1991, der zu massiven Protesten in Deutschland geführt hatte. Die neokonservative Weltsicht nahm sich im Verhältnis zur Weltsicht der Europäer, die von historischer Erfahrung gesättigt war, relativ primitiv aus. Sie bestand aus lauter Versatzstücken, die die Europäer zwar ebenfalls aus ihrer Geschichte kannten, aber früheren Jahrhunderten zurechneten.

Neokonservative wie Charles Krauthammer, Paul Wolfowitz und Dick Cheney setzten sich vehement dafür ein, dass die USA nicht länger als ein lediglich informelles Imperium, sondern als ein wirkliches Imperium auftreten sollten. Damit bewegten sich die Neokonservativen geistig mindestens im 19. Jahrhundert. Denn kein Europäer sah sich in der Lage, nach zwei Weltkriegen das Wort Imperium überhaupt noch in den Mund zu nehmen, geschweige denn es anzustreben. Die Neokonservativen vertraten dagegen tatsächlich die Ansicht, dass die USA ihre Macht in der Welt offen zeigen und demonstrieren sollten. Dahinter stand ein vom Pentagon-Strategen Fritz Kraemer formulierter Grundsatz, nach dem Diplomatie und Kompromisse nur als Zeichen der Schwäche interpretiert werden könnten. Je mehr die USA sich auf Diplomatie und verhandelte Kompromisse einließen, so Kraemer, desto mehr würden sie als schwach wahrgenommen werden, was letztlich andere Mächte zu einer eigenständigen Expansion gegen die USA bewegen könnte.[19] Kraemer, der für die Öffentlichkeit eine unbekannte Figur war, entfaltete in Washington als leitender ziviler Berater des Stabschefs der U.S. Army eine enorme Wirkung. Nicht nur gilt er als Entdecker und früher Förderer von Henry Kissinger, mit dem er sich allerdings später überwarf. Auch wirkte er als Lehrer von Alexander Haig und Donald Rumsfeld und einer Reihe weiterer Neokonservativer, deren politische Philosophie erstmals nach der Watergate-Affäre in der neuen Ford-Administration Einfluss gewann.[20]

Das entscheidende Diktum von Fritz Kraemer, das bis heute ein Leitsatz für die gesamte neokonservative Bewegung darstellt, lautet, dass Schwäche provozierend wirkt. Dies bedingte, dass die Neokonservativen fast jegliche Diplomatie für verzichtbar hielten. Diplomatie war für sie ein Eingeständnis von Schwäche, das letztlich offensive Handlungen der anderen Seite provoziere. Stattdessen gingen sie davon aus, dass Macht in den internationalen Beziehungen durch demonstrierte Autorität in gewisser Weise auch erzeugt werden könnte. Und dass ein Imperium von der Größe der USA sich

19 Len Colodny, Tom Shachtman, Forty Years War – The Rise and Fall of the Neocons from Nixon to Obama, New York 2009, S. 23ff

20 Ebenda

nur dann im Niedergang befände, wenn es auf die Anwendung von Stärke verzichtet hätte, dass also der Niedergang, wenn überhaupt, ein selbst gewählter sei.

Um sich in der Welt zu behaupten, so die neokonservative Denkschule, müssten sich die USA vor allem nach innen konsolidieren. Die innere Konsolidierung sei notwendig, um nach außen stark und entschieden aufzutreten. Sie müssten sich selbst als Anwalt der Freiheit und des Guten wahrnehmen, der sich in einem Krieg gegen einen äußeren Feind der Freiheit befände. Realitäten, die dieser manichäischen Sichtweise nicht entsprachen, durften nach Ansicht vieler Neokonservativer durchaus zugunsten der innenpolitischen Konsolidierung verschleiert werden. Es würde sich in diesem Fall um eine noble Lüge handeln, die der Gesellschaft eine Richtung und somit Millionen Bürgern einen Lebenssinn geben würde. Die Vorstellung, dass man den Gesellschaftsvertrag auf einer Lüge bzw. einem Mythos begründen könne, zeigt, dass die Neokonservativen sich von dem Konzept einer aufgeklärten Gesellschaft verabschiedet hatten. Sie waren Vertreter der Gegenaufklärung und glaubten daher an Macht und Autorität statt an Wahrheit und Versöhnung. Dieser Aspekt der neokonservativen Weltsicht war u. a. von dem deutsch-jüdischen Philosophen Leo Strauss beeinflusst, an dessen Lehrstuhl in Chicago viele der Neokonservativen studiert hatten.

Es gibt ein berühmtes Zitat, das dem damaligen Stabschef des Weißen Hauses, Karl Rove, zugeschrieben wird und in dem diese Denkweise ungefiltert zum Ausdruck kommt. Einem Journalisten, der sich auf die Prinzipien der Aufklärung und des Empirismus bezog, wird mutmaßlich von Karl Rove geantwortet: »So funktioniert die Welt nicht mehr wirklich. Wir sind jetzt ein Imperium, und wenn wir handeln, schaffen wir unsere eigene Realität. Und während Sie diese Realität studieren – mit Bedacht, wie Sie wollen – werden wir wieder handeln und andere neue Realitäten schaffen, die Sie ebenfalls studieren können, und so werden sich die Dinge klären. Wir sind die Akteure der Geschichte … und ihr, ihr alle, werdet nur noch das studieren, was wir tun.«[21]

Exemplarisch steht dafür der am 18. Februar 1992 verfasste und kurze Zeit später der *New York Times* zugespielte »Defense Planning Guide 1994–99«. Das Dokument wurde von Paul Wolfowitz, ebenfalls einem Strauss-Schüler,

21 Ron Suskind, Faith, Certainty and the Presidency of George W. Bush, in: *New York Times Magazine*, 17.10.2004

und seinem damaligen Assistenten Zalmay Khalilzad nur sieben Wochen nach dem Zerfall der Sowjetunion fertiggestellt und von Dick Cheney, dem damaligen Leiter des Pentagons, unterstützt. Es forderte, dass die USA ihre Militär- und Außenpolitik darauf ausrichten sollten, den Aufstieg zukünftiger Rivalen präventiv zu verhindern. So heißt es in dem Dokument:

> »Unser erstes Ziel ist es, das erneute Auftauchen eines neuen Rivalen zu verhindern. Dies ist die wichtigste Überlegung, die der neuen regionalen Verteidigungsstrategie zugrunde liegt, und sie erfordert, dass wir uns bemühen, jede feindliche Macht daran zu hindern, eine Region zu beherrschen, deren Ressourcen im Fall einer sichergestellten Kontrolle ausreichen würden, um eine globale Macht zu schaffen. Zu diesen Regionen gehören Westeuropa, Ostasien, das Gebiet der ehemaligen Sowjetunion und Südwestasien.«[22]

Um dieses Ziel zu erreichen, wurde eine weitreichende Aufstockung des US-Verteidigungshaushalts vorgeschlagen. Viele der in diesem Dokument formulierten Ideen zur Errichtung einer dauerhaften amerikanischen Vorherrschaft flossen später in die neokonservative Programmatik der Regierung von Georg W. Bush ein. In den frühen 1990er Jahren war ihnen dagegen zunächst kein Erfolg beschieden. Auch nicht, als es ein Jahr später zu einem Anschlag auf das World Trade Center kam. Die Bombe tötete zwar sechs Menschen und riss beträchtliche Löcher in die Decken der Parkgarage unter dem Nordturm. Dennoch blieb die Tragfähigkeit des Gebäudes unbeschädigt. Dieser frühe Anschlag auf das World Trade Center hatte anders als der spätere keine nennenswerten politischen Folgen.

Die Neokonservativen drängten nach politischer Macht und Einfluss. Sie waren im Grunde genommen sehr unglücklich über das Ende des Kalten Krieges und suchten händeringend nach neuen Feinden, die als Argument für eine weitere außenpolitische Expansion der USA herhalten konnten. Und so verlangte diese kleine Gruppe an sehr einflussreichen Intellektuellen über die gesamten 1990er Jahre hinweg die Transformation des amerikanischen

22 Excerpts From Pentagon's Plan: »Prevent the Re-Emergence of a New Rival«, *New York Times*, 8.3.1992, S. 14.

Einflussbereichs in eine Machtstruktur, die offen und sichtbar für alle als Imperium auftreten würde. Um dies aber tun zu können, mussten sie das Völkerrecht, dessen Grundsätze noch von den Europäern geprägt worden waren, radikal umschreiben.

2.4 Das europäische Weltordnungskonzept

Europa hatte das Völkerrecht auf der Grundlage seiner eigenen politischen Erfahrung geformt. Und diese war davon geprägt, dass seit dem Niedergang des Römischen Reiches Europa in mehrere Staaten und Einflusszonen zerfiel und nie wieder zu einer politischen Einheit zurückgefunden hatte. Seit über 1500 Jahren ist der Kontinent politisch zersplittert, was unter anderem auch an den geographischen Grenzen Europas, wie z. B. den Alpen, den Pyrenäen, den Karpaten, dem Ärmelkanal oder der Ostsee liegt, die auf natürliche Weise verschiedene Völker und Sprachräume voneinander trennen. Doch obwohl ein neues Römisches Reich nicht mehr erstand, hat es doch eine Struktur hinterlassen, durch die die kulturelle Einheit des Kontinents trotz politischer Zersplitterung erhalten blieb. Dies lag vor allem am Wirken der Kirche, die nach dem Untergang des Römischen Reiches die Einheit Europas zumindest im religiösen und kulturellen Bereich aufrechterhalten konnte. Entscheidend hierbei war die Erhaltung und Weitergabe des antiken Wissens in den frühen Klöstern der Kirche, durch die ein einheitlicher europäischer Bildungskanon geschaffen wurde, auf dessen Grundlage dann mit dem Anbruch der Renaissance eine enorme Entfaltung und Differenzierung der europäischen Kultur stattfand, die nun, durch die gemeinsame christliche Prägung, über politische Grenzen hinweg sich vollzog. So konnte die Philosophie des Humanismus zusammen mit den Künsten die kulturelle Einheit Europas aufrechterhalten, als der Kontinent im Streit der Konfessionen zerrissen wurde. Später war es die Philosophie der Aufklärung und die wachsende Bedeutung der Literatur und Musik, die abermals über politische Grenzen hinweg eine ähnliche Rolle spielten. Vom 17. über das 18. und 19. Jahrhundert zeigte sich Europa immer mehr als ein einheitlicher kultureller Resonanzraum, in dem es zwar unterschiedliche nationale Kulturen gab, die aber über identische Formen und Merkmale verfügten und sich gegenseitig beeinflussten.

Indem Europa seine politische Zersplitterung durch kulturelle Verbundenheit kompensieren konnte, bildete es eine Ausnahme unter den meisten übrigen Zivilisationen der Welt. Denn weit häufiger geschah es, dass sich eine politische Zentralmacht etablierte, die dann wie in der arabischen Welt in der Gestalt eines Kalifats, oder wie in China oder den USA mittels des Militärs und des Rechts einen umfassenden einheitlichen Machtbereich schuf. Dass dies in Europa nicht geschehen ist, zwang den Kontinent dazu, seine diplomatischen Fähigkeiten früh und umfassend zu entwickeln. Da in einem politisch zersplitterten Kontinent stets der Krieg ausbrechen konnte, musste der Diplomatie, der Verständigung, der Reflexion auf die Interessen des anderen, seiner Perspektive und Sichtweise eine entsprechend hohe Bedeutung beigemessen werden. In Europa bildete sich als Folge ein Völkerrecht aus, in dem die Reflexion auf die Verschiedenartigkeit des anderen Landes von vornherein mitberücksichtigt wurde. An die Stelle der manichäischen Sichtweise, die auf dem Gegensatz von Gut und Böse beruht, trat eine Sichtweise, die der Gegenseite das Recht zur Andersartigkeit zugestand. Damit vollbrachte Europa eine Zivilisationsleistung, hinter die es selbst zwar periodisch immer wieder zurückfiel, die aber bis heute von höchster Aktualität ist und der gerade in der anbrechenden multipolaren Welt eine enorme Bedeutung zukommt.

Erstmals kodifiziert wurde dieser zivilisatorische Fortschritt im Westfälischen Frieden von 1648, durch den der 30-jährige Krieg beendet werden konnte, was später zur Grundlage des Völkerrechts wurde. Denn das aus dem Westfälischen Frieden hervorgegangene Völkerrecht basiert auf der Vorstellung, dass alle Staaten unabhängig von ihrer Größe und Macht gleichwertige Subjekte des Völkerrechts seien. Ihnen allen wurde daher Souveränität zugesprochen, auch wenn ihre Macht, diese zu verwirklichen, ganz unterschiedlich war. Mit anderen Worten: Das aus dem Westfälischen Frieden hervorgegangene Völkerrecht bindet die Starken zugunsten der Schwachen, es erkennt die Souveränität Frankreichs und Großbritanniens genauso an wie die Dänemarks. Es beruht auf dem Gedanken, dass die großen Staaten sich durch die Verrechtlichung der internationalen Beziehungen eine freiwillige Selbstbeschränkung auferlegen. Es versteht, dass dieser Geist der Selbstbeschränkung eine Voraussetzung für die Geltung zivilisatorischer Standards ist, die nur allzu leicht wegbrechen können, wenn der freien Konkurrenz Raum gegeben wird.

In einer nach westfälischen Grundsätzen geordneten Staatenwelt sind alle Staaten, auch die kleinen, vor einer Einmischung anderer Mächte in ihre inneren Angelegenheiten geschützt. Im Gegenzug mussten diese Staaten im westfälischen System ihre Außenpolitik ebenfalls auf dem Respekt vor der Souveränität anderer Staaten begründen und von einer Einmischung in deren innere Angelegenheiten absehen. Ein auf den Grundsätzen des Westfälischen Friedens aufgebautes Völkerrecht garantiert sozusagen den verschiedenen Staaten das Recht, verschieden sein zu dürfen. Garantiert wird dieses Recht durch die bewusste Aufrechterhaltung eines Machtgleichgewichts zwischen den Staaten. Sollte ein Staat diese Grundsätze wiederholt missachten, konnten aufgrund der Prinzipien des Westfälischen Friedens Gegenkoalitionen entstehen, die diesen Missbrauch wiederum eindämmen würden.

Durch Geltung dieser Grundsätze war es quasi ausgeschlossen, dass Wertgegensätze in der Außenpolitik eine allzu große Rolle spielen. Es kam zu einer Trennung zwischen einer wertorientierten Innen- und einer nur noch interessengeleiteten Außenpolitik. Dies war die Lehre, die Europa aus dem 30-jährigen Krieg gezogen hatte, einem Krieg, der gerade durch die Einmischung äußerer Mächte 30 Jahre gedauert hatte und selbst dann nicht endete, als die meisten Kriegsparteien längst erschöpft waren. Dieser Krieg hatte die destruktive Wirkung von Werten in der Außenpolitik offengelegt. Die Ausklammerung von Werten aus der Außenpolitik sollte in Zukunft die Einmischung in die inneren Angelegenheiten anderer Staaten und damit weltanschauliche Kriege wie den 30-jährigen Krieg unmöglich machen. Indem Europa aus den Erfahrungen des Krieges gelernt hatte, entwickelte es eine Außenpolitik, die auf die Erhaltung des Friedens zielte. Dass dies in der praktischen Anwendung nicht immer gelang, ist zwar richtig. Doch kann auch dieses periodisch wiederkehrende Scheitern die Tatsache nicht aus der Welt schaffen, dass mit den Grundsätzen des Westfälischen Friedens ein erster Schritt unternommen wurde, die zerstörerische Wirkung einer rein subjektiven Macht zu brechen. Indem die Staaten gezwungen werden, in einem Mächtegleichgewicht zu existieren, werden sie zur Reflexion auf den anderen Staat und dessen Interessen gezwungen.

Solange die USA im 20. Jahrhundert lediglich als informelles Imperium auftraten, so lange waren die amerikanischen Verbündeten in Europa formell souverän. Praktisch war zwar auch damals bereits der amerikanische

Einfluss insbesondere auf die deutsche Politik erdrückend. Doch gab es zumindest noch Restbestände von Souveränität, insbesondere in der deutschen Wirtschaftspolitik. Solange dies der Fall war, strukturierten das Völkerrecht und damit auch die Grundsätze des Westfälischen Friedens die Beziehungen innerhalb der westlichen Staatengemeinschaft. Die USA mussten in ihrer Europapolitik einerseits auf die formale Souveränität ihrer Verbündeten Rücksicht nehmen und andererseits in einem Machtgleichgewicht handeln.

Die amerikanischen Neokonservativen wandten sich in den 1990er Jahren gegen das westfälische Modell, weil sich nur so ihr Ideal einer Konsolidierung der eigenen Gesellschaft und letztlich auch der ihrer Verbündeten unter einem dominanten Narrativ durchsetzen ließ. Sie registrierten, dass die moderne Konsumgesellschaft im Gegensatz zur ersten Hälfte des 20. Jahrhunderts nicht mehr die gleiche Identifikation mit dem Gemeinwesen und eine daraus resultierende Opferbereitschaft hervorbrachte. Um dem abzuhelfen, zogen sie die Schaffung einer mythischen Weltsicht in Erwägung, die die Gesellschaft auf den Kampf zwischen Gut und Böse einschwören und mit dem Hass auf das vermeintlich Böse auch wieder die Liebe und Identifikation mit dem eigenen Land erzeugen würde. Werte sollten daher in der Außenpolitik wieder eine Rolle spielen und fortan als Türöffner für die Einmischung in die inneren Angelegenheiten anderer Staaten dienen. Um eine solche Einmischung zu begründen, sollte die Verantwortung zum Schutz (Responsibilty to Protect) zu einem Pfeiler des Völkerrechts werden. Der Westfälische Frieden, der eine solche Einmischung aus guten Gründen untersagte, wurden von den Neokonservativen als »Westfailure«[23] verhöhnt. Dass damit auch all die destabilisierenden Elemente in die Politik zurückkehren würden, die im 17. Jahrhundert den 30-jährigen Krieg und andere Bürgerkriege ausgelöst hatten, interessierte die Neokonservativen nicht. Denn ein Verantwortungsgefühl gegenüber der Welt und dem Frieden war ihnen unbekannt. Verantwortungsbewusstsein kannten sie nur gegenüber den USA, von deren Erhabenheit und Glorie sie träumten, wobei sie dabei hauptsächlich an ihre eigene privilegierte Klasse dachten und nicht unbedingt an die arbeitende Bevölkerung. Sie wollten mit den Werten der Demokratie sprichwörtlich einen Dschihad führen. Ihnen ging es vor

23 Susan Strange: *The Westfailure System*, The Review of International Studies 25, 1999, S. 345–354

allem darum, sich erneut wie die ersten Entdecker und Siedler zu fühlen, die in die Wildnis vordrangen und eine unklare Grenze nach Westen verschoben. Hinter der äußerst blutigen und aggressiven Außenpolitik stand eine fast kindliche Unreife.

2.5 Der nationale Mythos der USA

Dass die neokonservative Weltdeutung sich auch in den USA selbst so leicht durchsetzen konnte, lag allerdings auch im nationalen Selbstverständnis der USA begründet. Durch die nun über sieben Jahrzehnte andauernde Präsenz der USA in Europa sind die Europäer daran gewöhnt, die Vereinigten Staaten und Europa als Einheit wahrzunehmen und beide im Begriff des Westens zusammenzufassen. Tatsächlich sind die USA und Europa zwei gänzlich verschiedene Zivilisationen. Zwar haben die USA europäische Wurzeln. Allerdings haben sie sich von eben diesen schon im Moment ihrer Gründung abgestoßen, insofern ein negativer Bezug auf den Kontinent der Herkunft ihrer Identität mit zugrunde liegt.

Bei den ersten Auswanderern in die neue Welt handelte es sich um Mitglieder protestantischer Sekten, wie Puritaner und Quäker, die in Europa der Repression ausgesetzt waren. Sie blickten mit negativen Gefühlen auf ihre Heimat zurück. Die Übersiedlung in die neue Welt erschien ihnen wie der zweite Auszug der Juden aus Ägypten, der daher nur in die Gründung und Etablierung eines gelobten Landes einmünden konnte. Denn man muss bedenken, dass die damalige Auswanderung aufgrund der enormen Kosten der Überseereise kaum rückgängig zu machen war. Das Bewusstsein, eine unumkehrbare Lebensentscheidung getroffen zu haben, führte einerseits zu enormen Hoffnungen, die wiederum in einer negativen Bewertung der zurückgelassenen Heimat nach Selbstbestätigung suchten. Bekannt geworden ist die Rede von John Winthrop, einem Puritaner, der 1630 während seiner Überfahrt in die neue Welt folgende Sätze in einer Predigt äußerte, die sich heute wie eine Keimzelle des späteren nationalen Selbstverständnisses der USA liest:

> »Wir werden entdecken, dass der Gott Israels unter uns ist, wenn zehn der Unseren fähig sind, sich tausenden Feinden zu widersetzen: wenn Er

> uns zu solchem Lob und Ruhme macht, dass spätere Siedler noch sagen werden: ›Möge der Herr es so machen wie in Neuengland.‹ Denn wir müssen bedenken, dass wir wie eine Stadt auf einem Hügel sein werden. Die Augen der Menschheit ruhen auf uns.«[24]

Diese ersten religiös motivierten Einwanderer legten die Struktur und Identität des Landes fest, die dann auch für alle späteren, oft nicht mehr religiös motivierten Einwanderer verbindlich blieb. Sie glaubten, dass die Staatlichkeit der USA eine messianische Gründung darstellt und dass das Schicksal der Menschheit mit ihr positiv verknüpft wäre. Von Anfang an schwang hier bereits der Gedanke mit, dass diese neue Staatsgründung Europa übertreffen und letztlich auch Europa verändern sollte.

So kam es bei der Gründung der USA zu einer eigenartigen Verschmelzung von einerseits neuen politischen Konzepten wie Republikanismus, Volkssouveränität und Gewaltenteilung, die in den philosophischen Debatten der frühen europäischen Neuzeit entwickelt worden waren. Und andererseits zu religiösen Erwartungen der ersten religiös motivierten Auswanderer, die daran glaubten, die Gesellschaft und später die Staatlichkeit der neuen Welt im göttlichen Auftrag begründet zu haben. Auf diese Weise entstand in den USA die Vorstellung einer Demokratie- bzw. Freiheitsreligion. Der Gründungsanspruch des eigenen Landes wurde mit religiösen Energien aufgeladen, was den aufklärerischen Anspruch, der ursprünglich mit dem Republikanismus verbunden war, wieder konterkarierte. In den USA transformierte sich der aus der Aufklärung entstandene Republikanismus zu einer säkularen Religion.

Dies bedingt, dass Europa und die USA sich fundamental darin unterscheiden, wie die Werte der Republik und das Ideal der Demokratie gelebt und begriffen werden. Für die USA stellt die Demokratie auch heute noch eine Art Religion dar, die immer schon als gegeben vorausgesetzt wird, an die man gewissermaßen glauben muss, selbst wenn viele Merkmale des Landes – wie z. B. die Vermögensverteilung – dieser Annahme von Grund auf widersprechen. In Europa hingegen sind die Werte der Republik und das

24 John Winthrop Dreams of a City on a Hill, 1630, https://www.americanyawp.com/reader/colliding-cultures/john-winthrop-dreams-of-a-city-on-a-hill-1630/ (zuletzt abgerufen am 8. Juni 2024)

Ideal der Demokratie nicht von protestantischen Sekten vertreten worden, sondern aus der Aufklärung hervorgegangen. Dies bedingt, dass diese Werte als vernunftbasiert verstanden werden und ihre Existenz deshalb auch bestritten werden kann, wenn die politischen Verhältnisse sich vom Allgemeinwohl zu weit entfernen.

Hinzu kam der bereits erwähnte Umstand, dass in Europa die verschiedenen Mächte Jahrhunderte lang innerhalb eines europäischen Machtgleichgewichts agieren mussten. Angesichts dieser geographisch-politischen Form Europas waren aufsteigende Mächte beständig mit den Handlungen anderer Staaten und möglichen Gegenkoalitionen konfrontiert, wodurch letztlich die Grenzen der eigenen Macht ein beständiger Inhalt der Selbstreflexion wurden.

Die neue Welt hingegen betraf das europäische Mächtegleichgewicht kaum. Geschützt von zwei Ozeanen konnten sich die jungen Vereinigten Staaten ungestört ihrer inneren Entwicklung widmen. Und diese vollzog sich einerseits durch kontinuierliche Einwanderung und andererseits durch die ständige Verschiebung der westlichen Grenze so rasch, dass das Wachstum und die Expansion vielen Amerikanern bereits im 19. Jahrhundert wie das »offenkundige Schicksal« (Manifest Destiny) Amerikas erschien. Es schien wie die Bestätigung der calvinistischen Annahme zu sein, dass die Erfolgreichen auch die von Gott auserwählten seien und dementsprechend die USA von Gott erwählt seien. Tatsächlich nahm die Macht des jungen Landes seit seiner Gründung von Jahrzehnt zu Jahrzehnt mit solcher Geschwindigkeit zu, dass bereits Mitte des 19. Jahrhunderts Stimmen vernehmbar wurden, die den Vereinigten Staaten prophezeiten, einst zur stärksten Macht der Welt aufzusteigen.

Infolgedessen hat das für Europäer logische Argument, dass man die Grenze seiner Macht erkennen und sich in ein bestehendes Machtgleichgewicht einfügen müsse, schlicht und ergreifend in den USA keine Schlusskraft. Eine Anpassung an bestehende Machtbalancen, die Rücksichtnahme auf die Ansprüche anderer Mächte erscheint vielen Amerikanern wie eine Leugnung des göttlichen Auftrags und somit als Sakrileg.

Dies hatte zur Folge, dass die USA ab dem späten 19. Jahrhundert einen neuen Typus von Imperialismus ausbildeten. War den europäischen Mächten bei der Errichtung ihrer Kolonialreiche durchaus bewusst, dass sie als

Kolonisatoren auftraten und dabei mit militärischen Mitteln Macht über fremde Völker ausübten – was im Widerspruch zu den Werten der Aufklärung stand –, so verstand es die Neue Welt, koloniale Expansion als eine Machtausweitung im Dienst der Freiheit und letztlich im Dienst der Menschheit zu interpretieren. Als die USA ab 1898 im spanisch-amerikanischen Krieg große Teile des spanischen Kolonialreichs erwarben, verstanden sie sich trotzdem nicht als Kolonisatoren, sondern als Träger der Freiheit, ungeachtet der Tatsache, dass sie die den Spaniern entrissenen Philippinen ebenfalls wie Kolonialherren regierten. Diese Blindheit über die negative und freiheitsberaubende Seite der eigenen Machtausübung bestimmt die gesamte amerikanische Politik nicht nur des 20., sondern auch noch des frühen 21. Jahrhunderts und macht bis heute eine demokratische Selbstkorrektur der amerikanischen Außenpolitik fast unmöglich.

Die USA haben beispielsweise auf den sowjetischen Einmarsch in Afghanistan 1979 mit einer groß angelegten PR-Kampagne reagiert, die dessen Motive und Folgen in den allerdüstersten Farben zeichnete. Als sie jedoch 22 Jahre später selbst in das Land einmarschierten und sich dort nicht wie die UdSSR für neun, sondern für sage und schreibe 21 Jahre festsetzten, geschah dies selbstverständlich im Dienst der Freiheit. Derartige Doppelstandards durchziehen die amerikanische Politik in allen Bereichen. Doch vor dem Hintergrund des angenommenen »offenkundigen Schicksals« der USA erscheinen solche Doppelstandards einer Vielzahl von Amerikanern gar nicht als Widerspruch. Denn »Amerika ist groß, weil Amerika gut ist«,[25] wie Hillary Clinton im Jahr 2016 in einer Wahlkampfrede frech verkündete. Weil die demokratische Identität der USA vor allem ein Gegenstand des Glaubens ist – und entsprechend immer schon als gegeben vorausgesetzt wird –, kann sie sich in der Konsequenz äußerst destruktiv auswirken, ohne jemals das demokratische Selbstverständnis zu gefährden. Europäer sind immer wieder perplex, mit welcher Leichtfertigkeit Amerikaner die negativen Seiten ihres Landes einfach leugnen oder relativieren können.

All dies bedingt einen dritten, nicht minder problematischen Aspekt der amerikanischen Identität. Insofern die USA ihr Land als auserwählt und ihre Geschichte als eine von Gott getragene betrachten, verstehen sie alle übrigen

25 Hillary Clinton: »America is great, because America is good«, ClickOnDetroit, 28.07.2016

Staaten der Welt als weniger gesegnet, als weniger frei und grundsätzlich fehlerhaft. Dies bedingt, dass ihre außenpolitische Beziehung zu anderen Ländern nie auf Gleichwertigkeit beruhen kann und sie daher keine echte Partnerschaft zu anderen Ländern eingehen können. Egal, mit wem es die USA in ihrer Außenpolitik auch zu tun haben, sie legen für sich selbst stets eine überlegene Position zugrunde. Da in den Augen der Amerikaner alle übrigen Länder weniger frei sind, sind auch deren Regierungen und ihr nationales Selbstverständnis immer nur als vorläufig zu betrachten. Da die anderen Länder aus amerikanischer Sicht noch nicht auf dem Entwicklungsstand sind, auf dem die USA sich selbst bereits befindet, besitzen für sie auch die Verträge mit diesen Staaten immer nur eine temporär gültige Vertragsgrundlage. Dies ermöglicht es den USA, schon getroffene Vereinbarungen schnell wieder aufzukündigen, Verträge zu brechen, Versprechen zu vergessen und ihre Allianzen schnell zu wechseln und zu ändern.

So hat beispielsweise Saddam Hussein seine Karriere als Verbündeter der USA begonnen, ehe er von Washington zum Feind erklärt wurde. Wer für die USA Freund und wer Feind ist, wird nach rein pragmatischen Gesichtspunkten entschieden. Ähnlich verfuhren die USA auch mit Moskau. Als die USA nach und nach viele der mündlichen und schriftlichen Vereinbarungen aufkündigten,[26] die sie während oder nach der deutschen Wiedervereinigung mit Moskau getroffen hatte, verhielten sie sich gegenüber den Russen nicht anders als gegenüber den eigenen Ureinwohnern, die man ebenfalls stets mit Verträgen abgespeist hatte, um sie bald wieder zu brechen.

Eine fremde Macht ist den Vereinigten Staaten nur dann genehm, wenn sie sich entweder den USA unterworfen hat (in diesem Fall fehlt die Notwendigkeit für einen Vertrag) oder aber eins zu eins die amerikanische Entwicklung nachvollzieht, was praktisch gar nicht möglich ist. Ist weder das eine noch das andere der Fall, fehlt aus amerikanischer Sicht die Grundlage für eine ebenbürtige Beziehung und daher auch die Vertragsgrundlage für stabile und dauerhafte Verträge überhaupt. Wenn sie doch geschlossen werden, dann aus rein pragmatischem Kalkül, dem keine langfristige Verpflichtung innewohnt.

26 Etwa das mündliche und dokumentierte Versprechen, die NATO nicht nach Osten auszudehnen, oder das »Vergessen« der Inhalte der Charta von Paris oder der NATO-Russland-Grundakte sowie die Aufkündigung verschiedener Abrüstungsverträge vom ABM- bis zum INF-Vertrag

Man könnte provokant formulieren, dass der nationale Mythos der USA in Konkurrenz zum Erbe der Aufklärung aufgetreten ist und letztlich den Sieg über diese davongetragen hat. Je mehr der nationale Mythos von der für die gesamte Menschheit erleuchteten Stadt auf dem Berg verinnerlicht worden ist, desto unfähiger erwies sich die amerikanische Öffentlichkeit, mahnende Stimmen wie den 2020 verstorbenen Russlandexperten Stephen Cohen oder in jüngster Zeit den Politikwissenschaftler John Mearsheimer wahrzunehmen und nüchtern zu diskutieren. Konzepte von Selbstbeschränkung, Zurückhaltung, Friedenssicherung und wechselseitiger Anerkennung in den internationalen Beziehungen, Bindung an das Völkerrecht, all dies verlor in den amerikanischen Debatten von Jahrzehnt zu Jahrzehnt mehr und mehr an Schlusskraft, bis nur noch die dichotome Unterscheidung zwischen Freiheit und Autokratie übrig blieb.

Und so konnten die USA nach dem Ende des Kalten Krieges der Versuchung nicht widerstehen, als sich die Möglichkeit einer unipolaren Weltordnung abzeichnete. Es war zwar offensichtlich, dass sich eine solche Ordnung nur mit Gewalt und letztlich Krieg durchsetzen ließ. Doch stimmte diese Weltsicht so sehr mit dem nationalen Mythos des Landes überein, schmeichelte so sehr der Eitelkeit der politischen Eliten, die wiederum bei anderen Mitgliedern ihrer Klasse nach Bestätigung suchten, dass die USA einen Weg einschlugen, der letztlich nur in den Krieg führen konnte. Eine Tragödie nahm ihren Lauf, die an antike Vorbilder erinnert.

2.6 Die kurze Phase des europäischen Widerstands

Die Schattenseite des alleinigen amerikanischen Supermachtstatus wurde für die Europäer erst nach der Jahrtausendwende allmählich sichtbar. Im Zuge des Terroranschlags vom 11. September 2001, der im Einsturz des World Trade Centers kulminierte, begannen die USA nun offen als Imperium mit globalen Ansprüchen aufzutreten. Noch während des Kalten Krieges hatten sie sich ganz anders verhalten. Obwohl sie auch damals schon über ausländische Militärbasen verfügten, sich in die Innenpolitik zahlreicher Länder einmischten und ihre eigene Währung als Weltwährung etabliert hatten, stritten sie stets ab, ein Imperium zu sein und hielten nach außen den Anschein aufrecht, die Souveränität ihrer Verbündeten zu achten.

Doch nach dem 11. September begann man in Washington Bündnistreue zu fordern, die Souveränität der Verbündeten wurden nun immer direkter beschnitten. Präsident W. Bush verkündete eine Woche nach den Anschlägen in seiner Rede an die Nation: »Jede Nation in jeder Region hat eine Entscheidung zu fällen. Ihr seid entweder mit uns oder mit den Terroristen.«[27] In der Folge etablierten die USA eine Präventivkriegsdoktrin, die Angriffskriege der USA ohne Mandat des UN-Sicherheitsrates legitimierte. An die Stelle der vom UN-Sicherheitsrat gewährleisteten Legitimität sollte nun das Recht der USA treten, Länder anzugreifen, von denen sie sich aus welchen Gründen auch immer bedroht fühlten. Dies bedeutete, dass die USA in Zukunft relativ willkürlich und ohne Zustimmung des UN-Sicherheitsrats handeln konnten. Zum ersten Mal war diese Doktrin im zweiten Jugoslawienkrieg 1999 angewendet worden. Nun, im Jahr 2003, sollte diese Doktrin erneut angewendet werden und so allmählich zum Gewohnheitsrecht werden.

Der ebenfalls schon ohne UN-Mandat durchgeführte Jugoslawienkrieg war von den Europäern noch als Ausnahme gezählt worden, dem Afghanistankrieg hatte man unter dem Schock der Ereignisse vom 11. September 2001 zugestimmt. Doch beim Irakkrieg wurde den Europäern allmählich bewusst, wohin die USA die Welt führten, nämlich in eine Zukunft, in der die Prinzipien des Westfälischen Friedens nicht länger gelten würden. Erst jetzt schien man in Berlin und Paris die Konsequenzen zu begreifen. Es kam von europäischer Seite zu einer kurzen Phase des Widerstands. Diese manifestierte sich im gemeinsamen »Nein« des damaligen französischen Präsidenten Jacques Chirac, des deutschen Kanzlers Gerhard Schröder und des russischen Präsidenten Wladimir Putin. Die Europäer setzten sich dafür ein, dass die Präventivschlagsdoktrin der USA nicht die Vereinten Nationen ersetzten würde. Doch letztlich blieb diese kurze Allianz zwischen Paris, Berlin und Moskau von einzelnen Politikern und konkreten Umständen abhängig. Sie konnte nicht in eine dauerhafte Weltsicht und einen etablierten Konsens übersetzt werden, weshalb es auch nicht zur Institutionalisierung dieser Ideen kam. Dies war auch schon alleine deshalb außerordentlich schwierig, weil die USA auch damals bereits über eine kulturelle und

27 The White House, Address to a Joint Session of Congress and the American People, 20. September 2001

mediale Hegemonie in Europa verfügten und somit eine autonome europäische Selbstverständigung schon in der Frühphase stören konnten. Nach dieser kurzen Phase des eher spontan entstandenen Widerstands folgte dann mit Angela Merkel auf deutscher Seite und Nicolas Sarkozy und François Hollande auf französischer die Phase der Akzeptanz und Unterstützung des Konzepts einer unipolaren Weltordnung, die als »internationale regelbasierte Ordnung« bezeichnet wurde.

Warum trugen die Europäer die ehrgeizigen Pläne Washington mit? Warum haben sie sich nicht nachhaltiger gewehrt und auch versucht, gegen amerikanische Widerstände eine Debatte über diese außenpolitischen Planungen durchzusetzen? Wäre es nicht gerade der wesentlich älteren europäischen Zivilisation zugekommen, die Amerikaner vor der Unvermeidlichkeit des Krieges zu warnen, der in ihrer Machtprojektion beschlossen lag? Doch die europäische Politik bezog sich vor allem auf die Innenpolitik und besaß kaum ein Bewusstsein von der Möglichkeit eines eigenständigen europäischen Wegs. Darüber hinaus war in Europa eine Generation von Politikern an die Macht gekommen, die erstmals ohne große Weltanschauungen aufgewachsen war. Das Zerbrechen des Sozialismus löste auch die Abwicklung der Sozialdemokratie aus. Und Kommunismus, Nationalismus, Katholizismus und Konservativismus hatten schon in den Jahrzehnten zuvor eine fundamentale Kritik erfahren. Das Vakuum wurde durch neoliberale Sichtweisen und letztlich durch die Legitimierung von Egoismus in Bezug auf das eigene Fortkommen ersetzt. Infolgedessen kam eine Klasse an Politikern an die Macht, die sich nur noch für ihre eigene Karriere, aber nicht mehr für den Gang der Geschichte verantwortlich fühlte. Die Weltordnungskonzepte den Amerikanern zu überlassen, erwies sich nun als rationales Kalkül.

2.7 Die amerikanische Tragödie

Zwar gab es während der gesamten 1990er Jahre immer noch die Möglichkeit des Politikwechsels. Noch war kein unüberwindliches Misstrauen in den internationalen Beziehungen entstanden, noch konnten alle bestehenden Konflikte weiterhin durch Diplomatie gelöst werden. Doch fehlte außerhalb der neokonservativen Zirkel ein Bewusstsein, dass eine grundlegende

Entscheidung hinsichtlich der außenpolitischen Strategie der kommenden Jahre anstand.

Die eigentliche Alternative zur amerikanischen Außenpolitik lag außerhalb der USA, nämlich im geschichtlichen und geistigen Selbstverständnis Europas. Wäre die europäische Erfahrung, die sowohl aus den Bürgerkriegen des 17. Jahrhunderts, aus der Aufklärung des 18. Jahrhunderts, dem Machtgleichgewicht des 19. Jahrhunderts und den Weltkriegen des 20. Jahrhunderts gelernt hatte, miteinbezogen worden, so hätte sich keine am amerikanischen Mythos orientierte Außenpolitik durchsetzen können. Doch fehlte den Europäern das Bewusstsein, dass eine grundlegende Entscheidung hinsichtlich der außenpolitischen Strategie der kommenden Jahre anstand. Die Tragweite der bereits in den 1990er Jahren getroffenen Entscheidungen schien kaum jemand zu begreifen. Dass die mangelnde Souveränität der Europäer gegenüber den USA ein Problem darstellte, begriff nur eine kleine Zahl von Politikern. Doch auch diese machten sich nicht daran, einen Plan für die Entwicklung eines souveränen Europas zu entwerfen. In Europa fehlten die strategischen Planungszentren, um eine europäische Antwort auf die neokonservative Vision im Detail auszubuchstabieren. Diese konnte nur in einer multipolaren Weltordnung bestehen, die die Verschiedenheit der Weltzivilisationen anerkannt hätte. Das Verhältnis Europas zu den USA und Russland hätte von einem Bekenntnis zur gemeinsamen Geschichte und Kultur bestimmt sein können. Auf diese Weise wäre ein Dreierbündnis entstanden, das intern an den Prinzipien des Westfälischen Systems festgehalten und diese zur Grundlage einer zukünftigen multipolaren Welt gemacht hätte. Ein souveränes Europa, das zusammen mit den USA und Russland selbst den Weg in die multipolare Weltordnung einschlägt, hätte die anderen Zivilisationen nicht bedroht und sich doch in dieser Weltordnung einen privilegierten Platz sichern können. Doch die sorglose Atmosphäre der 1990er Jahre ließ solche groß angelegten Gedanken kaum zu. Und so konnten die Neokonservativen im Stillen ohne nennenswerte Konkurrenz ihre Pläne entwerfen und durchsetzen.

1995 wurde von William Kristol, Fred Barnes and John Podhoretz die Zeitschrift *Weekly Standard* gegründet. Dort fanden die Neokonservativen ihr Sprachrohr, mittels dessen sie alle politischen Vorkommnisse der Woche im Sinne einer Agenda stetiger amerikanischer Expansion kommentierten.

Über diverse Echokammern wurden diese stets auf außenpolitische Expansion abzielenden Analysen in die verschiedenen Institutionen des Washingtoner Beltways getragen. Flankiert wurde diese Entwicklung von einem 1997 neu gegründeten Think Tank, der den Namen »Project for a New American Century« trug. In dieser Institution waren ebenfalls die führenden Vertreter der Neokonservativen versammelt, außenpolitische Falken wie William Kristol, Donald Rumsfeld, Dick Cheney, Paul Wolfowitz, Richard Perle und Jeb Bush, der Bruder des späteren Präsidenten.

Im Jahr 2000 veröffentlichte dieser Think Tank ein Papier unter dem Titel: »Erneuerung von Amerikas Verteidigung: Strategie, Streitkräfte und Ressourcen für ein neues Jahrhundert«. In diesem Dokument wurde eine massive Expansion des amerikanischen Militärs gefordert. Die USA müssen als Supermacht die übrige Welt in ein globales Imperium – eine Pax Americana – integrieren. Dies verlange nicht weniger als die Expansion seiner militärischen Macht. Insbesondere sei es wichtig, weitere Militärbasen in Südosteuropa, im Nahen Osten und Südostasien zu errichten. Die USA müssten zudem im Weltraum eine militärische und technologische Überlegenheit etablieren sowie ihren Status als Ordnungsmacht im Internet aufrechterhalten. Auch im Bereich der globalen Dienstleistungen und Infrastruktur müssten die USA eine unverzichtbare Stellung einnehmen. Zudem sollte ein Raketenabwehrschild entwickelt werden und die Biowaffenforschung genetische Unterschiede zwischen verschiedenen Ethnien der Menschheit nutzbar machen. So findet sich in dem Dokument der Satz: »Und fortgeschrittene Formen der biologischen Kriegsführung, die in der Lage sind, auf bestimmte Genotypen zu ›zielen‹, könnten die biologische Kriegsführung aus dem Bereich des Terrors in ein politisch nützliches Instrument verwandeln.«[28]

Der Plan war ausgesprochen ambitioniert und forderte nicht weniger als die umfassendste Mobilisierung des Landes seit dem Zweiten Weltkrieg. Durch den enormen Anstieg der Rüstungsausgaben sollte eine sogenannte »revolution in military affairs (RMA)« also eine *»Revolutionierung der militärischen Verhältnisse«* erreicht werden. Damit war letztlich ein technologischer

28 Project for a New American Century, Rebuilding Americas Defenses – Strategy, Forces and Resources for a New Century, 1. September 2000, S. 60

Sprung in der Militärtechnologie gemeint, durch den die USA alle übrigen Konkurrenten dauerhaft hinter sich lassen wollten.

Unter normalen Umständen hätte man ein so radikales Paper wohl einfach belächelt. Bestand dessen Strategie ja sichtlich darin, sich durch Radikalität und Größenwahn von den übrigen Denkfabriken abzuheben. Doch das Lächeln mag vielen vergangen sein, als ein paar Monate nach Veröffentlichung des Strategiepapiers die wichtigsten Autoren plötzlich maßgebliche Regierungsämter bekleideten. Der Bruder von PNAC-Mitglied Jeb Bush, George W. Bush, wurde zum Präsidenten. Donald Rumsfeld wurde unter ihm zum zweiten Mal nach seiner Mitgliedschaft in der Regierung Ford zum Verteidigungsminister. Dick Cheney, der ebenfalls bereits unter Ford das Amt des Stabschefs des Weißen Hauses innehatte, wurde Vizepräsident, während Paul Wolfowitz, der bereits sieben Wochen nach dem Zerfall der Sowjetunion für eine Fortsetzung der alten Feindschaft eingetreten war, zum Vizeverteidigungsminister avancierte.

Als sich dann etwas mehr als ein halbes Jahr später die tragischen Ereignisse des 11. Septembers 2001 ereigneten, geschah dieses Ereignis in einem Land, in dem alle Vorbedingungen für die Neuausrichtung der Außenpolitik im Sinne der neokonservativen Weltsicht bereitstanden. Die dieses Konzept vertretenden Politiker waren im Amt, die Medieninstitutionen zur Verbreitung der neokonservativen Weltsicht waren bereits geschaffen und die PR-Strategie eingeübt worden. Und so war es nur eine Frage der weiteren Finanzierung und des Engagements, diese Agenda als die einzige mögliche Antwort auf die Tragödie des 11. Septembers 2001 im öffentlichen Bewusstsein zu etablieren. Und tatsächlich war der Schock über die eingestürzten Türme und die 2977 Todesopfer so groß, dass ein beträchtlicher Teil der Bevölkerung diese Agenda zunächst akzeptierte und mittrug. Die amerikanische Außenpolitik wurde in den darauffolgenden Jahren in einem Maße militarisiert, wie man es seit dem Zweiten Weltkrieg nicht gesehen hatte. 2007 wurde durch den General Wesley Clark bekannt, dass die USA bereits in den ersten Monaten nach dem 11. September 2001 die Führung von sieben Kriegen im Nahen Osten und Nordafrika innerhalb von fünf Jahren ins Auge fassten, nämlich Kriege gegen Irak, Syrien, Libanon, Libyen, Somalia, Sudan und Iran.

Durch die Ereignisse des 11. Septembers war der Rubikon überschritten. Was in den frühen 1990er Jahren als Gedankenspiel begonnen hatte, dann zur Gründung des *Weekly Standards* und des Project for a New American Century geführt hatte, war nun zur offiziellen Grand Strategy des amerikanischen Staates für die kommenden Jahrzehnte geworden. Donald Rumsfeld sprach sogar von einem hundertjährigen Krieg, den die USA fortan zu führen hätten. Und als dann im Jahr 2003 angesichts des Irakkrieges Jacques Chirac, Gerhard Schröder und Wladimir Putin ihr gemeinsames »Nein« zum Irakkrieg formulierten, war der Zug aus amerikanischer Sicht bereits abgefahren. Der Widerstand kam zu spät und war nicht mehr in der Lage, sich als außenpolitische Alternative zu der im Detail ausbuchstabierten neokonservativen Agenda zu institutionalisieren. Europa hatte die Gelegenheit verpasst, seine eigene Antwort auf den historischen Moment des Mauerfalls und des Zusammenbruchs der Sowjetunion zu formulieren. Das Drehbuch, das nun zur Anwendung kam, war längst geschrieben. Und da seine Verfasser alle in den USA beheimatet waren, reflektierte und spiegelte es vollständig den nationalen Mythos der USA wider.

Für die USA war durch den Zerfall der Sowjetunion ein »wilder Osten« entstanden, in dem es den USA wie im 19. Jahrhundert zufiel, eine Grenze kontinuierlich zu verschieben. Nur dass es diesmal keine inneramerikanische Grenze war, die gegen die indigene Bevölkerung verschoben wurde, sondern die Grenze der NATO gegenüber der Russischen Föderation, wobei den Russen die Rolle der fremden Zivilisation zufiel, zu der angeblich keine gleichberechtigte, sondern nur eine machtförmige Beziehung möglich sei. Dieser Plan nahm keine Rücksicht auf die historische Erinnerung Europas. Er ignorierte die Erfahrungen zweier Weltkriege und das unwahrscheinliche Glück, dem dritten um Haaresbreite entgangen zu sein. Er entfernte mit einem Federstrich das in Jahrhunderten entwickelte und aus dem Westfälischen Frieden hervorgegangene Völkerrecht. Darüber hinaus war den Neokonservativen auch das kulturelle Erbe Europas gleichgültig. Die USA hatten in ihrer Mehrzahl die Verbindung zur Geistes- und Kulturgeschichte Europas verloren. Sie blickten mit Befremden und zum Teil auch mit Neid auf die europäische Philosophie-, Literatur- und Musikgeschichte, weshalb es ihnen umso leichter fiel, den Kontinent der Kultur, die Heimat von Goethe, Schiller, Proust, Flaubert, Tolstoi und Tschechow zum Aufmarschgebiet für ihren zukünftigen Krieg mit Russland zu machen. Die amerikanische Tragödie wurde spätestens jetzt auch zu einer europäischen.

2.8 Eroberungsagenda: Washington Mitte der 2000er Jahre – *Exkurs auf Basis eines Gesprächs mit Ulrike Guérot*

Wie es in den Jahren nach dem 11. September 2001 in den Machtzirkeln der USA aussah, wurde dem Autor in einem Gespräch mit Professorin Ulrike Guérot berichtet, die zwischen 2004 und 2007 eine Position beim German Marshall Fund (GMF) im Berliner Büro bekleidete. Zuvor hatte Guérot bereits einige stets mit Europafragen befasste Positionen innegehabt, etwa als wissenschaftliche Mitarbeiterin im Bundestag für Karl Lamers (CDU), als Projektleiterin für Jacques Delors im Pariser Institut »Notre Europe« und als Leiterin der Abteilung für Europapolitik bei der DGAP (Deutsche Gesellschaft für Auswärtige Politik) in Berlin. Vor diesem Hintergrund war die Gelegenheit, nach Tätigkeiten in Berlin, Paris und temporär auch Brüssel nun auch das politische Umfeld in Washington D.C. kennenzulernen, geradezu passend.

Es war allerdings die erste Tätigkeit für eine amerikanische Einrichtung für Ulrike Guérot. 1998/99 bereits war sie Associate Professor for European Studies an der Paul H. Nitze School for Advanced International Studies (SAIS) an der Johns Hopkins University, Washington D.C. und hatte dort, aus Paris von Jacques Delors kommend, schon interessante Beobachtungen gemacht, wie die Vereinigten Staaten auf Europa schauten. Eine Anekdote mag dies veranschaulichen. Paul Wolfowitz, der Autor des bereits zitierten Entwurfs des »Defense Planning Guide von 1994–1999« und damals »Dean of Faculty« an der SAIS, wurde des Öfteren neben der neuen europäischen Kollegin aus dem Bereich Europawissenschaften platziert. Sobald dabei das Tischgespräch auf Europa kam, assoziierte Paul Wolfowitz Europa sofort mit der Türkei, die unbedingt in die Europäische Union aufgenommen werden müsse. Diese Forderung wiederholte er gegenüber Guérot bei fast jeder Begegnung, als ob es mit Blick auf Europa, das zu Ende der 1990er Jahre über seine Agrarreform, die anstehende Verfassung, den Haushalt oder die Osterweiterung diskutierte, nur um die Türkei-Mitgliedschaft in der EU ginge. Bei den institutionellen Prozessen der EU zeigte Wolfowitz sich weder kenntnisreich noch interessiert. Es ging ihm allein um die geostrategischen Interessen der USA, laut denen die Mitgliedschaften von NATO und

EU möglichst kongruent sein sollten, womit neben der Türkei langfristig wohl auch das benachbarte Georgien gemeint war.

An dieses intellektuelle Umfeld erinnerte Guérot sich, als sie 2004 zum German Marshall Fund (GMF) stieß. Wie die meisten Europäer war sie im Jahr 2004 allerdings noch nicht sehr vertraut mit der radikal-politischen Bewegung der amerikanischen Neokonservativen, vor allem dem Institut »Project for a New American Century« (PNAC). Intellektuell und politisch eingebettet in den transatlantischen Konsens, nahm sie zwar unter Georg W. Bush jun. eine beträchtliche Verschärfung der amerikanischen Außenpolitik wahr, führte diese aber auf den Schock des 11. Septembers 2001 bzw. die Schlichtheit des damaligen amerikanischen Präsidenten und den neuen amerikanischen Puritanismus zurück, der sich z. B. darin äußerte, dass Abendessen im republikanischen Umfeld in Washington zu dieser Zeit meisten schon um 5.30 p. m. und oft mit Tischgebeten begannen.

Umso überraschter war Guérot, die eigentliche Geisteshaltung im Kreis ihrer Kollegen beim German Marshall Fund nach und nach kennenzulernen, die die Erzählung eines transatlantischen Konsenses auf der Grundlage einer »gleichberechtigten Partnerschaft« zwischen Europa und den USA zunehmend in Frage stellte und deutlich auf eine dominante Position der USA zusteuerte.

Während ihrer Tätigkeit im Berliner Büro des GMF zwischen 2004 und 2007 kam Guérot z. B. in Kontakt mit den PNAC-Leuten William Kristol, Robert Kagan, Victoria Nuland oder Christopher Caldwell. Im weiteren PNAC-Umfeld, wenn auch nicht PNAC-zugehörig, bewegten sich ihre Kollegen beim GMF, z. B. Ron Asmus, Karen Dornfried oder Daniel Twining sowie Tod Lindberg vom Hoover-Institut, oder eben jener schon erwähnte Paul Wolfowitz. Der US-affine Pole Radosław Sikorski und seine spätere Frau, die bekannte amerikanische Publizistin und Pulitzer-Preisträgerin Anne Applebaum wiederum waren zu Beginn der 2000er Jahre, als die EU mitten in ihrem Verfassungsprozess steckte, oft am American Enterprise Institute (AEI) zu hören oder zu sehen, auch ein konservativer Think Tank, wenn auch mehr auf wirtschaftspolitische als auf geostrategische Fragen ausgerichtet. Die berühmte Brookings-Institution und ihre Mitarbeiter, prominent z. B. Fiona Hill oder Dan Hamilton, waren nicht so radikal, aber auch hier merkte man deutlich eine Verschiebung in der außenpolitischen Agenda der USA. Dass Deutschland und Frankreich 2003 beim US-Einmarsch in den Irak den USA etwa ihre (militärische) Unterstützung versagten, wurde in einem prinzipiell deutschfreundlichen Umfeld nicht goutiert. Dan Hamilton, einer der VIPs der amerikanischen außenpolitischen Szene, z.B. thematisierte auf den einschlägigen Konferenzen mehrfach, dass die Deutschen, für die die USA nach 1945 alles getan hätten, die USA mit Blick auf die Anschläge von 9/11 im Stich ließen.

Zum ersten Mal wurde Guérot mit der Entschlossenheit der USA, ihre Agenda durchzusetzen, koste es was es wolle, konfrontiert, als ein hoher Mitarbeiter der State Departments ihr schon im Januar 2003, also Wochen vor dem Irak-Einmarsch am 1. März 2003, auf einer Konferenz in Washington anlässlich des 40. Jahrestages des Elysée-Vertrags in der Deutschen Botschaft sagte: »Believe me, this administration will go to war«. Dass die UNO ein Völkerrechtsmandat für den Einmarsch im Irak verweigerte, führte zu einer UN-kritischen Haltung in der außenpolitischen Community in Washington. Sichtbar waren die Bemühungen, das Völkerrecht ganz im Sinne von Charles Krauthammer auf die neuen, amerikanischen geostrategischen Ziele zu verpflichten, z.B. durch die Änderung der »Right-of-No-Interference«-Klausel hin zu einer »Responsibility to Protect«. Damit wurde im internationalen Recht eine legale Absicherung der Politik der sogenannten »Democracy Promotion« versucht und schließlich durchgesetzt.

Guérot kannte auch wichtige US-Journalisten und Kolumnisten, z.B. John Vinocur vom *Wall Street Journal* und andere, die konsequent eine NATO-Agenda in ihren Beiträgen vertraten. Ein europapolitischer Artikel von Guérot in der *Süddeutschen Zeitung* einige Monate nach Kriegsbeginn, der für die Eigenständigkeit der europäischen Sicherheits- und Verteidigungspolitik argumentierte, wurde einmal in der *Washington Times* öffentlich in der Luft zerrissen, weswegen Guérot sogar ins Bundeskanzleramt einbestellt wurde. Insgesamt bemerkte Guérot, dass man in den USA auf Konferenzen oder mit publizierten Forderungen nach einer außen- und sicherheitspolitischen Emanzipation Europas, wie sie in den Clinton-Jahren noch selbstverständlich waren, nicht mehr durchdrang, wenn es auch durchaus strittige und intensive Diskussionen darüber gab.

Die Entfremdung und die Aufkündigung des transatlantischen Konsenses, vor allem von Frankreich und tendenziell von Deutschland, die noch einen gewissen eigenständigen europapolitischen Kurs beibehalten wollten, bahnte sich hier an und durchzog die gesamten 2000er Jahre. Als dann 2011 der deutsche Außenminister Guido Westerwelle sich in der UN-Sitzung bei der Abstimmung über die Beteiligung an der »Humanitarian Mission« in Libyen enthielt, war Guérot zufällig an diesem Tag im gleichen Hotel in Amsterdam wie John Vinocur, der ihr gegenüber beim Frühstück eine Volte amerikanischer Schelte über die »deutsche Unzuverlässigkeit« abließ. Ähnliches erfuhr sie, als sie 2003 auf einer Vortragsreise durch verschiedene amerikanische Städte außerhalb des Washingtoner »Beltway« – also etwa in Dallas oder Miami – über die deutsche Position zum Irak-Krieg referierte und stets auf enttäuschte Amerikaner stieß, die Deutschland der Undankbarkeit bezichtigten.

Als Europaforscherin war Ulrike Guérot in ihrer Zeit beim GMF von 2004 bis 2007 bemüht, ihren Kollegen die internen Prozesse in der Europäischen Union nahezubringen, vor allem die Bemühungen und Diskussionen über einen europäischen Verfassungsvertrag im Vorfeld seiner Verabschiedung im Juli 2003. Sie führte dazu in Washington z. B. hochrangige Konferenzen mit den politischen Direktoren der europäischen Außenministerien und Mitarbeitern auf dem »Hill« durch und versuchte, die Notwendigkeit und die Bedeutung einer Europäischen Verfassung auch für die USA zu argumentieren, da eine solche sowohl die Demokratie als auch den Frieden auf dem europäischen Kontinent sichern würde. Doch ihre amerikanischen Kollegen bzw. das gesamte außenpolitische Establishment in Washington begegnete ihren Bemühungen entweder mit Unkenntnis oder Distanz, oder – schlimmer noch – man brachte deutlich zum Ausdruck, dass die EU als außen- und sicherheitspolitischer Akteur im Grunde genommen nicht ernst genommen wurde.

Der Ton wurde gleichzeitig rauer und lächerlicher. Viele Amerikaner verstiegen sich oft zu Prognosen über den baldigen Zerfall der EU. Gängig auf dem Hill war zu dieser Zeit der Spruch »The EU will be going down the toilet.« Der Euro war der EU 1999/2002 – auch gegen massiven amerikanischen Widerstand[29] – noch gelungen. Angesprochen aber auf den 276-seitigen europäischen Verfassungsentwurf, zückten Amerikaner zu dieser Zeit

29 Fred Bergstein, *The Euro will lead Europe to War,* Foreign Affairs, Dezember 1998

oft das schlanke Büchlein mit der US-Verfassung aus der Brusttasche und lachten meist. Alle Europadiskussionen in Washington, vor allem die über die 2004 bevorstehende EU-Osterweiterung um insgesamt zwölf Staaten, waren von vornherein NATO-zentriert. Die EU war für die Amerikaner nur insoweit interessant, als sie die Expansion der NATO unterstützte und die ökonomische Transformation der Osteuropäer nach dem Mauerfall finanzierte: eine Art Kirsche auf dem Kuchen.

Die Osteuropäer, in ihrer großen Mehrzahl, fokussierten ihre politischen Energien ebenfalls auf die NATO. Auch für sie war die EU eher »Beiwerk«. Mitten in die Verfassungsverhandlungen 2003 prallten also osteuropäische Stimmen, denen die europäischen Diskurse der 1990er Jahre – z. B. über keine Erweiterung ohne Vertiefung – oder die institutionellen und demokratischen Grundlagen der EU fremd waren. Guérot bemerkte mit Befremden, wie sich die EU durch die Erweiterung von ihrem im Maastrichter Vertrag gegebenen Ziel einer politischen Union immer mehr entfernte. Die Franzosen, die noch am ehesten die Thesen eines politischen »Kerneuropas« im Diskurs aufrechterhielten, wurden als europäische Stimme zunehmend ausgegrenzt. Auch das deutsch-französische Verhältnis entfremdete sich darüber, da Deutschland tendenziell immer transatlantischer eingestellt war als Frankreich.

Eine über das geostrategische Denken hinausgehende Verbundenheit mit Europa oder gar ein amerikanisches Interesse an einem politisch verfassten, emanzipierten und souveränen Europa war nicht wahrzunehmen. Guérot versuchte, dem mit Hilfe ihres Senior-Kollegen, Ron Asmus, entgegenzuwirken. Nach der amerikanischen »Embracement Strategy«, im Rahmen derer 2004 zum ersten Mal mit Condoleezza Rice ein offizieller »Staatsbesuch« der Amerikaner bei der EU in Brüssel stattfand, der die USA-EU-Beziehungen symbolisch aufwerten sollte, schafften es Asmus und Guérot, das sogenannte »Brussels' Forum« des GMF zur Vertiefung der europäisch-amerikanischen Beziehungen auf die Beine zu stellen, das ab 2004, ähnlich wie die Münchener Sicherheitskonferenz, jährlich im März im Hotel Louise in Brüssel mit hochkarätigen Teilnehmern der euro-atlantischen Community stattfand. Immer wieder spielte Henry Kissinger, dem Guérot mehrfach begegnete, trotz seines bereits hohen Alters auf diesen Konferenzen – oft finanziert und organisiert von der Bertelsmann-Stiftung – eine große Rolle.

In all diesen Jahren waren die überwiegend männlichen »Neokons« von einem für europäisch denkende Personen wie Guérot schwer zu begreifenden Machbarkeitswahn in außenpolitischen Dingen mit Blick auf Europa bestimmt, so als könnten sie per Handumdrehen oder auf Knopfdruck in europäische Angelegenheiten eingreifen und diese entscheiden. So erinnert sich Ulrike Guérot an eine Situation, in der jemand vom PNAC zum Mobiltelefon griff und beim Weißen Haus eine Militärmaschine bestellte: »I have to speak with Saakaschwili«, dem damaligen georgischen Präsidenten, der ein paar Jahre später mit seinem am Eröffnungstag der Olympischen Spiele am 8. August 2008 durchgeführten Angriff auf die abtrünnigen und unter russischem Schutz stehenden Republiken Abchasien und Südost-Ossetien in die Geschichte eingehen sollte.

Obgleich es bei Russland-Spezialisten wie etwa Angela Stent ein großes Bewusstsein für die tendenziell gefährlichen Verschiebungen gab – »wir driften auseinander« – und dies auch auf den einschlägigen Konferenzen durchaus diskutiert wurde, so blieben diese Stimmen in der Minderheit, ebenso wie konstruktive Lösungen, die in Richtung Kooperation und »eurasische Friedensordnung« verwiesen hätten. Zu Beginn der 2000er Jahre etwa wurde z. B. auf einer Konferenz in London zumindest theoretisch diskutiert, ob etwa Norwegen oder Russland in die EU kommen sollten, eine Idee, die Sergei Lawrow, der spätere russische Außenminister, mit den Worten kommentierte: »Russland ist nicht Norwegen«.

Russische (Sicherheits-)Interessen wurden indes genauso wenig besprochen oder reflektiert wie europäische Friedensvorstellungen, wozu eben beitrug, dass alle europäischen Staaten, vor allem aber die Osteuropäer, die nach dem Zusammenbruch des Sowjetimperiums und dem Fluch des »sowjetischen Jochs« ihre Freiheit und Souveränität wiedergefunden hatten – zum Beispiel die Balten – sich eindeutig nach Amerika orientierten und um den Status des »besten Freundes« der USA wetteiferten. Die Eliten dieser Länder bauten alle an den amerikanischen Elite-Universitäten und Think Tanks der Ostküste ihre Netzwerke aus und hungerten förmlich nach marktwirtschaftlicher Freiheit und ökonomischem Aufstieg. Die Idee, ein neugestaltetes Bündnis mit Russland einzugehen, gab es nicht. Russland galt nach 1989 nicht als »Optionenraum«, der Sog in die NATO und allgemein in den Westen dominierte alles als »offenkundiges Schicksal« der USA.

Der Prozess des »Unipolar Moments« der USA und der zunehmenden »intellektuellen Lufthoheit« der USA in den 2000er Jahren war zunächst unauffällig, schleichend und langsam, aber wirkmächtig. Er erstreckte sich über mehrere Jahre.[30] In den USA war man generell liberal genug gesonnen, um anderen Positionen Raum zu geben, um die Europäer ihre politischen Strategien, Wünsche und Absichten formulieren zu lassen und diese »fair« zu diskutieren. Außerdem bildete das PNAC natürlich nicht die gesamte amerikanische Position ab. Es gab und gibt immer noch, auch in Amerika selbst, Intellektuelle, die die amerikanische Geostrategie (»Democracy Promotion« im Nahen Osten oder die NATO-Osterweiterung Europas) für nicht zielführend hielten und dringend auf eine politische Emanzipation Europas hofften bzw. dafür argumentierten. Führend sind hier zu nennen Jeremy Rifkin mit seinem viel beachteten Buch von 2004 »Why the European Dream will eclipse the American Dream« oder Professoren wie etwa Jolyon Howorth in Yale, der als Amerikaner auf Konferenzen immer die stärksten und besten Plädoyers für eine europäische Sicherheits- und Verteidigungspolitik machte; oder auch Andrew Moravcik, ebenfalls aus Yale, einer der besten amerikanischen Kenner des institutionellen Gefüges der EU. Auch in Harvard gab und gibt es gute Zentren für europäische Politik, die stets europäische Perspektiven förderten und in den Diskurs brachten.

Dagegen standen aber eben immer wieder die »alten Haudegen«, wie etwa Zbigniew Brzeziński, mit dem Guérot, zusammen mit dem Franzosen François Heisbourg, in Washington im März 2014 über die Ereignisse in der Ukraine diskutierte, wobei sie sich an die Denkweise der Blockkonfrontation der 1970er Jahre erinnert fühlte, als wäre jemand komplett aus der Zeit gefallen. Die politische Zukunft der Ukraine wurde schon 2004, zum Zeitpunkt der »orangenen Revolution« mit Julija Timoschenko, und nicht erst zum Zeitpunkt des Maidan 2014, in hitzigsten euro-amerikanischen Diskussionen erörtert.

Eine wirkliche Bereitschaft, sich auf die Perspektive der Europäer einzulassen, die ja immerhin Verbündete waren, geschweige denn europäische

30 Zumindest auf Ebene der Eliten (Presse, Think Tanks etc.). Die »Transatlantic Trends« des GMF in den Jahren 2000ff., in denen z. B. die Zustimmung der deutschen Bevölkerung oder die Sympathie für die USA, aber auch anderer Länder (Frankreich, Russland) abgefragt wurde, lassen indes keinen Zweifel daran, dass die amerikanische »Friedensdividende« nach dem Einmarsch in den Irak aufgezehrt war und sich die Sympathien der Deutschen z. B. 2003 zu fast gleichen Teilen für USA und Russland (jeweils rund 50 %) aufteilten.

Ambitionen nach politischer Souveränität und Emanzipation gelten zu lassen, bestand nicht. Die allgemeine Atmosphäre war eindeutig vom Geist einer zwar sublimierten, aber doch realen amerikanischen Expansion und Landnahme in Europa bestimmt, wobei alle damit nicht in Einklang zu bringenden Perspektiven und Gegenargumente ausgeklammert wurden. Washington erwies sich als eine einzige Blase, die von den Universitäten, den Think Tanks, der Presse bis zur Regierung selbst reichte, die aber eben immer »impressive« und machtvoll daher kam: es war schwer, sich dem im politischen Umfeld zu widersetzen, da alle Beteiligten de facto eine »Diskurskoalition« waren, wie man in den Sozialwissenschaften sagt, also eine »larger familiy«: Man kannte sich, war teilweise miteinander befreundet, half sich gegenseitig bis hin zu diversen kleineren oder größeren Abhängigkeiten, wie sie eben in solchen Netzwerken bestehen. Die Perspektive der übrigen Welt, die den neokonservativen Zielvorstellungen oft entgegengesetzt war, kam nicht einmal als Nebengedanke vor, bzw. an die übrige Welt wurde schlichtweg nicht gedacht. Aus Sicht der Neokonservativen standen die USA über der übrigen Welt und waren daher auch die Welt. Formationen oder Zusammenschlüsse, wie etwa die BRICS-Staaten, die heute auf eine globale, geostrategische Zäsur und den Wechsel zu einer multipolaren Welt hindeuten, gab es erst seit den 2010er Jahren.

3. Die machtpolitischen Implikationen einer unipolaren Weltordnung

3.1 Washington im Mahlstrom der Machtlogik

Die Neokonservativen hatten auf ganzer Linie den Sieg davongetragen. Ihre Vorstellung von Machtentfaltung war zur Grand Strategy der Vereinigten Staaten nach dem Ende des Kalten Krieges geworden und wurde dementsprechend von beiden Parteien vertreten. Alternative Positionen wurden in den USA systematisch an den Rand des Debattenraums gedrängt. Und nur einige Jahre nach dem 11. September 2001 sollte auch der letzte Widerstand der Europäer gebrochen werden.

Seit dem Zerfall der Sowjetunion standen die USA somit einer Welt vor, über die sie nicht nur militärisch, sondern auch wirtschaftlich, rechtlich, ideologisch und kulturell Hegemonie ausübten. Und obwohl vieles gegen die Weltsicht der Neokonservativen sprach, vermochte sie sich doch im gesamten Westen als die dominante Weltanschauung zu etablieren. Im Rückblick ist es erstaunlich zu erkennen, wie leicht es den Europäern gefallen ist, die vorausgegangenen Jahrzehnte der Entspannungspolitik zu vergessen und sich erneut auf eine durch Feindbilder strukturierte Weltwahrnehmung einzulassen. Es war tatsächlich eine unipolare Welt.

Allerdings enthielt diese ganz auf die USA ausgerichtete Weltordnung mehrere Entwicklungsdynamiken, die über kurz oder lang auch wieder zur Aufhebung der Unipolarität führen mussten. Diese Entwicklungstrends lassen sich wiederum in zwei Gruppen unterteilen. Solche, die geistige und kulturelle Entwicklungen beschreiben: Sie werden Gegenstand der zweiten Hälfte dieses Buches sein. Und solche, die eine materielle, nämlich an wirtschaftlichen oder geographischen Fakten orientierte Grundlage haben. Letztere lassen sich in fünf Punkt gliedern.

1. Das Streben der EU nach Souveränität

Einer dieser Trends zeigte sich direkt in Europa. Denn in den frühen 2000er Jahren war die Europäische Union noch auf einem Weg, der langfristig die

Entstehung staatlicher Strukturen auf Ebene der EU und damit die Begründung europäischer Souveränität vorsah. Dies würde bedeuten, dass es zwei moderne und entwickelte Staaten mit internationalem Einfluss gegeben hätte. Ein souveränes und ebenbürtiges Europa auf der anderen Seite des Atlantiks hätte die amerikanischen Pläne nach Hegemonie und Dominanz zunichte gemacht. Dies bedeutete, dass die USA sich nur dann als einziger maßgeblicher Macht-Pol in der Welt halten konnten, wenn sie diese Entwicklung zu einer souveränen Europäischen Union unterbrechen und Europa erneut dominieren würden.

Die Neokonservativen sahen ihre Aufgabe deshalb darin, diese vorübergehend existierende Unipolarität zu verewigen und zu einer dauerhaften Dominanz zu machen. Und dies bedeutete in Bezug auf Europa ganz klar, dass alle Versuche der Europäischen Union, Staatlichkeit und Souveränität zu erlangen, abgegleist werden mussten. Es wird noch gezeigt werden, welche Instrumente ihnen hierzu zur Verfügung standen. Doch eine erfolgreiche Europäische Union war nicht das einzige Hindernis auf dem Weg zu einer dauerhaft unipolaren Welt.

2. Das Fehlen eines globalen Gewaltmonopols

Es gab eine Reihe weiterer Faktoren, die die latent unipolare Weltordnung der 1990er- und 2000er Jahre bedrohten. Diese bestanden darin, dass eine unipolare Weltordnung letztlich der Versuch ist, die strategisch wichtigen Gebiete der Welt zu dominieren und in eine imperiale und damit quasistaatliche Ordnung einzubinden. Staatlichkeit jedoch verlangt ein Gewaltmonopol und globale Staatlichkeit verlangt dementsprechend ein globales Gewaltmonopol. Tatsächlich waren die USA nach dem Zerfall der UdSSR die einzige Macht, die im globalen Maßstab militärische Gewalt einsetzen konnte, was sie der ganzen Welt während des Golfkriegs von 1991 auch vor Augen geführt hatten. Niemand konnte diesbezüglich ebenbürtig mit ihnen konkurrieren. Seit dem Zerfall der Sowjetunion war die gewaltige Militärmaschinerie des einstigen Konkurrenten unterfinanziert und befand sich in einem Zerfallsprozess.

Doch trotz dieser problematischen Lage gab es nach wie vor zwei Faktoren, die die militärische Macht der USA einschränkten. Und beide hatten etwas mit dem Erbe der sowjetischen Militärmacht zu tun.

Russland besaß immer noch Nuklearstreitkräfte, die denen der USA prinzipiell ebenbürtig waren. Anders als Großbritannien, Frankreich und China besaß Russland als Nachfolgestaat der Sowjetunion nicht nur ein paar Hundert, sondern Tausende von Atom- und Wasserstoffbomben sowie eine Triade von Trägersystemen (mobile sowie Silo-gestützte Raketen, Bomber und U-Boote), woraus sich letztlich eine nukleare Zweitschlagskapazität ableitete. Sogar nach einem nuklearen Erstschlag durch die USA konnte Russland noch die USA zerstören.

Russland besaß zudem hochwertige Luftverteidigungssysteme und andere Defensivwaffen und konnte diese theoretisch an Staaten verkaufen, die ihrerseits eine Konfliktbeziehung zu den USA unterhielten. Diese Systeme fortzuentwickeln, war eine Handlungsmöglichkeit, die auch einem geschwächten Russland noch offenstand. Damit besaß Moskau die Macht, den militärischen Handlungsradius der USA empfindlich einzuschränken.

3. Das diplomatische Erbe der Sowjetunion

Die militärische und diplomatische Erfahrung, die sich in Moskau während des Kalten Krieges angesammelt hatte, verschwand nicht einfach durch den Zusammenbruch der UdSSR. Auch wenn Russland nicht mehr wie die USA als zweite Supermacht auftreten konnte, so besaß es immer noch die Erfahrung im Umgang mit sicherheitspolitischen Fragen. Moskau konnte weit besser als Berlin und Paris die Rüstungsanstrengungen der USA beurteilen und einschätzen. Dieses Wissen konnte für erfolgreiche diplomatische Initiativen verwendet werden, wobei Russland sein ständiger Sitz im Sicherheitsrat zugutekam. In Moskau kannte man die verschiedenen Vektoren der Macht aus eigener Erfahrung, beurteilte das Handeln Washingtons entsprechend und ließ sich anders als die Verbündeten nicht mit irgendwelchen Rationalisierungen abspeisen. Russland blieb im Geiste ein geopolitischer Akteur, auch wenn es nach dem Zusammenbruch der Sowjetunion einen großen Teil seines einstigen Supermachtstatus verloren hatte. Diese diplomatischen Fähigkeiten Russlands sah man in Washington als Bedrohung an. Vor allem hatten die USA die Sorge, dass Moskau seinen Blick auf die Welt auf die europäischen Verbündeten übertragen und diese ebenfalls anfangen könnten, die Welt aus der Perspektive der Macht zu analysieren.

Hieraus folgt bereits, dass man in Washington ein tief greifendes Interesse daran hatte, Russland zu schwächen und zugleich von Berlin und Paris zu trennen. Der bereits nach dem Zweiten Weltkrieg vom ersten Generalsekretär der NATO, Lord Hastings Ismay, formulierte Grundsatz amerikanischer Außenpolitik, nach dem es darauf ankomme, »die Amerikaner drinnen, die Russen draußen und die Deutschen unten zu halten«, behielt seine Gültigkeit in der neuen Ära nach dem Kalten Krieg. Die militärische Eindämmung Russlands stellte eines der delikatesten Probleme auf dem Weg zu einer dauerhaft unipolaren Welt dar. Nur wenn das russische Nuklearpotenzial seine einstige Bedeutung verlieren würde, wenn zudem Russland Exportbeschränkungen für seine Waffensysteme auferlegt werden könnten und Moskau zudem sein diplomatisches Selbstbewusstsein verlöre, nur dann könnten die USA dem Gewaltmonopol nahekommen, das für eine unipolare Weltordnung nötig ist.

4. Wirtschaftswachstum und Rohstoffkontrolle

Doch gab es neben den militärischen auch noch wirtschaftliche Entwicklungen, die die weitere Aufrechterhaltung und Verstetigung der unipolaren Weltordnung bedrohten. Zu nennen ist hier beispielsweise das enorme Wirtschaftswachstum in Südostasien und insbesondere in China. Dieses scheint zunächst nichts mit der Russischen Föderation zu tun zu haben, ist allerdings indirekt doch wieder mit Russland verknüpft. Solange nämlich China von Leistungen abhängig bleiben würde, die durch die amerikanische Weltordnung sichergestellt wurden, konnte die chinesische Wirtschaft ruhig wachsen. Eine wirkliche Bedrohung stellte das chinesische Wirtschaftswachstum erst dann dar, wenn es sich nicht länger innerhalb der von den USA geprägten Weltordnung vollziehen würde.

Konkret bedeutete dies, dass man in den USA vor allem verhindern wollte, dass die chinesische Wirtschaft sich auf eine eigene Rohstoffbasis stützen konnte. Auch musste sichergestellt werden, dass das chinesische Wirtschaftswachstum mit dem amerikanischen Finanzsystem verflochten blieb. Als dritter Faktor musste sichergestellt werden, dass China den Rubikon zu einer selbstständigen Technologieentwicklung nicht überschreiten würde.

Von all dem war China in den 2000er Jahren allerdings noch weit entfernt. Als es im Jahr 2000 zu einem Grenzzwischenfall vor der chinesischen

Küste kam, im Zuge dessen ein amerikanisches Spionageflugzeug von China zur Landung auf seinem Territorium gezwungen wurde, stellte sich für die gerade ins Amt gekommene Bush/Cheney-Regierung für kurze Zeit die Frage, ob man eine offensivere Eindämmungspolitik gegenüber China einleiten sollte. Doch schien es damals noch leichter und auch profitabler, China über die noch bestehenden Abhängigkeiten zu kontrollieren, als einen neuen kräftezehrenden Konflikt einzuleiten. Im Bemühen um eine dauerhafte wirtschaftliche Vormachtstellung stützte sich Washington daher in den 1990er- und 2000er Jahren vor allem auf die Kontrolle der Förderregionen von Rohstoffen, ihrer Handelsrouten, ihre Einbindung ins Finanzsystem sowie die Kontrolle bestimmter Schlüsselindustrien.

Um die Rohstoffvorkommen der Welt in eine Weltordnung einzubinden, mussten sich die USA vor allem auf zwei Regionen konzentrieren und eine dritte im Auge behalten. Einerseits der Nahe Osten mit seinen riesigen Öl- und Gasvorräten. Hier mussten die USA ihren schon zum Teil etablierten Zugriff nur ausbauen, was sie in der Amtszeit von Georg W. Bush auch durch eine Reihe von Kriegen versuchten. Und andererseits der postsowjetische Raum, der nach wie vor von der Russischen Föderation dominiert wurde, insofern viele Pipelinerouten von Zentralasien aus das Territorium Russlands durchquerten. Hier war der amerikanische Einfluss nur schwach etabliert, weshalb die Bush/Cheney-Regierung zwischen 2000 und 2008 durch den Afghanistankrieg und einen hinter Demonstrationen versteckten Staatsstreich in Georgien ebenfalls Änderungen versuchte. Und schließlich war die Russische Föderation selbst das rohstoffreichste Land der Welt, was bedeutete, dass auch dessen Rohstoffpolitik von Washington genau verfolgt wurde. Man wollte es Moskau nicht erlauben, alleine durch den Verkauf seiner Rohstoffe die Vorherrschaft der USA in Europa in Frage zu stellen. Das Bemühen Washingtons, das chinesische Wirtschaftswachstum indirekt über die Kontrolle der Rohstoffe lenken zu können, implizierte auf diese Weise wiederum wachsende Spannungen zwischen Washington und Moskau.

5. Die Kontrolle über die Geographie

Die Kontrolle über Rohstoffe war wiederum mit der Geographie verflochten und verlangte daher auch eine spezifische Form von geographisch gestützter

Geopolitik. Diese einer geographischen Logik folgende Außenpolitik war der fünfte Faktor, der die Aufrechterhaltung einer unipolaren Weltordnung aus Sicht Washingtons bedrohte. Hierbei ist allerdings zu bedenken, dass das Ableiten strategischer Konzepte aus geographischen Gegebenheiten in den USA eine lange Tradition hat, die Washington zum Teil vom britischen Imperium ererbt hatte. Denn wie Großbritannien verstanden sich nämlich auch die USA als Seemacht, die darauf angewiesen ist, von den Küstenlinien aus ihre Kontrolle auszuüben. Wollten die USA ihren langsamen wirtschaftlichen Niedergang kompensieren, benötigten sie einen stärkeren Zugriff auf diese Rohstoffe des Nahen Ostens und des postsowjetischen Raums. Doch gerade der postsowjetische Raum war von den Küstenlinien sehr weit entfernt. Es kam deshalb darauf an, eine Expansionsstrategie zu erarbeiten, die sich nicht wahllos vollzog, sondern sich auf die geographische Ordnung der Welt stützen konnte.

Es lohnt sich, diese hier kurz umrissenen Kriegsgründe einer genaueren Betrachtung zu unterziehen. Erst wenn jene Kriegsgründe umfassend analysiert worden sind, die auf einer faktischen bzw. materialistischen Grundlage beruhen, kann die geistig-kulturelle Dimension dieses Konflikts in den Blick genommen werden.

3.2 Abgleisung der Europäischen Union

Im Jahr 2005 erschien Jeremy Rifkins Buch »The European Dream: How Europe's Vision of the Future Is Quietly Eclipsing the American Dream« (Der europäische Traum – Wie Europas Zukunftsvision den amerikanischen Traum leise in den Schatten stellt). In diesem Buch hebt der Autor deutlich hervor, dass, gemessen an den äußeren Daten, Europa weit besser zur globalen Supermacht geeignet wäre als die USA. Es hätte ein fortschrittlicheres Verständnis von Diplomatie, eine größere Wirtschaftsleistung, ein besseres Ausbildungsniveau usw. usf. Was der Autor allerdings übersah, war, dass der Europäischen Union eine wichtige Komponente für Selbstständigkeit und Souveränität fehlte. Und dies war ein Bewusstsein ihrer selbst.

Europa war im 19. Jahrhundert das unangefochtene Zentrum von Wirtschaft, Technik, Fortschritt und Wissenschaft. Allerdings war es in Nationalstaaten unterteilt, von denen einige Imperien aufbauten, was wiederum

Konflikte zwischen ihnen hervorrief, die letztlich das Jahrhundert der europäischen Kriege auslösten. Europa war mit dem Paradox konfrontiert, dass es gerade seine wirtschaftliche, technische und wissenschaftliche Überlegenheit war, die den Kontinent zwischen 1914 und 1945 zweimal hintereinander fast zerstörte. Hinzu kam, dass der Zweite Weltkrieg insbesondere für Deutschland eine moralische Niederlage darstellte und das Land mit dem eigenen Bösen konfrontierte. Deutschland, das noch wenige Jahrzehnte zuvor für seine Kultur und Zivilisation geachtet wurde, hatte die bis dahin größte Barbarei der Menschheitsgeschichte ins Werk gesetzt. Die weitreichende Zerstörung in Verbindung mit einer nicht nur militärischen, sondern auch moralischen Niederlage hat das Land nachhaltig traumatisiert. Aufgrund der führenden Rolle Deutschlands in der Europäischen Union übertrug es diese Haltung auf weitere Teile Europas. Das Resultat ist eine massive Unsicherheit Europas sich selbst gegenüber.

Die Anwesenheit der Amerikaner nach 1945 bot hier einen leichten Ausweg. Anfangs war es die offensichtliche Niederlage, die die Deutschen zum Verzicht auf Souveränität zwang. Doch mit der Zeit wurden auch die Vorteile spürbar. Indem man seine Souveränität nach Übersee übertrug, übertrug man auch die Verantwortung und damit das Risiko, erneut schuldig zu werden. Insbesondere für die Westdeutschen stellte die amerikanische Hegemonie eine psychologische Garantie dafür dar. Die Erinnerung an die einstige Souveränität der einzelnen europäischen Staaten und das Mächtegleichgewicht, das sie untereinander bildeten, wurde mit den Erinnerungen an die Weltkriege verkoppelt und auf diese Weise als etwas Negatives bewertet, zu dem man nicht zurückkehren wollte. Angesichts der Scham und des Schmerzes über die Schuld am Zweiten Weltkrieg konnte man auf einer unbewussten Ebene fast Dankbarkeit für die verlorene Souveränität empfinden. Da Deutschland und mit ihm viele andere europäische Staaten vor allem in Fragen der Sicherheits- und Außenpolitik ihre Souveränität nach Washington übertragen hatten, verfügten die USA über die Freiheit, nach Belieben in europäische Belange eingreifen zu können. Während europäische Geheimdienste darauf achteten, dass weder Russland noch die Türkei oder der Iran Einflussnetzwerke in Europa installierten, drückte man bei den Amerikanern alle Augen zu. Ihnen war es erlaubt, z. B. in Deutschland eine Atlantikbrücke zu betreiben, die Vertreter in allen Parteien ihre eigenen nannte und so auf den politischen Ausleseprozess in gleich mehreren Parteien Einfluss nehmen konnte.

Auch die Fähigkeit der USA, medial in Europa Einfluss auszuüben, wurde von den Europäern nie unterbunden. Und so waren die USA in der Lage, das Streben der jungen Europäischen Union nach Souveränität abzugleisen. Hätte die Europäische Union ihr Versprechen von Frieden und Demokratie wirklich wahr machen wollen, so wäre es unumgänglich gewesen, die Union zunächst zu vertiefen, ihr im ersten Schritt Merkmale von Staatlichkeit zu verleihen, ehe man sie erweiterte. Doch die USA setzten sich in Politik und Medien für eine schnelle Erweiterung der Europäischen Union ein. Einmal um zwölf Staaten erweitert, war sichergestellt, dass jeder weiteren Diskussion über eine Vertiefung und damit verbundene Aneignung von Souveränität kein Erfolg beschieden sein konnte. Dies wurde den Europäern schmerzhaft bewusst, als sie sich in Paris, Berlin und Moskau im Jahre 2003 gerade zum gemeinsamen »Nein« zum Irakkrieg durchgerungen hatten. Davon nicht sonderlich irritiert, erklärte Donald Rumsfeld, es gäbe jetzt ein »New« und ein »Old Europe«. Die neu aufgenommenen Staaten Osteuropas seien das »New Europe«, dessen Außenpolitik sich in Zukunft eng an die Washingtons anlehnen würde. Damit war jeder Versuch verunmöglicht worden, eine eigene europäische Außenpolitik der EU zu definieren. Durch die schnelle Erweiterung, die an einen vorangegangenen NATO-Beitritt gekoppelt war,[31] waren die Europäer in eine transatlantische Falle getappt. Von nun an stand von vornherein fest, dass jede Initiative hin zu einer eigenständigen europäischen Außenpolitik von Polen, den baltischen Staaten sowie weiteren osteuropäischen Staaten wie Tschechien oder Rumänien verhindert werden würde. Die einzige Möglichkeit für die EU, als Ganzes einen außenpolitischen Konsens herzustellen, bestand darin, diesen zusammen mit den USA zu formulieren. Und das bedeutete, dass die EU ihr Friedensversprechen verraten und fortan bereit sein musste, die Funktion des amerikanischen Brückenkopfes in Eurasien zu spielen. Konkret bedeutete dies, dass die EU als Basis für eine zukünftige Destabilisierung Russlands dienen würde.

Auch Versuche, den Euro in Konkurrenz zum Dollar als Weltwährung zu etablieren, scheiterten am konstanten Einfluss der USA auf die

31 Hannes Hofbauer, Europa – Ein Nachruf, Promedia Verlag, Wien 2020, S. 188

innereuropäischen Belange. Griechische Schulden, die mit Hilfe der amerikanischen Bank Goldman Sachs im griechischen Schattenhaushalt versteckt worden waren, lösten 2010 die bislang größte Währungskrise in der Europäischen Union aus. Die Sparpolitik, die daraufhin unter Führung von Angela Merkel den Staaten der Europäischen Union auferlegt wurden, stellte sicher, dass der Euro nicht mit dem Dollar konkurrieren konnte und bremste zudem das Wirtschaftswachstum für viele Jahre. War in den 2000er Jahren das Bruttosozialprodukt der EU noch etwas größer als das der USA, drehte sich dieses Verhältnis als Folge der Austeritätspolitik drastisch um. Nichts fiel der neokonservativen Fraktion in Washington so leicht, wie Europa als Konkurrenten auszuschalten. Denn Europa, das noch immer von den Traumata zweier Weltkriege belastet war, fürchtete sich auf einer unbewussten Ebene vor Souveränität und Selbstständigkeit und half daher den Amerikanern bei der eigenen Eindämmung.

3.3 Herstellung eines globalen Gewaltmonopols

Nachdem die Herausforderung durch ein geschichtsbewusstes und souveränes Europa so leicht neutralisiert werden konnte, trat eine Konstellation ein, in der eine unipolare Weltordnung vor allem in Russland ihren Widerpart finden würde. Am eindeutigsten war dies in militärischer Hinsicht. Die militärische Fähigkeit Russlands stellte den entscheidenden Unsicherheitsfaktor für die Etablierung einer unipolaren Weltordnung dar. Über 40 Jahre lang hatte die Sowjetunion ein Militär besessen, das sich mit dem der USA messen konnte. Wie viel seiner früheren Macht könnte das Riesenreich nach dem Zusammenbruch der Sowjetunion bewahren? In den 1990er Jahren nahmen viele in Washington an, dass die russische Militärmacht nun über kurz oder lang zerfallen müsste. Denn der Machtverlust, der mit dem Zerfall der Sowjetunion einherging, war einfach zu groß. Russland war formal der Nachfolgestaat der Sowjetunion, spielte aber geopolitisch in einer gänzlich anderen Liga als die einstige Supermacht. Ließ sich angesichts dieses Machtverlusts wirklich eine nukleare Zweitschlagkapazität aufrechterhalten, die neben Silo-gestützten Raketen auch mobile Abschussrampen, Atom-U-Boote und Bomber erforderte? Schon alleine die Kosten sprachen dagegen. Hinzu kamen noch die Aufwendungen für das konventionelle Militär, das aufgrund der langen Grenzen der Russischen Föderation ebenfalls von großer Wichtigkeit für die Sicherheit des Landes ist.

Und so hoffte man in Washington um die Jahrtausendwende durchaus mit einer gewissen Berechtigung, dass das russische Nukleararsenal mit der Zeit schrumpfen und vielleicht irgendwann die Größe der französischen oder britischen Nuklearstreitkräfte erreichen würde. Tatsächlich standen die Aussichten dafür nicht schlecht. Denn der Aufbau, der Erhalt sowie die Erneuerung von Atomwaffen ist eine sehr teure Angelegenheit. Das spaltbare Material hat nur eine gewisse Haltbarkeit und muss in regelmäßigen Abständen erneuert werden. Hinzu kommen Aufwendungen für die Modernisierung, etwa die technische Anpassung an neue Abfangmöglichkeiten.

Der wirtschaftliche Abstieg erst der Sowjetunion und später Russlands war in den 1990er Jahren so dramatisch, dass man in der Tat erwarten konnte, dass Russland zu diesen Aufwendungen immer weniger in der Lage sein würde. Verfügte die Sowjetunion mit ihren 15 Teilrepubliken noch über 290 Millionen Einwohner und 14 Prozent[32] des globalen Bruttosozialprodukts und einen geopolitischen Einflussbereich bis zur Elbe, so besaß der Nachfolgestaat Russland Mitte der 1990er Jahre nur noch 148 Millionen Einwohner, einen Anteil von 2 bis 3 Prozent des globalen Bruttosozialprodukts und verfügte von einigen Ex-Sowjetrepubliken abgesehen auch kaum noch über Verbündete. Hinzu kamen die gewaltigen territorialen Verluste und der abrupte Übergang in ein anderes Wirtschaftssystem, im Zuge dessen ein riesiger Anteil der eigenen Bevölkerung in die Armut gestürzt war. Die Armut löste wiederum einen gewaltigen Rückgang der Geburtenrate aus, die 1999 mit 1,16 Geburten pro Frau ihren Tiefpunkt erreichte. Die demographischen Veränderungen, die Russland infolge der 1990er Jahre erlebte, waren ähnlich dramatisch wie die Folgen des Zweiten Weltkriegs.

Der Niedergang Russlands als Rechtsnachfolger der Sowjetunion vollzog sich in mehreren Schüben. Bereits in der Spätphase der Sowjetunion war es verstärkt zu Lieferengpässen gekommen, die sich nach dem Zerfall der Sowjetunion fortsetzten. Eine weitere dramatische Verschlechterung setzte im Zuge der von den USA nahegelegten und von der Regierung Jelzin akzeptierten wirtschaftlichen Schocktherapie ein. Als Folge verschwanden ganze

32 Eric Hobsbawm, Das Zeitalter der Extreme – Weltgeschichte des 20. Jahrhunderts, München 1998, S. 481

Wirtschaftszweige, Lieferketten wurden unterbrochen, die russische Wirtschaft wurde nicht nur abhängig von ausländischen Waren, sondern auch von ausländischer Technik, während die eigenen hoch spezialisierten Experten in die USA oder nach Europa auswanderten. Im Zuge der Privatisierung entstand im Land eine Mafia, die normales Wirtschaften zunehmend unmöglich machte. Der Staat selbst konnte angesichts dieser Entwicklung kaum noch Steuern eintreiben und infolgedessen über Monate hinweg keine Gehälter mehr zahlen. Diese dramatische Situation führte erneut zu einer Ausweitung des informellen Sektors in Form krimineller Netzwerke. Die gerade erst entstandenen Oligarchen etablierten sich als die neue Ordnungsmacht im Lande.

Inmitten dieser chaotischen Situation war es für die USA ein Leichtes, Russland zu infiltrieren, Militärgeheimnisse aufzukaufen und Netzwerke unter den Neureichen zu bilden, die wiederum die russische Souveränität weiter untergraben sollten. Ein dritter dramatischer Schlag gegen die russische Wirtschaft erfolgte 1998 im Zuge der drastischen Abwertung des Rubels. Die geringfügige Stabilisierung, die der russische Staat zwischen 1993 und 1998 erreicht hatte, wurde über Nacht erneut zunichte gemacht. Im Jahr 2001 war die russische Wirtschaft und Gesellschaft derart heruntergekommen, dass eine Ausgabe der amerikanischen Zeitschrift *The Atlantic* die Schlagzeile »Russia is finished«[33] (Russland ist erledigt) trug. Niemand in Washington rechnete damals noch damit, dass Russland sich aus dem Schlamassel, in das es geraten war, jemals würde selbst befreien könnte. Im Westen nahmen viele wie selbstverständlich an, Russland hätte sich dauerhaft aus der Riege der führenden Mächte verabschiedet. So wie einst das Osmanische Reich als der kranke Mann Europas galt und von der französischen und englischen Kolonialmacht ausgeweidet wurde, so würde nun Russland endgültig zu einer Kolonie herabsinken, würde dem Beispiel Lateinamerikas folgen, wo eine prinzipiell bestechliche Elite bereit war, alles zu verkaufen.

Dies war der Hintergrund, vor dem die Neokonservativen ebenfalls im Jahr 2000 ihren Plan für »Ein neues amerikanisches Jahrhundert« formulierten. Vor dem Hintergrund des russischen Niedergangs schien es durchaus möglich, die latent unipolare Welt im militärischen Bereich zu verstetigen

33 Jeffrey Tayler, Russia Is Finished – The unstoppable descent of a once great power into social catastrophe and strategic irrelevance, in: *The Atlantic*, Mai 2001

und Washington zum alleinigen Inhaber eines globalen Gewaltmonopols zu machen. Dafür war es nur nötig, dem weiteren Verfall der russischen Wirtschaft und damit auch seines Militärs zuzusehen. Während Russland zunehmend Probleme hatte, seine alternden Nuklearwaffen zu erneuern, geschweige denn zu modernisieren, konnten die USA umgekehrt ein riesiges Rüstungs- und Investitionsprogramm auflegen: Es gab Investitionsprogramme im Bereich der Nuklearrüstung und des Raketenabwehrschildes, aber auch der Weltraumbewaffnung. Auf diese Weise würde das US-Militär gleich in mehreren Bereichen die nächste technologische Stufe erklimmen, während umgekehrt die russischen Atom-U-Boote ungenutzt in den Häfen verrosteten und allmählich ihre Einsatzgrenze erreichten. Durch die Etablierung einer technologischen Revolution in der Kriegsführung würde Washington seinen ehemaligen Konkurrenten einfach abhängen und so über kurz oder lang zur einzigen ernst zu nehmenden Nuklearmacht der Welt werden. Mit anderen Worten: Man hatte sich in Washington dazu entschieden, die Schwäche, in die Russland nach der Aufgabe des Sozialismus und dem Zerfall der Sowjetunion geraten war, maximal auszunutzen.

Andere Nuklearmächte wie z. B. China, Indien und Pakistan konnten zwar eine Nuklearmacht in der Größe des französischen oder britischen Potenzials aufbauen, doch wollten sie über diese Grenze hinausgehen, so hätte dies eine Reaktion Washingtons ausgelöst. Da diese Staaten sich aber in einer wirtschaftlichen Aufstiegsphase befanden und in dieser Periode auch von den USA, ihrem Markt und ihrem globalen Einfluss abhängig waren, wollte niemand dieses Risiko eingehen, Washington durch den Ausbau der eigenen Nuklearkapazitäten zu provozieren. Dies bedeutete jedoch, dass der Bedeutungsverlust des russischen Nuklearpotenzials von keinem anderen Land der Welt kompensiert werden konnte. Ob die USA eine nukleare Allmacht und damit ein globales Gewaltmonopol erlangen würden, war einzig und allein von der Entwicklung Russlands abhängig. Damit hing von den internen politischen Entwicklungen in Russland etwas ab, was das Schicksal der Menschheit insgesamt determinieren würde. Denn eine Welt mit einer einzigen großen Nuklearmacht funktioniert gänzlich anders als eine Welt mit zwei solchen Mächten.

Und so leiteten die USA ganz gezielt Schritte ein, die Washington in die Position der einzigen großen Nuklearmacht bringen sollten. Am 13. Dezember

2001, etwas mehr als zwei Monate nach dem 11. September, traten die USA aus dem ABM-Vertrag (Vertrag über die Begrenzung von antiballistischen Raketenabwehrsystemen) aus. Dieser 1972 geschlossene Vertrag war von großer Bedeutung. Denn er schränkte die Entwicklung von Raketenabwehrsystemen stark ein. Er erlaubte jeder Partei, nur eine spezifische Region durch Abwehrsysteme zu schützen. Im Falle der Sowjetunion bzw. Russlands war dies die Hauptstadt Moskau und im Falle der USA die Silo-gestützten Raketenkomplexe im Bundesstaat North Dakota. Weil andere Regionen nicht geschützt werden durften, stellte der Vertrag das Gleichgewicht des Schreckens sicher und machte somit einen Atomkrieg unwahrscheinlich.

Durch den Ausstieg aus dem ABM-Vertrag wollten die USA nun freie Hand bekommen. Sie wollten ein Rüstungsprogramm einleiten, das das Grundprinzip der nuklearen Abschreckung (nämlich die Garantie der gegenseitigen Zerstörung) aufheben würde, ungeachtet der Tatsache, dass sich dadurch die Gefahr eines Atomkrieges erhöht. Indem die USA nun aus diesem Vertrag ausstiegen, verabschiedeten sie sich von der Idee eines nuklearen Gleichgewichts. In den darauffolgenden Jahren wurden die Pläne für einen Raketenabwehrschild, der in Polen und Rumänien an der Westgrenze Russlands sowie seegestützt auf den Zerstörern der Arleigh-Burke-Klasse aufgestellt werden sollte, immer konkreter. Einmal etabliert, sollte dieser Schild nach einem nuklearen Erstschlag der USA die russische Zweitschlagskapazität (die dann nur noch aus wenigen Raketen besteht) abfangen können. Damit versuchten die USA, das Gleichgewicht des Schreckens zu durchbrechen und sich in die Position zu bringen, mit nur geringem eigenen Risiko einen nuklearen Erstschlag durchführen zu können.

Dies bedeutet zwar nicht, dass dieses Potenzial auch für einen Angriff genutzt würde. Aber man kann davon ausgehen, dass Washington es zumindest als ein Druckmittel in Betracht zog, auf dessen Basis der Führungsanspruch der USA jederzeit demonstriert werden konnte. Und da alle übrigen Atomwaffenstaaten wie Großbritannien, Frankreich, Pakistan, Indien, Israel und China über deutlich weniger Atomwaffen verfügen als die USA und Russland, so hätten auch diese Staaten am nuklearen Monopol Washingtons nichts ändern können.

Wie dicht sich die USA bereits am Ziel wähnten, zeigt ein im März 2006 erschienener Artikel der Autoren Keir Lieber und Daryl Press in der amerikanischen Zeitschrift *Foreign Affairs*. Unter der Überschrift »The Rise of U. S. Nuclear Primacy«[34] (Der Anbruch US-amerikanischer nuklearer Vormachtstellung) verkünden die Autoren, die nahe bevorstehende nukleare Erstschlagskapazität der USA. Wäre diese Ankündigung wirklich wahr geworden, so hätte dies zu einer drastisch veränderten Machtverteilung auf dem Globus geführt. Als einzige verbliebene nukleare Supermacht hätten die USA in der Tat über ein globales Gewaltmonopol verfügt. Damit wäre das wichtigste Kriterium für eine dauerhaft unipolare Weltordnung erfüllt worden. Nur ein Jahr nach der Ankündigung in den *Foreign Affairs* am 9. Februar 2007 hielt Wladimir Putin seine berühmte Rede auf der Sicherheitskonferenz in München, wo er das unipolare Weltordnungsprojekt der USA ansprach und sich gegen eine Auflösung des nuklearen Gleichgewichts einsetzte. Wörtlich heißt es in dieser Rede:

> »In wie freundlichen Farben auch immer man [eine solche unipolare Welt] ausmalen mag, letztlich bezieht sich der Terminus auf eine bestimmte Situation, in der es ein Zentrum der Staatsgewalt, ein Machtzentrum und ein Entscheidungszentrum gibt. Das ist eine Welt, in der es einen Herrn gibt, einen Souverän. Im Ergebnis ist dies verheerend, nicht nur für alle, die diesem System angehören, sondern auch für den Souverän selbst, weil es ihn von innen heraus selbst zerstört.«
>
> »Ich bin der Auffassung, dass das unipolare Modell nicht nur inakzeptabel, sondern in der heutigen Welt auch unmöglich ist. Und zwar nicht nur deshalb, weil für die Führung einer einzelnen Macht in der heutigen – ausgerechnet in der heutigen – Welt weder die militärischen noch die politischen und ökonomischen Ressourcen ausreichen würden. Noch wichtiger ist, dass das Modell selbst verfehlt ist, weil ihm kein moralisches Fundament in der modernen Zivilisation zugrunde liegt.«
>
> »Was gegenwärtig in der Welt geschieht, ist eine Folge der Versuche, genau dieses Konzept, das Konzept einer unipolaren Welt, in die internationalen Beziehungen zu tragen. [...] Gegenwärtig erleben wir eine fast unbeschränkte, übermäßige Anwendung von Gewalt – militärischer Gewalt – in den internationalen Beziehungen, einer Gewalt, die die Welt in

34 Keir A. Lieber and Daryl G. Press, The Rise of U. S. Nuclear Primacy, New York, 1. März 2006

> einen Abgrund permanenter Konflikte stürzt. […] Ein Staat – und dabei spreche ich natürlich zunächst und vor allem von den Vereinigten Staaten – hat seine nationalen Grenzen in jeder Hinsicht überschritten.«[35]

Diese Widersprüche wurden nun von russischen Diplomaten beständig thematisiert. So sehr, dass die Europäer etwas ins Zweifeln gerieten und Deutschland und Frankreich beim NATO-Gipfel in Bukarest 2008 die NATO-Mitgliedschaft der Ukraine und Georgiens in die Zukunft verschoben.

Fast zur gleichen Zeit war eine massive Verschlechterung der Berichterstattung über Russland in der westlichen Presse festzustellen. Der Informationskrieg des Westens gegen Russland hatte umfassend begonnen. Über mehrere Jahre wurden ausschließlich negative Nachrichten über Russland in der Presse gestreut, während neutrale und erst recht positive Nachrichten möglichst unterdrückt wurden. Informationskriegsführung ist im Grunde genommen eine für militärische Zwecke eingesetzte Negativwerbung. Findet sie über längere Zeit hinweg statt, so verändert sie auf unbewusster Ebene die Wahrnehmung eines Landes. Nach und nach wird die Gesellschaft des so angegriffenen Landes in den Augen des naiven Zeitungslesers entmenschlicht. Dies hat den Effekt, dass es irgendwann legitim erscheint, gegen den betreffenden Staat und seine Gesellschaft Maßnahmen zu ergreifen, die man gegenüber keinem anderen Land zulassen würde. Um diesen Effekt zu erreichen, muss der Informationskrieg dem wirklichen Krieg gegen ein Land mindestens eine Dekade vorausgehen. Somit kündigte sich in der stark negativen Berichterstattung im Westen über Russland bereits der heutige militärische Konflikt mit Moskau an. Russland war in Washington als Hindernis auf dem Weg zu einer unipolaren Weltordnung identifiziert worden und die Negativberichterstattung bereitete den psychologischen Boden für den kommenden Zusammenstoß vor.

Aus Sicht der Neokonservativen musste Russland durch eine Kombination aus NATO-Osterweiterung, innerer Destabilisierung, militärischer Einkreisung und einer geschickten Informationskriegsführung so sehr geschwächt werden, dass es sein Ansinnen, militärische Parität zu den USA

35 Rede von Wladimir Putin auf der Konferenz für Sicherheitspolitik in München am 10. 2. 2007, Was ist aus den Garantien geworden?, in: *Blätter für deutsche und internationale Politik*, März 2007, S. 374

aufrechtzuerhalten, freiwillig aufgeben würde. Erste konkrete Planungen in diese Richtung wurden im Jahr 2000 auf einer hochrangigen Konferenz in Bratislava von amerikanischen Vertretern vorgestellt. Laut dem CDU-Politiker und Konferenzteilnehmer Willy Wimmer wurde dort bereits von einem neuen Eisernen Vorhang gesprochen, der sich von Sankt Petersburg durch die Ukraine bis nach Anatolien hinziehen würde.[36] In Moskau wusste man allerdings, dass die Preisgabe der Souveränität nur der erste Schritt in Richtung einer weiteren Schwächung des Landes bedeuten würde.

Anfangs versuchte man in Moskau sowohl auf die USA als auch auf die europäischen Partner einzuwirken und eine Rückkehr zur Rüstungskontrolle zu erreichen. Man hoffte, dass insbesondere Deutschland in der Lage sein würde, mäßigend auf die USA einzuwirken, sodass vielleicht in den USA ein Umdenken stattfinden könnte. Aus diesem Grund ließ sich die russische Regierung, die zwischen 2008 und 2012 von dem damals als liberal und prowestlich geltenden Dimitri Medwedew geführt wurde, auch auf eine Verlängerung des START-Abkommens ein, obwohl die USA sich geweigert hatten, dessen Aushandlung mit Verhandlungen über den geplanten Raketenschild zu verbinden. Weil Obama Medwedew aber zugesichert hatte, dass nach einem erfolgreichen Abschluss auch Verhandlungen über den Raketenabwehrschild beginnen würden, stimmte Moskau zu, das neue START-Abkommen ohne Einbeziehung der Raketenabwehr zu unterschreiben. Als die USA auch hier wortbrüchig wurden und die zugesagten Verhandlungen ausblieben, nahm die russische Regierung die Herausforderung an und begann mit der Entwicklung einer neuen Klasse von Raketen, die jeden Raketenabwehrschild durchbrechen können. Bei seiner Rede im Jahre 2018 zur Lage der Nation stellte Präsident Putin die neuen Waffen vor und äußerte damals die Worte, dass man in Washington nicht zuhören wollte, als Russland um eine Verlängerung der Rüstungskontrolle bat. Vielleicht, so Putin, würde man jetzt zuhören.

Tatsächlich konterkarierten die neuen Trägersysteme alle Bemühungen Washingtons um eine funktionierende Raketenabwehr, in die Washington bereits nach konservativen Schätzungen mindestens 174 Milliarden Dollar

36 Die Amerikaner empfinden sich als Nachfolger Roms – Strategische Konfliktmuster auf dem Balkan. Blätter-Gespräch mit Willy Wimmer, in: *Blätter für deutsche und internationale Politik*, September 2001

investiert hatte.[37] Denn die amerikanische Raketenabwehr funktionierte nur bei strikt ballistisch fliegenden Raketen. Da die neuen russischen Trägersysteme mit Hyperschall fliegen konnten, Kurvenflüge beherrschten, auf der Atmosphärenoberfläche surfen bzw. ihr Ziel über den Südpol ansteuern konnten, unterliefen sie alle Möglichkeiten der Abwehrtechnik. Hinzu kam ein atomwaffenfähiger und nuklearbetriebener russischer Unterwassertorpedo mit dem Namen Poseidon, der mit über 200 Kilometer pro Stunde in einer Gasblase schwamm und den gesamten atlantischen Ozean durchqueren konnte. Der in großer Tiefe operierende Torpedo konnte nicht nur Seeziele zerstören, sondern auch einen gewaltigen Tsunami vor der amerikanischen Küste auslösen. Als Kirsche auf der Torte wurde noch ein atomwaffenfähiger und nuklear betriebener Marschflugkörper von Putin vorgestellt, der aufgrund seiner nuklearen Antriebstechnik fast unbegrenzt in der Luft bleiben und somit auch die Raketenabwehr quasi im Tiefflug durchbrechen konnte.[38]

Indem Russland auf die amerikanischen Rüstungsanstrengungen gleich mit einem ganzen Strauß an neuen Technologien antwortete, hatte es Washingtons Streben nach einem nuklearen Gewaltmonopol konterkariert. Es waren nicht wie eigentlich beabsichtigt die USA, sondern es war Russland, das zur Überraschung der Amerikaner nun eine Revolution in der Kriegsführung ausgelöst hatte. Im Grunde genommen war die Möglichkeit einer unipolaren Weltordnung damit ad absurdum geführt. Da Washington sich aber ganz auf die Grand Strategy einer unipolaren Weltordnung eingelassen hatte und scheinbar über keinen Plan B verfügte, stand fest, dass die USA sich mit dem Status quo nicht abfinden und erneut nach einer Möglichkeit suchen würden, Russland einzudämmen.

Hinzu kam noch, dass Russland auch im konventionellen Bereich Washingtons Streben nach militärischer Vorherrschaft unterlief. Russland war nämlich aufgrund des Erbes der Sowjetunion das einzige Land außerhalb der westlichen Welt, das über qualitativ hochwertige Luftverteidigungssysteme

37 GAO (Government Accountability Office), Report to Congressional Committees, Missile Defense: Addressing Cost Estimating and Reporting Shortfalls Could Improve Insight into Full Costs of Programs and Flight Tests, 2. Februar 2022, https://www.gao.gov/assets/gao-22-104344.pdf (zuletzt abgerufen am 3. August 2022)

38 Putin präsentiert neue Atomwaffen, *ZEIT-Online*, 01.032018

und andere defensive Waffensysteme verfügte. Da Moskau auch diese Waffensysteme beständig modernisierte, war es in der Lage, sie an jene Staaten in Asien und Lateinamerika zu verkaufen, die wie z. B. der Iran mit den USA eine Konfliktbeziehung unterhielten. Auf diese Weise wurden auch im konventionellen Bereich die militärischen Handlungsmöglichkeiten der USA durch Moskau empfindlich eingeschränkt. Die USA hatten in den 1990er- und 2000er Jahren darauf vertraut, dass Russland wirtschaftlich so schwach sein würde, dass man dem Land Rüstungsbeschränkungen auferlegen könnte. Tatsächlich gelang es der Russischen Föderation aber in den 2000er Jahren, ihre Schulden zurückzuzahlen und ihre Souveränität kontinuierlich auszubauen. Als eine Geste des guten Willens verzichtete die russische Regierung unter Medwedew damals zwar darauf, Iran das Luftabwehrsystem S 300 zu verkaufen. Als die USA aber gegenüber Moskau ihre frühere Zusage vergaßen und dran festhielten, den Raketenschild nicht zum Gegenstand von Rüstungsverhandlungen zu machen und zudem noch die Resolution 1973 des Sicherheitsrats gegenüber Libyen eigenwillig uminterpretierten und für einen Angriffskrieg nutzten, änderte Moskau seine Position und begann ab dem Jahr 2016, auch den Iran mit hochwertigen Luftverteidigungssystemen zu versorgen. So durchkreuzte Moskau auch hier das Streben der USA nach einer militärischen Hegemonie in den internationalen Beziehungen.

Da es selbst dem damals als liberal geltenden Medwedew nicht gelungen war, die USA zu Verhandlungen zu bewegen, verzichtete er im Jahre 2012 auf eine weitere Amtszeit und ließ seinen einstigen Förderer und Freund Wladimir Putin erneut kandidieren. Im Winter 2014, als Russland als Gastgeber der Winterolympiade in Sotchi gebunden war, nutzte der Westen zur Jahreswende 2013/2014 die Gelegenheit, einen Staatsstreich in der Ukraine durchzuführen. Obwohl das russische Parlament, die Duma, bereits seine Zustimmung erteilt hatte, verzichtete Russland auf einen Einmarsch in die Ukraine und ließ sich auf weitere Verhandlungen ein. Ein Jahr nach dem Staatsstreich kam es im Februar 2015 in Minsk zu einem Verhandlungsmarathon, im Zuge dessen die inzwischen in Wahlen bestätigte ukrainische Regierung mit den Anführern der Separatisten der Volksrepubliken Luhansk und Donezk ein Abkommen aushandelte, das zudem von Paris, Berlin und Moskau garantiert wurde. Das Minsk-II-Abkommen wurde später sogar im UN-Sicherheitsrat als Resolution 2202 angenommen und war damit völkerrechtlich bindend.

Das Minsk-II-Abkommen sah nach einer erfolgten Verfassungsänderung die Föderalisierung der Ukraine vor. Eine föderal aufgebaute Ukraine hätte zugleich Beziehungen zur EU und zu Russland unterhalten können. Damit wäre der Konfliktpunkt entfallen, die Ukraine wäre zu einer Brücke zwischen Ost und West geworden. Für diesen Verhandlungserfolg war Moskau sogar bereit, den Staatsstreich in der Ukraine sowie eine sehr starke Westorientierung des Landes als neue Realität hinzunehmen. Doch die Verfassungsänderung wurde nie durchgeführt und Angela Merkel[39] und François Hollande[40] gaben beide im Jahr 2023 in Zeitungsinterviews zu, dass das Minsk-II-Abkommen lediglich dazu diente, Zeit für die militärische Aufrüstung der Ukraine zu gewinnen. Tatsächlich fand zwischen 2014 und 2022 eine beispiellose Aufrüstung der Ukraine statt. War die ukrainische Armee 2014 noch unterfinanziert und desorganisiert, so war sie Anfang 2022 nach zahlreichen gemeinsamen Manövern mit US-amerikanischen, kanadischen oder britischen Truppen bereits zu einer der stärksten Armeen Europas herangereift. Russland hatte auf eine diplomatische Lösung gesetzt, doch hatte auch die russische Regierung für den Fall der Fälle eine Modernisierung ihrer Armee eingeleitet.

3.4 Die diplomatische Stärke Russlands

Dass es früher oder später zum Konflikt zwischen Washington und Moskau kommen musste, lag jedoch nicht nur an der militärischen, sondern auch an der diplomatischen Stärke Moskaus, die ebenfalls das amerikanische Streben nach einer unipolaren Weltordnung in Frage stellte.

Russland besitzt eine sehr komplexe diplomatische Tradition, die die Tatsache reflektiert, dass das Land über die längsten Grenzen der Welt verfügt und diese Grenzen weit besser durch diplomatisches Geschick als durch militärische Kraft geschützt werden können. Die Entwicklung einer starken diplomatischen Tradition war daher für Russland überlebenswichtig. So gibt es in Moskau mit dem MGIMO sogar eine eigene Universität, die die

39 Tina Hildebrandt und Giovanni di Lorenzo, »Hatten Sie gedacht, ich komme mit Pferdeschwanz?«, *Zeit-Online*, 07.12.2022

40 Theo Prouvost, Hollande: »There will only be a way out of the conflict when Russia fails on the ground«, *The Kyiv Independent*, 28.12.2022

verschiedenen Wissensgebiete in Hinblick auf die Diplomatie interpretiert. Zudem verfügt man in Moskau über detaillierte Kenntnisse der verschiedenen Völker und Regionen der Welt und nutzt auch das umfangreiche Kontaktnetzwerk weiter, das die Sowjetunion aufgebaut hatte. Das bedeutet allerdings, dass auch viele der Inhalte der sowjetischen Diplomatie, nämlich letztlich ihre antiimperialistische Ausrichtung, tendenziell erhalten blieben. Denn Russland verfügt immer noch über gute Verbindungen just zu jenen Staaten, die sich vom amerikanischen Imperialismus bedroht fühlen. Obwohl die Sowjetunion als zweite Supermacht zusammengebrochen war und Russland nach dem Abschied vom Sozialismus keine zweite Ideologie zur Verfügung stand, hatte Moskau seine geistige Selbstständigkeit nicht verloren. Russland blieb ein unabhängiger geopolitischer Akteur.

Der Fortbestand des diplomatischen Erbes der Sowjetunion schränkte einen wesentlichen Vorteil ein, über den die USA sonst verfügten. Denn gegenüber den europäischen Verbündeten und in gewisser Weise sogar gegenüber der gesamten übrigen Welt besaßen die USA eine Macht, die man auch als die »Macht des Konzepts« bezeichnen könnte. In den meisten europäischen Hauptstädten hatte man nach dem Zweiten Weltkrieg nämlich darauf verzichtet, die Welt selbstständig zu analysieren und sich im historischen Prozess so ernsthaft zu orientieren, als ob die eigene Zukunft davon abhinge. Stattdessen hatten die meisten europäischen Politiker sich daran gewöhnt, sich die Welt von der Tagespresse erklären zu lassen. Und das bedeutete, dass die Europäer letztlich die geistigen Konzepte übernahmen, die in Washingtons Denkfabriken vorgeprägt worden waren und von dort aus langsam in die europäische Berichterstattung einsickerten. Ähnlich verhielt es sich mit den meisten anderen Staaten der Welt. Das bedeutete, dass die von den USA propagierte Weltdeutung ausgesprochen stark war, solange ihr nicht widersprochen wurde, solange es keinen zweiten international einflussreichen souveränen Staat gab, der ein zweites Konzept vorschlug.

Nun hat es allerdings einen Grund, warum Souveränität als eine Qualität von Staaten ausgesprochen selten ist. Zunächst bedarf ihre Etablierung und Aufrechterhaltung ständige Aufmerksamkeit, weshalb sie anstrengend und teuer ist. Sie ist zudem von geistigen und kulturellen Voraussetzungen abhängig, über die nur wenige Staaten verfügen. Die meisten Staaten der Welt verzichteten deshalb ab einem bestimmten Punkt auf Eigenständigkeit.

Dieser Verzicht auf Eigenständigkeit ist umso wahrscheinlicher, je jünger die Staaten sind und je weniger entwickelt ihre Tradition von Staatlichkeit im Allgemeinen ist. An die Stelle der eigenständigen Analyse tritt dann die Übernahme von Konzepten, die mit den Flügeln des Zeitgeistes aus dem Zentrum der Weltwirtschaft in die Peripherie getragen werden.

In der Welt, die die USA nach dem Zerfall der Sowjetunion vorfanden, gab es für souveräne Staatlichkeit nur wenig Kandidaten. Indien oder China, der Iran oder die Türkei besaßen zwar eine lange Geschichte von Staatlichkeit, hatten mitunter sogar eigene Zivilisationen verkörpert und besaßen daher das kulturell-historische Potenzial für die erneute Aneignung von Souveränität. Doch waren in der Dekade vor und nach der Jahrtausendwende all diese Staaten noch in der Entwicklung begriffen, was es für sie gefährlich machte, Souveränität direkt anzustreben.

Im Chaos der 1990er Jahre schien auch Russland die Fähigkeit zur unabhängigen Analyse kurzfristig verloren zu haben. So kam es in der Amtszeit von Präsident Jelzin zu einer Reihe von wirtschaftspolitischen Entscheidungen, die derart selbstschädigend waren, dass sie förmlich demonstrierten, wie dem russischen Staat die Fähigkeit zur eigenständigen Analyse abhandengekommen war. Mit dem Eingreifen der NATO in den Jugoslawienkrieg ändert sich jedoch die Situation. Federführend bei der Ausarbeitung eines neuen Verständnisses von Russlands Position in der Welt war dabei der russische Außenminister und spätere Ministerpräsident Jewgeni Primakow. Berühmt ist die Geschichte über Primakow, der zufolge er in seiner Funktion als Außenminister auf dem Flug nach Washington vom begonnenen Angriff der NATO auf Serbien unterrichtet wurde und mitten über dem Atlantik sein Flugzeug zurück nach Moskau fliegen ließ. Primakow war auch der erste, der auf den Sachverhalt aufmerksam wurde, dass der in den 1990er Jahren von den meisten Analysten zugrunde gelegte Trend zur Verwestlichung der Welt längst nicht so eindeutig war, wie er erschien. Vielmehr stand ihm ein zweiter Entwicklungstrend entgegen. Denn bereits in den 1990er Jahren begannen Teile der »Dritten Welt« wirtschaftlich schneller zu wachsen als die Länder des Westens. Primakow folgerte daraus, dass ein Fortbestehen dieses Trends eher auf die Entstehung einer multipolaren statt einer unipolaren westlichen Welt hindeuten würde. Damit würde sich auch der russischen Außenpolitik eine Alternative anbieten.

Schon bald nach dem Machtantritt von Präsident Putin am 1. Januar 2000 wurde deutlich, dass der von ihm geführte Staat wieder zu einer unabhängigen Bewertung der historischen Prozesse gelangen würde. Durch innenpolitische Reformen wurde die Macht der Oligarchen und damit auch der Einfluss äußerer Mächte auf die russische Politik stark eingeschränkt. In der ersten Amtszeit Putins begannen vorsichtige Versuche, die außenpolitischen Möglichkeiten Russlands zu erweitern, während sich Russland gleichzeitig um eine weitere Annäherung an den Westen bemühte. So wurde bereits 2001 die Shanghai Cooperation Organization (SCO) gegründet, ein diplomatisches Format speziell für eurasische Belange, das Putin gleich zu Beginn seiner ersten Amtszeit mit Peking beschlossen hatte. 2002 wurde zudem die OVKS (Organisation des Vertrags über kollektive Sicherheit) gegründet, ein von Russland dominiertes Verteidigungsbündnis für die Republiken der einstigen Sowjetunion. In der zweiten Amtszeit Putins entstand zudem *Russia Today*. Der Streit um das geplante amerikanische Raketenschild bestimmte damals die diplomatischen Kontakte zum Westen und 2007 hielt Putin seine berühmte Rede während der Münchner Sicherheitskonferenz. Durch diese Form der diplomatischen und medialen Öffentlichkeit beeinflusste Moskau zunehmend andere Staaten, die nach einer Alternative zur westlichen Globalisierung suchten. 2009 kam dann die von Russland, China, Indien und Brasilien gegründete BRIC-Staatengemeinschaft dazu, die 2011 durch die Aufnahme Südafrikas zu den BRICS wurde.

Diese Form der unabhängigen Diplomatie bedeutete praktisch, dass von Washington propagierte Interpretationen der Wirklichkeit eine Gegenperspektive erhielten. War die Welt der 1990er Jahre auch in geistiger Hinsicht unipolar, so brach sich im Verlauf der 2000er- und 2010er Jahre nach und nach eine zweite Perspektive Bahn. Als im Jahr 2005 der russische Fernsehsender *Russia Today* gegründet wurde, verfügte Moskau sogar über eine eigene Alternative zu *BBC*, *Deutsche Welle* und *CNN*, die in den darauffolgenden Jahren viel dazu beitrug, die russische Perspektive in der Welt bekannt zu machen. Erneut hatte die Russische Föderation, die die Amerikaner als Weltmacht eigentlich schon abgeschrieben hatten, überraschend Macht und Einfluss zurückgewonnen. Russland war zwar in den 2000er Jahren weit davon entfernt, eine wirtschaftliche Supermacht zu sein, doch verfügte man immer noch über die Macht des Konzepts, also über die Fähigkeit zur unabhängigen Analyse. Anfangs nahm man in Washington den Widerstand gar nicht so ernst, hielt ihn für ein vorübergehendes Problem, das sicherlich wieder nachließe, sobald ein neuer Präsident in den Kreml einziehen würde. Doch die eigenständige Perspektive des russischen Staates blieb auch in der Amtszeit Medwedews bestehen und institutionalisierte sich noch umfassender mit Putins erneuter Rückkehr ins Präsidentenamt.

3.5 Der Aufstieg der USA zur globalen Rohstoffmacht

Russlands diplomatische Unabhängigkeit sowie seine Fähigkeit, andere Staaten durch Waffenverkäufe zu stärken, beeinflussten auch einen anderen wichtigen Faktor US-amerikanischer Macht, nämlich die Kontrolle über einen großen Teil der globalen Rohstoffe. Auch auf diesem Gebiet erwies sich die Russische Föderation als Hindernis auf dem Weg in eine unipolar strukturierte Weltordnung. Doch um die Konkurrenz auf dieser Ebene zu verstehen, muss der historische Aufstieg der USA zur führenden Rohstoffmacht genauer betrachtet werden.

Weil die USA selbst über zahlreiche Rohstoffvorkommen und insbesondere Öl verfügen, besaßen sie schon sehr früh große Förderkonzerne, allen voran den zeitweiligen Monopolisten Standard Oil. Die USA waren daher in einer hervorragenden Ausgangsposition, ihr Wissen etwa über die Ölförderung auch zur Erschließung ausländischer Vorkommen zu nutzen. Je mehr nach dem Zweiten Weltkrieg im Zuge der Entkolonialisierung das britische und französische Imperium zerfiel, sahen sich die USA in der Position, das Vakuum zu füllen, nicht zuletzt, um so einer Zunahme des sowjetischen Einflusses vorzubeugen.

Im Zuge dieser Ausdehnung ihrer Einflusssphäre ergaben sich für die USA immer wieder Gelegenheiten, die Rohstoffvorkommen anderer Länder günstig auszubeuten. Trotz dieses wachsenden Einflusses auf Rohstoffvorkommen außerhalb ihrer Landesgrenzen bleiben die USA bis in die 1960er Jahre zunächst eine klassische Wirtschaftsmacht mit einem großen Produktionssektor. Direkt nach dem Zweiten Weltkrieg verfügten sie sogar über mehr als 50 Prozent der globalen Produktionskapazitäten. Daraus wiederum resultierte eine Macht als Handelsnation, die es erlaubte, den Dollar als Weltwährung zu etablierten. Allerdings geriet das im

Bretton-Woods-Abkommen festgeschriebene System im Laufe der 1960er Jahre unter Druck. Der Aufbau des vom Krieg zerstörten Europas war inzwischen abgeschlossen und hatte sogar zu einer Modernisierung der europäischen Industrie geführt, weshalb europäische Produkte zunehmend amerikanische Marktanteile übernahmen. Diese Entwicklung drückte sich in einem wachsenden Handelsbilanzdefizit der USA gegenüber mehreren europäischen Staaten aus. Je mehr die amerikanische Industrie an Konkurrenzfähigkeit verlor, desto mehr Überschüsse an Dollar häuften sich in Europa an. Als Symbol der wachsenden Stärke verlangte Frankreich 1965 sogar den Umtausch der immer noch an das Gold gebundenen Dollarreserven. In der Folge kam es zu einem gefährlichen Abfluss von Goldreserven aus den USA, der schließlich so drastisch wurde, dass Präsident Nixon 1971 kurzerhand die Goldbindung des Dollars aufhob.

Es folgte eine Periode von mehreren Jahren, in denen der Dollar ausschließlich durch Gewohnheit und die schiere Größe der amerikanischen Wirtschaft gestützt wurde. Allerdings suchten die USA nun händeringend nach einem Wertanker, der einer späteren Abkehr vom Dollar vorbeugen sollte. Die eigene industrielle Basis zu erneuern, wäre ein langwieriger Prozess gewesen, der zudem nur zu Lasten der Ausgaben für Militär- und Außenpolitik möglich gewesen wäre. Angesichts der sehr kostenintensiven Verpflichtungen, die die USA als Supermacht in Bezug auf ihre Auslandsaktivitäten eingegangen waren, war es viel leichter, die Vorteile zu nutzen, die mit der Rolle des Dollars als Weltwährung verbunden waren.

Denn als Inhaber der Weltwährung besaßen die USA seit Beginn der Nachkriegszeit ein – wie Charles de Gaulle es einmal ausgedrückt hatte – »exorbitantes Privileg«. Die USA konnten nämlich als Inhaber der Weltwährung andere Nationen besteuern, ein Umstand, den man auch als Seignorage-Vorteil bezeichnet. Allerdings vollzog sich diese Besteuerung auf sehr indirekte Weise. So indirekt, dass auch die USA die damit verbunden Vorteile erst nach und nach für sich entdeckten und zu nutzen lernten. Entscheidend war hierbei der Status des Dollars als Weltwährung. Durch die Zerstörung, die Europa sich im Zweiten Weltkrieg selbst zugefügt hatte, sowie das Bretton-Woods-Abkommen war der US-Dollar in diese Position der dominanten Weltwährung gelangt. Dies bedeutete, dass neben dem Erwerb von Öl auch andere Rohstoffe und schließlich auch der zwischenstaatliche

Warenhandel in der Regel in Dollar abgewickelt wurde. Der Dollar dient deshalb auch als wichtigste Reservewährung und unterstützt in dieser Funktion die Stabilität anderer Zahlungsmittel. Von Südamerika bis Asien waren viele Länder fest in den Dollarraum eingebunden.

Dies brachte es mit sich, dass bald nur noch ein verhältnismäßig geringer Teil der weltweit verbreiteten Dollars in den USA zirkulierte. Von Jahr zu Jahr wuchs die Dollarmenge, die außerhalb der USA genutzt wurde. Dies ermöglichte der amerikanischen Notenbank (FED), eine Politik der Geldvermehrung zu betreiben. Zwar führte die Erhöhung der umlaufenden Dollarmenge zu einer leichten Inflation. Allerdings war der Dollarraum inzwischen so groß geworden, dass er wie ein Schwamm die anwachsende Geldmenge absorbierte. Insofern die ansteigende Geldvermehrung inflationäre Effekte zeitigte, so traten diese immer erst mit einiger Verspätung auf. Diese Differenz zwischen aktuellem Dollarwert und zukünftiger Inflation war in gewisser Weise die Steuer, die die USA von allen Staaten eintreiben konnten, die in den Dollarraum eingebunden waren. So konnten die USA schwache Dollar, die durch die Produktion der amerikanischen Industrie immer weniger gedeckt waren, für den Einkauf wertvoller ausländischer Waren und Rohstoffe verwenden. Das allmählich entstehende Handelsbilanzdefizit war Ausdruck dieser Deckungslücke.

Doch dieses System wies eine Schwachstelle auf, solange der Dollar noch an Gold gebunden war. Denn durch die Goldbindung konnten die Dollarüberschüsse im Ausland wieder gegen Gold umgetauscht werden, was dazu führte, dass die USA die Deckungslücke gar nicht als Gewinn verbuchen konnten, sondern zurückzahlen mussten. Gold als Wertanker hinderte die USA somit daran, die Vorteile der Weltwährung voll auszuschöpfen. Zudem ermöglichte die Goldbindung es anderen Nationen, im Falle wirtschaftlichen Erfolgs ebenfalls Goldreserven anzusparen und so mit dem Dollar zu konkurrieren. Diese Situation war ab 1965 auf Initiative Charles de Gaulles auch eingetreten, als dieser den Umtausch von Dollarreserven in Gold praktizierte und so ein Beispiel für andere Nationen setzte.[41] All diese Nachteile führten schließlich dazu, dass Präsident Nixon 1971 die Goldbindung des Dollars beendete.

41 *Time* (Magazin), Money: De Gaulle v. the Dollar, 12.02.1965

Allerdings barg ein Dollar, der nur noch durch die amerikanische Wirtschaft gedeckt wurde, ebenfalls ein Risiko. Die USA hielten deshalb nach einem Rohstoff Ausschau, den man – anders als Gold – nicht so leicht horten und der durch seine Bedeutung den Wert des Dollars dennoch stützen konnte. Dieser neue Rohstoff war Öl. Zwar war die Rolle des Öls in den meisten Bereichen nicht mit der des Goldes als Wertanker vergleichbar, allerdings bot Öl wiederum andere Vorteile. Denn anders als Gold ist Öl in der industrialisierten Welt ein absolut unverzichtbarer Rohstoff, insofern er fast allen industriellen Prozessen von der chemischen Produktion bis zum Transport zugrunde liegt. Die damit gegebene strukturelle Notwendigkeit, über Öl verfügen zu müssen, erwies sich als der entscheidende Hebel, um dem »schwarzen Gold« im Laufe der 1970er Jahre tatsächlich die Rolle eines Ankers im Weltfinanzsystem zuzuweisen.

Da jedes Jahr mehr Öl gefördert und verbraucht wurde als im Vorjahr, konnte auch die Geldmenge ständig ansteigen. Zudem brauchten fast alle Nationen Öl. Jedes Land, das Öl kaufen wollte, musste dafür zunächst Dollars erwirtschaften. Auf diese Weise war unabhängig von der ökonomischen Stärke der US-Wirtschaft eine ständige Nachfrage nach dem Dollar sichergestellt. Diese Nachfrage wuchs zudem mit einem steigenden Ölpreis und war durch einen kontrollierten Anstieg oder Fall des Ölpreises regulierbar. Außerdem kam dem Ölhandel eine Leitfunktion für den gesamten Rohstoffhandel zu, der infolgedessen auch in Dollar abgewickelt wurde. Die Rolle des Dollars als Öl- und Rohstoffwährung bedingte wiederum, dass auch gewöhnliche Waren in Dollar gehandelt und schließlich sogar die Währungsreserven überwiegend in Dollar gehalten wurden.

Weil die USA über besonderen Beziehungen zum saudischen Königshaus verfügten und zudem Kontrolle über die Ölbörsen in New York und London ausübten, waren sie tatsächlich in der Lage, die Dollarbindung des Ölhandels langfristig zu garantieren. Der massive Anstieg des Ölpreises im Zuge der ersten Ölpreiskrise im Jahr 1973 war daher durchaus im amerikanischen Interesse, insofern erst durch ihn der Ölmarkt das nötige Volumen erlangte, um die neue Rolle als Wertanker spielen zu können. William F. Engdahl, der in seinem Buch »Mit der Ölwaffe zur Weltmacht« diese währungspolitische Weichenstellung der frühen 1970er Jahre detailliert nachgezeichnet hat, hält vor diesem Hintergrund auch den Konflikt zwischen den

USA und den Scheichs der arabischen Welt im Zuge der Ölkrise für eine abgesprochene Inszenierung, die lediglich dazu diente, die Verantwortung für den Ölpreisanstieg zu verschleiern.[42]

Allerdings reichten das Monopol des Dollars als Ölwährung sowie der Ölpreisanstieg noch nicht aus, um ein langfristig stabiles Finanzsystem zu erschaffen. Denn dafür war es notwendig, dass die Petrodollars wieder in die USA zurückflossen und auf diese Weise ein Finanzkreislauf entstand. So kam es unter Federführung von Henry Kissinger 1974 zu einem Geheimabkommen mit dem saudischen Königshaus.[43] Dieses sah vor, dass die Saudis ihre durch den Ölpreisanstieg angeschwollenen Öleinnahmen wiederum an den angelsächsischen Finanzplätzen in New York und London anlegten. Die Öleinnahmen der Saudis konnten auf diese Weise dazu verwenden werden, das Handelsbilanzdefizit der USA zu decken. Als Gegenleistung wurden die USA zur Schutzmacht des saudischen Königshauses. So entstand eine gigantische Finanzzirkulation, das sogenannte Recycling des Petrodollars. Die USA wurden zum Knotenpunkt der weltweiten Finanzströme und gelangten immer mehr in die Position, den größten Teil der weltweiten Ersparnisse abschöpfen. Auf diese Weise wurde die amerikanische Finanzwirtschaft zum Motor eines Wirtschaftswachstums, das jenes Europas und Japans weit übertraf.

Zwischen der OPEC und den großen Bankhäusern in New York und London war somit ein Finanzkreislauf entstanden, der fortan die weitere Entwicklung der Weltwirtschaft strukturierte. Weil der Dollar in den 1970er Jahren eine relativ hohe Inflation aufwies, die Zinsen aber niedrig waren, hatte in diesem Jahrzehnt eine Vielzahl an Staaten Dollarkredite aufgenommen. Der zweite Ölschock 1978/79 erzeugte nun jedoch einen gewaltigen Liquiditätsbedarf in den Entwicklungsländern. In Verbindung mit der Hochzinspolitik unter Notenbankchef Paul Volcker sowie der vorangegangenen Einführung schwankender Zinssätze entstand eine Situation, in der viele Entwicklungsländer die zuvor aufgenommenen Kredite nicht mehr zurückzahlen konnten. Die nun entstandene Schuldenkrise der Dritten Welt machte Umschuldungen und damit weitere Kredite erforderlich.

42 F. William Engdahl, Mit der Ölwaffe zur Weltmacht, Rottenburg 2006, S. 180ff.

43 Vgl. hierzu Rudolph Chimelli, »Öl – nur noch gegen Euro«, in: *Süddeutsche Zeitung*, 16.3.2006

Dies bot die Möglichkeit, die an der Wall Street angelegten Einnahmen der Scheichs kurzerhand als Kredite an Entwicklungsländer weiterzugeben. Auf diese Weise entstand ein weiterer Finanzkreislauf, im Zuge dessen gewaltige Summen von den Entwicklungsländern an die Finanzplätze in New York und London transferiert wurden. Die enormen Profite, die durch die angelsächsische Finanzwelt erzielt wurden, führten allerdings zur Veränderung der amerikanischen Wirtschaftsstruktur. Je mehr die Bedeutung der Finanzmärkte zunahm, desto mehr diktierten sie auch die Wirtschaftspolitik der USA, oft zu Lasten des Produktionssektors. Die allmähliche Deindustrialisierung der amerikanischen Wirtschaft war der Preis, den die USA dafür zu zahlen hatten, dass Europa und Südostasien eng an den US-amerikanischen Markt gebunden wurden und ihre erwirtschafteten Dollarüberschüsse wiederum in sogenannten Treasury Bonds, Schatzbriefen der US-amerikanischen Regierung, anlegten.

Zusammenfassend kann man feststellen, dass die USA in den 1970er Jahren auf Basis des Ölhandels die Weltwirtschaft neu strukturierten. Dabei bestand die geopolitische Strategie der USA darin, ihren sinkenden Anteil am globalen Produktionssektor durch die Privilegien aufzufangen, die ihnen als Inhaber der Weltwährung zukamen. Die Rolle des Dollars als Öl-, Reserve-, Handels- und Weltwährung bot den USA die einzigartige Möglichkeit, einen zweiten Hegemoniezyklus einzuleiten, nachdem der erste, der auf dem gewaltigen Produktionssektor der USA nach dem Zweiten Weltkrieg beruht hatte, in den späten 1960er Jahren an sein Ende gelangt war. Da der neue Hegemoniezyklus jedoch einerseits auf der Größe und weiteren Expansion des US-Finanzsystems beruhte und andererseits von der Fakturierung des Öls in Dollar abhängig war, besaß die amerikanische Macht fortan einen wunden Punkt. Der Status des Dollars als Weltwährung und damit die wirtschaftliche Hegemonie der USA konnten nur fortbestehen, wenn die Rolle des Dollars als einzige Öl- und Rohstoffwährung gewahrt blieb. Der Status des Dollars als einzige akzeptierte Öl- und Rohstoffwährung war fortan die Achillesferse des US-amerikanischen Supermachtstatus. Und dies wiederum verlangte die politische und militärische Hegemonie im Nahen Osten, weshalb Präsident Jimmy Carter am 23. Januar 1980 diese Region explizit zur amerikanischen Einflusszone erklärte, die die USA zur Not auch militärisch verteidigen würden.

Nach dem Zerfall der Sowjetunion und dem Beginn der Globalisierung nahm die Transformation der amerikanischen Wirtschaft erst richtig Fahrt auf. In der Amtszeit Bill Clintons wurden immer größere Bereiche der US-Wirtschaft in Billiglohnländer ausgelagert. Zugleich nahm der Anteil der Finanzwirtschaft an der amerikanischen Wirtschaftsleistung beständig zu. Viele Regulierungen der Finanzwirtschaft, die von Franklin Roosevelt als Reaktion auf die Exzesse der Weltwirtschaftskrise von 1929 eingeführt worden waren, wurden nun wieder zurückgenommen. Etwa das Trennbankensystem, das Banken dazu verpflichtet, sich für ein Geschäftsmodell zu entscheiden und entweder als Einlage- und Kreditbank oder aber als Investmentbank aufzutreten. Im Zuge dieser Deregulierungen hatte der amerikanische Finanzsektor schließlich eine solche Übermacht erreicht, dass die USA in kleinere Volkswirtschaften über die Steuerung der Geldflüsse eindringen und sie neu strukturieren konnten. So erschütterten in den 1990er Jahren zahlreiche Finanzkrisen die Welt. In Argentinien, Südostasien, der Türkei und Russland war es erst zu einem gewaltigen Anschwellen des Aktienmarkts gekommen, ehe das Kapital genauso schnell wieder abgezogen wurde und so den Zusammenbruch ganzer Volkswirtschaften einleitete. Die USA erlebten durch die globale Dominanz ihres Finanzsektors einen enormen Zuwachs an Macht. Allerdings bestand die Schattenseite dieser Entwicklung darin, dass die USA noch abhängiger von der Kontrolle der globalen Rohstoffressourcen geworden waren.

Um den Status des Dollars als Weltwährung auch für die Zukunft zu garantieren, musste der Öl- und letztlich der gesamte Rohstoffhandel weiterhin auf Gedeih und Verderb an den Dollar gebunden bleiben. Denn die Grand Strategy der USA, die die unipolare Weltordnung zu verstetigen und dauerhaft festzuschreiben beabsichtigte, war sehr kostenintensiv und verlangte enorme finanzielle Ressourcen. Diese konnten nicht durch normales Wirtschaftswachstum, sondern nur durch eine weitere Nutzbarmachung der Seignorage-Vorteile des Dollars erwirtschaftet werden. Der Vorteil, Inhaber der Weltwährung zu sein, ermöglichte es den USA, ihr gewaltiges Militär sowie die über 800 Auslandsbasen zu finanzieren. Diese Militärbasen übten Druck auf lokale Regierungen aus, durch den wiederum sichergestellt wurde, dass Rohstoffe und insbesondere Öl auch in Zukunft in Dollar gehandelt wurden. Die Rohstoffmacht der USA und ihre militärische Macht waren somit die beiden tragenden Säulen ihres Imperiums.

Ein Imperium ist dadurch gekennzeichnet, dass es außerhalb seiner Landesgrenzen Militärbasen hat und es Tribute von anderen Ländern und Völkern einziehen kann. Die USA erfüllten beide Kriterien, wobei die Seignorage-Vorteile des Dollars ein modernes Tributsystem darstellten.

Als Saddam Hussein im Zuge des »Öl für Nahrungsmittel-Programms« (Oil-for-Food Programme) versuchte, Öl in Euro zu handeln,[44] erfolgte einige Zeit später der amerikanische Angriffskrieg auf das Land. Als Muammar al-Gaddafi, der langjährige Präsident Libyens, im Jahre 2011 sich mit ähnlichen Gedanken trug und dabei sogar über eine Gold-gedeckte afrikanische Währung nachdachte,[45] erfolgte ebenfalls ein Angriff der USA, Großbritanniens und Frankreichs auf das Land.

3.6 Abhängigkeit vom Status der globalen Rohstoffmacht

Die USA waren über die Jahre so abhängig von der Dollarfakturierung der Rohstoffe geworden, dass jegliches nicht unter ihrer direkten oder indirekten Kontrolle stehende größere Rohstoffvorkommen für sie eine Bedrohung darstellte. Die größten Rohstoffvorkommen der Welt finden sich allerdings in zwei Kernregionen, nämlich einerseits dem Nahen Osten und andererseits dem postsowjetischen Raum. Der postsowjetische Raum teilt sich wiederum in die Ex-Sowjetrepubliken und Russland auf. Russland selbst verfügt über die größten Rohstoffreserven der Welt. Auch in Kasachstan, Usbekistan, Turkmenistan, Aserbaidschan und der Ukraine lagern große Rohstoffreserven. Viele der Rohstoffvorkommen Zentralasiens stehen weiter indirekt unter russischer Kontrolle, da die während der Sowjetunion gebauten Pipelinerouten weiterhin Gas und Öl nach Russland transportieren, von wo es weiterverkauft wird.

Dies implizierte, dass die von Washington angestrebte unipolare Weltordnung einen Weg finden musste, die bereits bestehende Präsenz im Nahen Osten weiter auszubauen und andererseits Moskau die Kontrolle über die zentralasiatischen Rohstoffe zu entwinden. Zudem implizierte die Logik einer unipolaren Weltordnung, dass man langfristig auch Russland nicht

44 Iraq nets handsome profit by dumping Dollar for Euro, *The Guardian*, 16.02.2003

45 Peter Dale Scott, The Libyan War, American Power and the Decline of the Petrodollar System, www.globalresearch.ca, 29.04.2011

erlauben konnte, auf Basis seiner eigenen Rohstoffvorkommen Wirtschaftsbeziehungen zu Nachbarländern wie z. B. Deutschland zu entwickeln. Denn bereits die bloße Möglichkeit, dass Moskau selbst über den Verkauf, die Transportrouten und die Fakturierung seiner Rohstoffe entscheiden konnte, stellte das Monopol des Dollars als globale Öl- und Rohstoffwährung in Frage. Solange Russland eigenständig über seine und zum Teil auch die zentralasiatischen Rohstoffe verfügen konnte, so lange konnte man sich in den USA nicht gänzlich sicher fühlen.

Die einfachste Lösung für dieses Problem bestand darin, auf eine Fortsetzung des russischen Staatszerfalls zu hoffen, der von 1991 bis zur Jahrtausendwende fast ungebrochen voranschritt. Sollte Russland sich dauerhaft in ein neues Lateinamerika verwandeln, so bestanden zahlreiche Möglichkeiten, Politiker zu korrumpieren, das Parlament zu kaufen oder auch über Beziehungen zu den Oligarchen eine Schattenregierung im Land zu etablieren. Als Putin ins Amt kam, war er mit der faktischen Existenz einer solchen oligarchischen Schattenregierung konfrontiert. Viele ihrer Mitglieder hatten bereits Beziehungen zum Westen aufgebaut, hatten London zu ihrem zweiten Wohnsitz erhoben und Geld außer Landes geschafft. Bei einem berühmt gewordenen Treffen Putins mit den Oligarchen des Landes im Sommer des Jahres 2000 stellte Putin die im Kreml versammelten Milliardäre vor die Wahl, sich entweder der Politik unterzuordnen und Steuern zu zahlen oder aber eine Überprüfung ihrer Besitzverhältnisse in Kauf zu nehmen.

Der reichste Oligarch des Landes, Michail Borissowitsch Chodorkowski, Besitzer des größten russischen Ölkonzerns Yukos, war nicht bereit, sich auf die neuen Regeln einzulassen. Er setzte seinen Einfluss auf die Politik fort, plante sogar eine eigene politische Karriere und bereitete zudem die Fusion seines Ölkonzerns mit den amerikanischen Ölfirmen Exxon und Chevron vor. Wäre diese Fusion zustande gekommen, so hätten ein oder zwei der größten amerikanischen Ölkonzerne Kontrolle über die größten Ölreserven Russlands gewonnen. Als Chodorkowski gerade wieder von einer Geschäftsreise aus den USA zurückkehrte, wurde er noch am Flughafen in seinem Privatjet verhaftet. 2005 kam es schließlich zur Verurteilung zu neun Jahren Gefängnis wegen Steuerhinterziehung, die später auf acht Jahre reduziert wurden. Als Reaktion auf diesen Vorfall flohen andere mit dem Westen verbundene Oligarchen wie Boris Beresowski nach London. Der einfache Weg, die russischen Rohstoffreserven unter westliche Kontrolle zu bringen, war damit gescheitert.

In Folge versuchten die USA, die russische Opposition zu finanzieren sowie Russland zu schwächen, indem man die tschetschenische Unabhängigkeitsbewegung finanziell, ideologisch und militärisch unterstützte. Zudem bemühte man sich, neue Pipelines in die zentralasiatischen Gebiete unter Umgehung Russlands zu bauen.

Die geplante Nabucco-Pipeline sollte über die Türkei durch Georgien nach Aserbaidschan verlegt werden und neben aserbaidschanischem Gas langfristig auch turkmenisches, iranisches und irakisches Gas nach Europa transportieren. Die Pläne konnten nicht realisiert werden, da Aserbaidschan bereits langfristige Lieferverträge mit Russland abgeschlossen hatte und die Pipeline kaum noch mit zusätzlichem Gas befüllen konnte. Ähnlich verhielt es sich mit Turkmenistan, das bereits Verträge mit Russland und China abgeschlossen hatte. Der Iran wiederum fühlte sich von den USA derart bedroht, dass sich Teheran ebenfalls Richtung China und Russland orientierte. Der Irak erwies sich in Folge des Angriffskrieges der USA, der einen langfristigen Bürgerkrieg auslöste, als zu instabil. Lediglich durch ein türkisch-aserbaidschanisches Pipelineprojekt gelang es, die russische Kontrolle über die Rohstoffvorräte Zentralasiens geringfügig zu reduzieren. Ein Vorgang, den Russland allerdings durch den Bau der South-Stream-Pipeline, die von Russland durch das Schwarze Meer in die Türkei führt und von dort Gas nach Südosteuropa liefert, wiederum kompensieren konnte.

Auch ein zweites Pipelineprojekt der USA konnte bis heute nicht fertiggestellt werden. So existierten bereits seit den 1990er Jahren Pläne für eine Pipeline von Turkmenistan durch Afghanistan an die pakistanische Küste. Das Projekt, das nach den Initialen der beteiligten Länder benannt wurde, hieß erst TAP und später nach der Einbeziehung Indiens TAPI. Die Verhandlungen mit den Taliban wurden von dem späteren Sonderbeauftragten für Afghanistan, Zalmay Khalilzad, geführt, der zusammen mit Paul Wolfowitz 1992 den Entwurf des »Defense Planning Guide 1994–1999« verfasst hatte. Bereits dort wurde notiert, dass die USA sich bemühen würden, »jede feindliche Macht daran zu hindern, eine Region zu beherrschen, deren Ressourcen im Fall einer sichergestellten Kontrolle ausreichen würden, um eine globale Macht zu schaffen.«[46] Dass der Mitautor dieser Zeilen dann selbst für die amerikanische Ölfirma Unlocal just diese Verhandlungen führte, zeigt, wie sehr eine unabhängige Transportroute für das turkmenische Öl mit den Planungen der im Defense Planning Guide skizzierten unipolaren Weltordnung verkoppelt war. Allerdings standen die USA vor dem Problem, dass sich die afghanische Regierung auf das Pipelineprojekt zunächst nicht einlassen wollte.

Der Terroranschlag des 11. September 2001 bot den USA den Anlass, den Widerstand der Taliban militärisch zu brechen, obwohl die meisten der genannten Attentäter gar nicht aus Afghanistan, sondern aus Saudi-Arabien kamen. Der Vertrag wurde nun zwar von der neu eingesetzten pro-amerikanischen Regierung unter Hamid Karzai unterzeichnet, doch durch den anhaltenden Widerstand der Afghanen gegen die amerikanische Besatzung konnte der Pipelinebau erst 2018 beginnen und ist bis heute nicht fertiggestellt. In der Zwischenzeit haben sowohl Russland als auch China ihren Zugriff auf die Rohstoffressourcen Zentralasiens weiter festigen können. Der sich über fast 25 Jahre hinziehende Versuch, Russland die Kontrolle sowohl über seine eigenen als auch die zentralasiatischen Rohstoffe zu entziehen, ist somit gescheitert bzw. könnte nur von China erzielt werden. Vielleicht ist dieses Scheitern auch einer der Gründe, warum es dann im Jahr 2022 mittels der Ukraine, die hier als Stellvertreter fungiert, zum direkten Konflikt zwischen Russland und den USA gekommen ist. Die Ukraine verfügt zwar selbst auch über ausreichende Rohstoffvorkommen. Doch liegt ein großer Teil davon im prorussischen Osten des Landes. Die westliche Einflussnahme in der Ukraine zielt daher eher auf die Destabilisierung Russlands und damit auf die deutlich größeren Rohstoffvorkommen Russlands ab als auf die der Ukraine.

Ebenso bedeutend wie die Rohstoffreserven des postsowjetischen Raums sind die des Nahen Ostens. Auch hier unterließen die USA seit der Jahrtausendwende keinen Versuch, ihre Kontrolle über diese Rohstoffe zu festigen. Nachdem im Jahr 2000 nicht nur eine Reihe neokonservativer Politiker ins Amt kam, sondern einige von ihnen, wie z. B. Vizepräsident Dick Cheney, auch exzellente Verbindungen zu Firmen aus dem Ölsektor wie

46 Excerpts From Pentagon's Plan: »Prevent the Re-Emergence of a New Rival«, *New York Times*, 8.3.1992, S. 14.

Halliburton aufwiesen, rückte der Nahe Osten in den folgenden acht Jahren ins Zentrum der außenpolitischen Bemühungen der USA. Es kam zu einer Reihe von Kriegen, die stets auch darauf abzielten, die Ölvorräte der betreffenden Länder direkt oder indirekt über die Kontrolle der Transportrouten zu beherrschen.

Wie bereits erwähnt, hatte im Jahr 2007 der ehemalige NATO-Oberbefehlshaber General Wesley Clark die Information öffentlich bekannt gemacht,[47] dass der ursprüngliche Plan der Regierung Bush/Cheney darin bestanden habe, im Nahen Osten in fünf Jahren sieben Kriege zu führen. Diese geplanten und teilweise auch geführten Kriege betrafen daher auch wenig überraschend vor allem Länder mit Ölreserven, nämlich Irak, Libyen, Iran, Sudan und Somalia oder solche, die wie Syrien und Libanon für Pipelinerouten benötigt wurden. Dass es ausgerechnet im ölreichsten Land Lateinamerikas, nämlich in Venezuela, 2002 zu einem von den USA unterstützten Putschversuch gekommen ist, bestätigt die These, dass die USA in den nuller Jahren vor allem darum bemüht waren, ihren Zugriff auf die Energieressourcen der Welt zu monopolisieren.

Doch die Kriege im Nahen Osten zeitigten Resultate, die dem eigentlichen Ziel entgegenstanden, und auch der Putschversuch in Venezuela scheiterte. Man hatte in den USA die Möglichkeit von Guerillakriegen sowohl in Afghanistan als auch im Irak unterschätzt. Dadurch wurden militärische Ressourcen der USA gebunden, die dann nicht für die anderen Kriege zur Verfügung standen, die man eigentlich noch führen wollte. Eine der nicht kalkulierten Folgen des militärischen Eingreifens war ein massiver Imageschaden für die USA, die zunehmend als neue Kolonialmacht und Aggressor wahrgenommen wurden. Der ursprüngliche Plan der Neokonservativen, offen als Imperium aufzutreten und dadurch eine Autorität herzustellen, die Gegner einschüchtern und zu Kompromissen bereit machen sollte, erwies sich als Fehlkalkulation. Statt Einschüchterung erzeugte die offen zur Schau getragene Macht eher Verbitterung und Gegnerschaft.

Hinzu trat eine weitere Schwäche der amerikanischen Diplomatie. Weil die Neokonservativen Diplomatie an sich als Schwäche deuteten, hörten sie

47 Democracy Now, Interview mit General Wesley K. Clark, 2.3.2007, https://archive.org/details/WesleyClarkSevenCountriesInFiveYears (zuletzt abgerufen am 3. August 2024)

nicht auf jene Experten in den USA, die die arabische Welt im Detail studiert hatten. Stattdessen wurden Experten gefördert, die ein ignorantes Verhältnis zur lokalen Kultur pflegten, deren Sprache nicht gelernt hatten und stattdessen dem amerikanischen Mythos von der »unverzichtbaren amerikanischen Nation« anhingen. Diese Förderung von Ignoranz zugunsten von Sachkenntnis und kulturellem Einfühlungsvermögen hatte ihren Preis. Gefangen in ihrer inneramerikanischen Perspektive, nach der die USA auf dem Feldherrenhügel stehen und anderen, unterlegenen Völkern die Freiheit und Demokratie bringen, hatten diese »Experten« vollkommen übersehen, dass der Irak zu zwei Drittel von Anhängern des schiitischen Islams bewohnt wird, also von Gläubigen jener Konfession, die auch im Iran vorherrschend ist. So waren die Amerikaner vollkommen überrascht, als nach der Entmachtung des zur sunnitischen Minderheit gehörenden Diktators Saddam Hussein ausgerechnet die Schiiten und damit letztlich auch der Iran an Einfluss gewann. Am Ende der zweiten Amtszeit der Bush/Cheney-Regierung wurde das Scheitern der Nahoststrategie der Neokonservativen immer offensichtlicher. Statt ihre Macht im Nahen Osten auszubauen, hatten die USA versehentlich den Iran gestärkt und sich somit selbst geschwächt.

Mit dem Amtsantritt Obamas versuchte man, notwendige Änderungen vorzunehmen. Statt jedoch die gesamte Grand Strategy der unipolaren Weltordnung an sich in Frage zu stellen und sich damit abzufinden, dass die Rohstoffe der Welt nicht von einer einzigen Macht kontrolliert werden können, begnügte man sich mit taktischen Anpassungen. Zwar wurde das Bestreben der Neokonservativen, offen als Imperium aufzutreten und Angriffskriege zu führen, als Fehler erkannt. Doch nur, um zu dem Plan überzugehen, Kriege fortan verdeckt zu führen. Die USA griffen nun verstärkt auf die Strategie zurück, Stellvertreter einzusetzen, nämlich paramilitärische Bewegungen im Verborgenen aufzubauen, um mit diesen dann Staaten so weit zu destabilisieren, bis eine neue pro-amerikanische Regierung installiert werden konnte. Und sollte es nicht möglich sein, auf diesem Weg die direkte Kontrolle über die Ölvorkommen zu gewinnen, so müsste zumindest sichergestellt werden, dass die Region chaotisch genug bliebe, um diese Rohstoffe überhaupt dem Zugriff aller übrigen Parteien zu entziehen.

Infolgedessen kam es zum Arabischen Frühling, der zunächst wie ein politisches Erwachen der arabischen Welt erschien, sich jedoch später als eine Serie gut geplanter, von Washington vorbereiteter Farbenrevolutionen entpuppte. Durch geschickte Einmischung in die innenpolitischen Verhältnisse Tunesiens, Ägyptens, Syriens, Libyens und vieler anderer arabischer Staaten stürzte die arabische Welt ins politische Chaos. In Ägypten und Tunesien kamen nach wochenlangen Protesten die Regierungen zu Fall. In Libyen und Syrien entwickelten sich aus den Protesten sogar Bürgerkriege, die allerdings im Laufe ihres Vollzugs sich immer mehr als Stellvertreterkriege der USA herausstellten, insofern Washington von außen durch Söldner, Waffenlieferungen und Informationskriegsführung versuchte, das Kriegsgeschehen zu seinen Gunsten zu beeinflussen.[48]

Dabei zeigte sich erneut ein altes Muster der amerikanischen und letztlich auch schon britischen Außenpolitik. Bereits im frühen 20. Jahrhundert hatten die Briten erkannt, wie gut sich die religiöse Tradition des Dschihads im Islam als geopolitisches Werkzeug einsetzen ließ. So hatte Lawrence von Arabien für die britische Krone die Stämme der arabischen Halbinsel in ihrem Traum von der Errichtung eines arabischen Kalifats bestärkt und damit für den Krieg gegen das mit Deutschland verbündete Osmanische Reich gewonnen. Die den Kämpfern gemachten Versprechen wurden nie erfüllt, dienten aber als Blaupause für die weitere geopolitische Nutzung eines auf den Dschihad eingeschworenen radikalen Islam. Die Amerikaner übernahmen schließlich die britische Strategie, weil sie hofften, mit ihrer Hilfe den islamischen Bauch der Sowjetunion destabilisieren zu können. Von der gemeinsam mit Saudi-Arabien erfolgten Unterstützung der Mudschahedin im von der sowjetischen Armee besetzten Afghanistan der 1980er Jahre über den Tschetschenienkrieg bis hin zur verdeckten Unterstützung des Islamischen Staates in den 2010er Jahren in Libyen, Syrien und Irak zieht sich dieses traurige Kapitel der amerikanischen Außenpolitik. Die rücksichtslose Machtpolitik der USA hatte unterdessen große Teile der islamischen Welt verwüstet und so allmählich ein Umdenken in der Region ausgelöst. Zentrale Verbündete der USA, wie Saudi-Arabien, die Türkei oder die Vereinigten Arabischen Emirate, begannen sich von den USA zu lösen und stattdessen nach Moskau und Peking zu orientieren.

48 Vgl.: Hauke Ritz, Wenn Nachrichten zu Waffen werden – Demokratie im Zeitalter der Informationskriegsführung: Der Fall Libyen, Supplement der Zeitschrift *Sozialismus*, 12/2011, Hamburg 2011 S. 23ff.

Dennoch sind es nicht nur die USA, die Schuld am Chaos in der arabischen Welt tragen. Mindestens ebenso schuldig sind die Europäer, die viele der Kriege im Nahen Osten auf die eine oder andere Weise mitgetragen und vor allem den Kampf um Rohstoffe nie öffentlich debattiert und problematisiert haben. Die Tatsache, dass die USA über Jahrzehnte ein vollkommen unrealistisches Ziel verfolgten, nämlich den Großteil der Rohstoffvorkommen der Welt direkt oder indirekt zu kontrollieren, hätte die Europäer eigentlich zum Widerspruch reizen müssen. Vor dem Hintergrund der europäischen Geschichte wäre es für europäische Politiker ein Leichtes gewesen, zu antizipieren, dass jede Aktion eine Reaktion und jeder umfassend formulierte Machtanspruch automatisch eine Gegenkoalition auf den Plan rufen wird. Statt einen globalen Krieg um die Rohstoffe zu beginnen, hätten die Europäer Lösungsansätze entwerfen müssen, wie stattdessen die globalen Interessensgegensätze auch im Bereich der Rohstoffversorgung balanciert werden können. Hätte der Westen von Anfang an in Zusammenarbeit mit Russland und dem Iran eine gerechte Verteilung der Rohstoffe angestrebt, so wäre er heute auch in Hinblick auf seine eigene Rohstoffversorgung in einer deutlich besseren Position. Der ökonomische Niedergang des gesamten Westens ist auch darauf zurückzuführen, dass die Europäer die gesamte strategische Planung den Amerikanern überlassen haben, ohne die Lehren ihrer eigenen Geschichte zu bedenken.

3.7 Interpretation der globalen Geographie

Die von den Neokonservativen zur Grand Strategy erhobene Vorstellung einer unipolaren Weltordnung wurde allerdings nicht nur durch die Rohstoffmacht Russlands oder dessen militärische und diplomatische Fähigkeiten herausgefordert. Es war darüber hinaus die bloße Geographie der Russischen Föderation, die die Architekten einer von den USA angeführten unipolaren Weltordnung dazu veranlasste, Russland als Feind zu identifizieren.

Nun ist es keinem Land möglich, seine geographische Lage ohne Weiteres zu ändern. Einzelne Länder aufgrund ihrer Geographie zu Feinden zu erklären, impliziert daher eine Weltsicht, die an schicksalhafte Gegnerschaften glaubt und Völkerverständigung und Diplomatie keinen Raum gibt. Europa ist in bestimmten Phasen seiner Geschichte ebenfalls der

Sogwirkung erlegen, die entsteht, wenn sich Machtphantasien der Geographie bemächtigen und Politiker vor großen Landkarten von Expansion und Ausdehnung träumen.

Tatsächlich besitzt das Denken in geographischen Kategorien in der englischen Welt eine lange Tradition. Von dem Konteradmiral der US-Navy Alfred Thayer Mahan über den britischen Geographen Halford J. Mackinder, den Amerikaner Homer Lea bis hin zu Nicholas J. Spykman zieht sich eine britisch-amerikanische Denktradition, die die Interessen beider Länder mit der Kontrolle der Weltmeere verknüpft hat. So veröffentlichte der britische Geograph Halford J. Mackinder 1904 seinem berühmten Aufsatz »The Geographical Pivot of History«, in dem er aus der britischen Rolle als führende Seemacht eine zwangsläufige Gegnerschaft zu jeder Macht ableitet, die wie das damalige russische Zarenreich große Teile des eurasischen Kontinents beherrscht. Gemäß dieser Denkschule, die später von Nicholas J. Spykman in dessen Schrift »The Geography of Peace« (1944) etwas abgewandelt wurde, kommt der geographischen Anordnung von Kontinenten und Ländern eine politische Bedeutung zu. Während Nicholas Spykman vor allem den Küstenregionen, dem sogenannten Rimland, die entscheidende machtpotenzierende Bedeutung zuschrieb, glaubte Halford Mackinder, dass der machtpotenzierende geographische Raum vor allem im Inneren der eurasischen Landmasse läge. Weil Eurasien der mit Abstand größte Kontinent des Planeten ist, bezeichnet Mackinder ihn als »Welteninsel«. In dieser Funktion sei Eurasien die natürliche Heimat aller großen Landmächte, die aus dem Inneren des Kontinents die Herrschaft der dominanten Seemacht bedrohen können. Hierbei komme vor allem der von den Küsten weit entfernten Kernregion Eurasiens, nämlich dem zwischen Europa und Asien und dem Kaukasus liegenden »Herzland«, eine besondere Bedeutung zu. Weil diese Region fernab des Zugriffs jeder Seemacht liege, könne sich von hier aus eine Gegenmacht aufbauen, die, einmal konsolidiert, bis an die Küstenregionen Eurasiens vorstoßen könnte. So ist besonders folgendes Diktum Mackinders berühmt geworden: »Wer über Osteuropa herrscht, beherrscht das Herzland: Wer über das Herzland herrscht, beherrscht die Weltinsel. Wer über die Weltinsel herrscht, beherrscht die Welt.«

So plausibel diese Argumentation zunächst klingt, so ist doch Vorsicht geboten. Es gibt viele Argumente, die sich gegen ein geopolitisches Verständnis von Wirklichkeit ins Feld führen lassen. So fehlen z. B. historische Beispiele, die Mackinders These empirisch belegen. Das Mongolenreich, das diese Region im 13. Jahrhundert beherrschte, erlangte dennoch durch sie nicht die Weltherrschaft. Und weder das Zarenreich noch die Sowjetunion konnten aus der Kontrolle des sogenannten Herzlandes automatisch eine Kontrolle Eurasiens erlangen. An diesem Beispiel wird eine Eigenart geopolitischer Analysen deutlich. Sie tendieren dazu, schnell eine sprachliche und rhetorische Plausibilität zu erlangen. Ob ihr Wahrheitsgehalt sich allerdings auch in der Geschichte bestätigen lässt, steht auf einem ganz anderen Blatt. Dennoch lohnt es sich, den Stil einer geopolitischen Argumentation zunächst einmal auf sich wirken zu lassen.

Ein klassisches Beispiel für die scheinbare Plausibilität, aber auch für die Fallstricke der Geopolitik ist Zbigniew Brzeziński. Er hat in den 1990er Jahren vor allem die Analyse von Halford Mackinder erneuert und dazu beigetragen, dass eine politische Interpretation der Geographie (Geopolitik) erneut für mehrere Jahrzehnte zum Identifikationspunkt der amerikanischen Außenpolitik wurde. Zbigniew Brzeziński war von 1976 bis 1980 Sicherheitsberater von Präsident Jimmy Carter. Er war ähnlich wie der legendäre Außenminister Henry Kissinger als Jugendlicher in die Vereinigten Staaten gekommen und hat dort eine so erfolgreiche Karriere absolviert, dass ihm noch Jahrzehnte nach seiner Amtszeit Einfluss auf die amerikanische Außenpolitik zugesprochen wurde. Suchte Kissinger allerdings den Ausgleich zwischen den Supermächten, so gilt Brzeziński – der Sohn eines polnischen Diplomaten – als der Wegbereiter einer erneuten Verschärfung der Blockkonfrontation. Zwar gehörte er offiziell nicht zu den Neokonservativen, allerdings lässt sich seine Rhetorik oft kaum von der der Neokonservativen unterscheiden.

So war Brzeziński der Architekt der amerikanischen Strategie, ab 1979 in Zusammenarbeit mit Saudi-Arabien muslimische Söldner in großer Zahl nach Afghanistan zu schicken, um dort gegen die Besatzung durch die Sowjetunion zu kämpfen. In einem Interview Brzezińskis von 1998 gegenüber der französischen Zeitschrift *Le Nouvel Observateur* gibt der ehemalige Sicherheitsberater zu, dass der CIA bereits ein halbes Jahr vor dem sowjetischen Einmarsch in Afghanistan präsent war und somit den Einmarsch mitprovoziert habe. In dem gleichen Interview gibt er auch den Zweck dieser Provokation preis: »An dem Tag, an dem die Sowjets die Grenze offiziell überquerten, schrieb ich Präsident Carter, im Wesentlichen: ›Wir haben jetzt die Gelegenheit, der UdSSR ihren Vietnamkrieg zu geben.‹« Auf die Frage des Journalisten, ob er es bereuen würde, dass er den islamistischen Fundamentalismus und somit letztlich auch den Terrorismus gefördert habe, antwortet Brzeziński: »Was ist im Hinblick auf die Weltgeschichte das Wichtigste? Die Taliban oder der Untergang des Sowjetreiches? Ein paar aufgeregte Islamisten oder die Befreiung von Mitteleuropa und das Ende des Kalten Krieges?«[49] Diese Worte geben einen Einblick in die Denkweise Zbigniew Brzezińskis. Dieser einflussreiche Stratege amerikanischer Außenpolitik lebte in einer Welt, in der die Zwecke die Mittel rechtfertigen und das Denken in Machtkategorien schnell alle übrigen Inhalte verdrängt.

Die gleiche Geisteshaltung tritt auch in seinem 1997 veröffentlichten Buch »The Grand Chessboard« zutage. Die Welt war für Brzeziński nicht etwa ein kostbarer Planet, auf dem das Wunder des bewussten Lebens entstanden ist, sondern nur ein Schachbrett, auf dem eine Partei auf Kosten der anderen gewinnt. Vielleicht weil der Buchtitel »The Grand Chessboard« (Das große Schachbrett) in Deutschland leicht Assoziationen an das Machtdenken des Dritten Reiches weckt, wurde das Buch hier kurzerhand unter dem Titel »Die einzige Weltmacht« veröffentlicht.

In diesem Werk greift der Autor die von Mackinder und Spykman etablierte Ableitung politischer Ziele aus geographischen Gegebenheiten erneut auf und passt sie an die Gegebenheiten der 1990er Jahre an. Die machtpolitische Dominanz der USA gegenüber der Sowjetunion vor Augen, formuliert Brzeziński eine aus der Geographie abgeleitete außenpolitische Roadmap für die nächsten 30 Jahre. So leitet er aus den geographischen Gegebenheiten die Notwendigkeit ab, Russland weiter zu schwächen. Ein Bewusstsein über die potenziellen Folgen solcher Analysen ist in dem Buch nicht aufzufinden. Vielmehr gibt es viele Stellen, in denen dem Autor eine Genugtuung über den Ausgang des Kalten Krieges anzumerken ist. Dieses Ergebnis festzuschreiben und womöglich noch zu vertiefen, ist augenscheinlich eine der hintergründigen Motivationen dieser umfangreichen Analyse. Dabei nimmt er geopolitische Entwicklungen vorweg, die später tatsächlich eingetreten sind. So argumentiert der ehemalige Sicherheitsberater beispielsweise, dass

49 Brzezinski: »Oui, la CIA est entrée en Afghanistan avant les Russes …«, in: *Le Nouvel Observateur*, 15.1.1998

die Ukraine aus dem postsowjetischen Raum herausgetrennt und in den Westen integriert werden müsse. Für dieses Projekt fasste Brzeziński die Dekade zwischen 2005 und 2015 ins Auge. Tatsächlich haben die USA in diesem Zeitraum zwei Staatsstreiche bzw. Regime-Change-Operationen in der Ukraine durchgeführt, was dafür spricht, dass Brzezińskis Analysen tatsächlich Einfluss auf die Planungen der amerikanischen Außenpolitik genommen haben. Denn die erste Regime-Change-Operation erfolgte 2004, also nur ein Jahr vor dem von Brzeziński abgesteckten Zeitraum. Sie wird als »orangene Revolution« in die Geschichte eingehen, weil die PR-Kampagne dieser Operation die Farbe Orange zum Erkennungszeichen der Opposition erhob. Peter Scholl Latour hat in seinem Buch »Russland im Zangengriff« die Künstlichkeit der damaligen Vorgänge detailliert beschrieben.[50] Mit Verweis auf die sogenannte orangene Revolution wurden später alle hinter Demonstrationen versteckten Staatsstreiche als Farbenrevolutionen bezeichnet.

Die zweite Regime-Change-Operation wurde ab dem Herbst 2013 über viele Monate hinweg auf dem Maidan, dem zentralen Platz in Kiew, vorbereitet, weshalb der Name Maidan zum Symbol dieser Farbenrevolution geworden ist. Sie begann bereits im Spätherbst 2013, erreichte während der olympischen Winterspiele in Russland – als Moskau die Hände gebunden waren – ihren Höhepunkt, ehe dann am 22. Februar 2014 nach einem geschickten Täuschungsmanöver der Staatsstreich durchgeführt wurde. Dieser zweite Staatsstreich liegt damit kurz vor dem Ende der von Brzeziński genannten Dekade.

Wie bei Halford Mackinder stützt sich Brzezińskis Analyse auf die Annahme, dass der eurasische Kontinent der wichtigste Kontinent auf dem Globus sei. Einerseits sei er der größte unter allen Kontinenten. Und zudem würden auf ihm dreiviertel der Weltbevölkerung und dreiviertel der weltweit bekannten Energievorkommen beheimatet sein. Hinzu kommt noch, dass in Eurasien die zwei größten industriellen Zentren der Welt beheimatet wären, nämlich Europa und Südostasien. Heute müsste man wohl auch noch Indien als drittes Zentrum mit anführen, das aber 1997 – als Brzeziński sein Buch verfasste – noch nicht die gleiche Rolle spielte.

50 Peter Scholl-Latour, Russland im Zangengriff – Putins Imperium zwischen Nato, China und Islam, Berlin 2007, S. 385ff.

So schreibt Brzeziński, dass Eurasien »das Schachbrett [sei], auf dem der Kampf um globale Vorherrschaft auch in Zukunft ausgetragen wird.«[51] »Dieses riesige, merkwürdig geformte eurasische Schachbrett – das sich von Lissabon bis Wladiwostok erstreckt – ist der Schauplatz des global play«,[52] »[...] wobei eine Dominanz auf dem gesamten eurasischen Kontinent noch heute die Voraussetzung für globale Vormachtstellung ist.«[53] Brzeziński folgert deshalb: »Eine Macht, die Eurasien beherrscht, würde über zwei der drei höchst entwickelten und wirtschaftlich produktivsten Regionen der Welt gebieten.« Hinzu kommt noch, dass »Amerikas potenzielle Herausforderer auf politischem und/oder wirtschaftlichem Gebiet [...] ausnahmslos eurasische Staaten« seien.

Dies berührt einen wichtigen Aspekt, den es sich weiter auszuführen lohnt. Denn die gesamte Weltgeschichte hat bislang in Eurasien stattgefunden. Fast alle vorherigen Imperien waren eurasische Mächte, seien es die verschiedenen Dynastien des alten Chinas, Indiens oder Persiens, das Mongolenreich, das russische Zarenreich, das Osmanische Reich, das von der arabischen Halbinsel ausgehende arabische Kalifat, das antike Griechenland und das Römische Reich oder die imperialen Mächte der europäischen Neuzeit, etwa das portugiesische, spanische, französische oder britische Kolonialreich oder das Heilige Römische Reich deutscher Nation, die Habsburger-Monarchie usw. usf.

All diese Imperien waren auf dem eurasischen Kontinent beheimatet oder hatten dort zumindest ihr politisches Zentrum. Und das bedeutet, dass Eurasien die Bühne ist, auf der die bisherige Weltgeschichte stattgefunden hat. So hebt Brzeziński hervor, dass die USA das erste Imperium seien, das außerhalb des eurasischen Kontinents beheimatet ist. Was Brzeziński nicht weiter ausführt, was man aber ergänzend anfügen könnte, ist der Gedanke, dass Imperien neben physischen Ruinen auch noch Spuren in der Kulturgeschichte hinterlassen. Überall dort, wo einmal ein Imperium existiert hat, sind fortan andere politische Energien vorhanden als etwa in einer Region wie z.B. Lateinamerika, wo staatliche Strukturen relativ jungen Datums sind. Und dies bedeutet, dass die politischen Energien, die heute die amerikanische

51 Zbigniew Brzezinski, Die einzige Weltmacht, Berlin 1997, S. 57

52 Ebenda, S. 54–58

53 Ebenda, S. 64

Weltmachtposition herausfordern, ebenfalls auf dem Kontinent zu verorten sind, auf dem bereits die bisherige Weltgeschichte stattgefunden hat, nämlich in Eurasien.

Dies heißt aus Sicht Brzezińskis, dass das oberste Ziel amerikanischer Außenpolitik darin bestehen müsse, »dass kein Staat oder keine Gruppe von Staaten die Fähigkeit erlangt, die Vereinigten Staaten aus Eurasien zu vertreiben oder auch nur deren Schiedsrichterrolle entscheidend zu beeinträchtigen.«[54] Es gehe darum, »die Gefahr eines plötzlichen Aufstiegs einer neuen Macht erfolgreich [hinauszuschieben].« Die USA haben das Ziel, »die beherrschende Stellung Amerikas für noch mindestens eine Generation und vorzugsweise länger zu bewahren [...]«. *Sie müssen* »das Emporkommen eines Rivalen um die Macht [...] vereiteln.«[55] Dies könnten die USA erreichen, indem sie ihre Bündnisbeziehungen zu Europa nutzen und weiter ausbauen. Denn Europa stellt für die USA die Gegenküste dar und ist somit der amerikanische Brückenkopf zum eurasischen Kontinent. Gelänge es, diesen Brückenkopf über eine gestaffelte Erweiterung erst der EU und dann der NATO weiter nach Osten auszudehnen, so könnte dies helfen, den amerikanischen Einfluss weit in den postsowjetischen Raum und schließlich sogar noch nach Zentralasien auszudehnen. »Amerikas zentrales geostrategisches Ziel in Europa lässt sich also ganz einfach zusammenfassen: durch eine glaubwürdigere transatlantische Partnerschaft muss der Brückenkopf der USA auf dem eurasischen Kontinent so gefestigt werden, dass ein wachsendes Europa ein brauchbares Sprungbrett werden kann, von dem aus sich eine internationale Ordnung der Demokratie und Zusammenarbeit nach Eurasien hinein ausbreiten lässt.«[56] Diese Ausdehnung des eurasischen Brückenkopfes nach Osten schloss laut Brzeziński auch die Ukraine mit ein, die wie bereits erwähnt zwischen 2005 und 2015 in die westlichen Strukturen integriert werden sollte. So bezeichnet er die Ukraine als »geopolitischen Dreh- und Angelpunkt, weil ihre bloße Existenz als unabhängiger Staat zur Umwandlung Russlands beiträgt. Ohne die Ukraine ist Russland kein eurasisches Reich mehr.«[57]

54 Ebenda, S. 283
55 Ebenda, S. 304–306
56 Ebenda, S. 129
57 Ebenda, S. 74

Im Zentrum von Brzezińskis Analyse steht somit die Eindämmung Russlands, die vor allem mit Verweis auf die Geographie begründet wird. Und so verwundert es nicht, dass im Buch »The Grand Chessboard« ein Kapitel mit dem Titel »Das schwarze Loch« enthalten ist. Der Titel rührt vermutlich daher, dass Schwarze Löcher einen sogenannte Ereignishorizont haben, bei dessen Überschreitung nicht einmal mehr das Licht der Gravitation des Schwarzen Loches entkommen kann. Brzeziński wählte diesen astronomischen Begriff zur Bezeichnung Russlands, weil er 1997 davon ausging, dass der Ereignishorizont zum Staatszerfall im Falle Russlands bereits überschritten wäre und das Land nun von Jahr zu Jahr immer schwächer werden würde, wodurch ein sich selbst verstärkender Effekt eintrete, der zu immer mehr Armut, Korruption, Bestechlichkeit und schließlich einem sich beschleunigenden Verfall der russischen Staatlichkeit führen müsse.

Genüsslich listet der Autor alle Merkmale auf, die seiner Ansicht nach die Verfehltheit der russischen Geschichte und die Rückständigkeit des postsowjetischen Russlands aufzeigen. »Russland war einfach zu rückständig und durch den Kommunismus zu heruntergewirtschaftet, um ein brauchbarer demokratischer Partner der Vereinigten Staaten zu sein.«[58] Als Merkmal der Rückständigkeit dient ihm vor allem jede Kontinuität zwischen der Sowjetunion und Russland, etwa am Beispiel des Lenin-Mausoleums auf dem Roten Platz. »Man stelle sich vor, Deutschland wäre nach dem Ende des Nationalsozialismus von ehemaligen Gauleitern, die sich demokratischer Schlagworte befleißigten, regiert worden, und mitten in Berlin hätte ein Hitler-Denkmal gestanden.«[59] Diese Passage dokumentiert den Stil und auch das Niveau des gesamten Buches. Nicht nur scheint Brzeziński das Wissen zu fehlen, dass Westdeutschland nach dem Zweiten Weltkrieg tatsächlich von ehemaligen NS-Größen mitregiert wurde – und zwar im Wissen und mit Segen der USA. Auch die polemische Gleichsetzung von Hitler mit Lenin sowie des Dritten Reiches mit der Sowjetunion zeigt eindrücklich, dass Brzeziński sein Buch nicht als Wissenschaftler, sondern als Ideologe verfasst hat. Fast auf jeder Seite werden die Emotionen und Parteinahmen des Autors sichtbar. Mit gleich mehreren im Buch abgedruckten Landkarten versucht

58 Ebenda, S. 153
59 Ebenda, S. 154

der Autor, seiner Parteinahme den Anschein der Objektivität zu verleihen. Mitunter brechen aber auch hier die Emotionen durch. So findet sich in dem Buch eine Karte Eurasiens, auf der Pfeile eingezeichnet sind, die von den eurasischen Küstenlinien ausgehend aufzeigen, wie klein die ideologische Einflusssphäre Russlands gegenüber der der Sowjetunion mittlerweile ist.[60]

Nachdem der Autor alle außenpolitischen Handlungsmöglichkeiten Moskaus negativ kommentiert hat, kommt er zu dem Schluss, dass Moskau sich auf den Westen ausrichten müsse, auch wenn die Sicherheitsinteressen Russlands durch die Ostausdehnung der NATO bedroht seien. Russland müsse damit leben, dass die USA zur Ukraine eine strategische Partnerschaft aufbauen, die sie Russland aber verweigern. »Auch amerikanische Politiker bezeichneten nun das amerikanisch-ukrainische Verhältnis als eine strategische Partnerschaft und bedienten sich dabei bewusst desselben Begriffs, mit dem sie die Beziehungen der USA zu Russland beschrieben hatten.«[61] Russland könne aber die Bedrohung abbauen, indem es sich selbst weiter verwestliche. So fiele es einem »lockerer konföderierten Russland – bestehend aus einem europäischen Russland, einer sibirischen Republik und einer fernöstlichen Republik – […] leichter, engere Wirtschaftsbeziehungen mit Europa, den neuen Staaten Zentralasiens und dem Osten zu pflegen […]«[62] Mit anderen Worten, Russland sollte seiner eigenen Teilung zustimmen und sich vom Konzept der Souveränität verabschieden. Dass der Autor Russland faktisch als einen gescheiterten Staat betrachtet, wird auch im letzten Satz seines Russlandkapitels deutlich, in dem es süffisant heißt: »Tatsächlich besteht das Dilemma für Russland nicht mehr darin, eine geopolitische Wahl zu treffen, denn im Grunde genommen geht es ums Überleben.«[63]

Hier und an vielen anderen Stellen des Buches zeigt sich ein Grundkonflikt zwischen den USA und Russland. Die sozialistische Epoche wird von Brzeziński und auch vielen anderen amerikanischen Politikern als vollkommener Irrtum eingeordnet, als eine leere und verfehlte Geschichtsepoche, die nur durch einen kompletten Neubau aller Institutionen und der gesamten Gesellschaft überwunden werden könne. In gewisser Weise wird dieses

60 Ebenda, S. 141
61 Ebenda, S. 166
62 Ebenda, S. 289
63 Ebenda, S. 180

Bild sogar auf die gesamte russische Geschichte ausgedehnt. Daraus folgt, dass nur ein Russland, das jeglichen Anspruch auf eine eigene Subjektivität und Identität preisgäbe, von den USA als demokratisch anerkannt werden könnte. Ein Anspruch, der unerfüllbar ist und somit das eigentliche Ansinnen Washingtons kaschiert, die Konfliktbeziehungen zu Russland möglichst aufrechtzuerhalten.

Denn gesetzt den Fall, Russland hätte tatsächlich dem amerikanischen Ansinnen entsprochen und auf jegliche kulturelle und geistige Eigenständigkeit verzichtet. Wie würden denn die USA mit solch einem Russland umgehen, das sich selbst schwächt, indem es auf sich selbst verzichtet? Vielleicht ähnlich wie mit dem Irak, mit dem Russland das Kriterium des Rohstoffreichtums teilt? Angesichts der Bedeutung, die man in Washington dem von Russland dominierten Herzland Eurasiens beimisst, hätte Washington wahrscheinlich nicht darauf verzichten können, einen Souveränitätsverzicht Russlands umfassend auszunutzen.

Hier wird ein Widerspruch sichtbar, der das geopolitische Denken bestimmt. Werden nämlich politische Zielsetzungen aus der Geographie abgeleitet, so erscheinen diese so unverrückbar wie die Geographie selbst. Und das bedeutet, dass jeglicher Spielraum für die Gestaltung zwischenstaatlicher Beziehungen, jegliche Diplomatie, jeglicher guter Wille und letztlich auch die Freiheit aus der Außenpolitik verschwindet. Aus der Geographie abgeleitete politische Zielsetzungen sind so schicksalshaft wie der Orakelspruch von Delphi. Wenn Russland wirklich aufgrund seiner Geographie der Gegenspieler der USA ist, dann ist damit zugleich jegliche Möglichkeit eines zukünftigen Friedens vorab aufgekündigt. Dies zeigt, wie gefährlich geopolitische Analysen letztlich sein können, wenn sie nicht durch andere Wissensbereiche balanciert werden. Letztlich kann man sagen, dass die meisten geopolitischen Analysen hinter die Ansprüche der Aufklärung zurückfallen, insofern sie im Vokabular der Geographie einen antik anmutenden Schicksalsglauben erneuern, den zu entzaubern die eigentliche Aufgabe der Wissenschaft wäre.

Ein weiterer Widerspruch der geopolitischen Denkweise besteht darin, dass sie das Eintreten und gezielte Aufrechterhalten von Machtbalancen nur in Ausnahmefällen kennt, nämlich nur im Falle einer wirklichen Pattsituation. Kippt die Machtbalance in die eine oder andere Richtung, leitet die geopolitische Denkweise hieraus in der Regel die Forderung nach

Expansion ab. Da dies wiederum Gegenreaktionen hervorruft, verwandelt die Geopolitik die Welt letztlich in ein riesiges Nullsummenspiel, in dem es keine Gewinner geben kann.

Zwar wirken die geopolitischen Zielsetzungen so unverrückbar wie die Geographie. Doch faktisch sind sie weit mehr vom Zeitgeist als von der Lage der Kontinente beeinflusst. Indem Geostrategen die Lage von Kontinenten, Gebirgsketten und Meeresengen für eine feststehende Größe halten, unterschätzen sie, wie leicht auch diese Größen verschieden interpretiert werden können. Auf diese Weise sind sie blind für partikulare Interessen, die leicht die Interpretation von Landkarten beeinflussen und verzerren können. Oft dient die geopolitische Analyse lediglich als Vorwand, hinter dem sich ganz andere Interessen verbergen, etwa das Bedürfnis nach nationaler Überlegenheit und Sendungsbewusstsein, das Interesse, die eigene Karriere durch ein Feindbild voranzutreiben oder einfach das Bedürfnis nach Identität, Abgrenzung und Rassismus. Aus diesem Grund ändern sich die geographischen Interpretationen mit den Dekaden und folgen durchaus einer gewissen Mode. Weil aber die geopolitische Analyse schnell ein Einfallstor für Ideologien unterschiedlichster Couleurs darstellt, die sich hinter den auf den Karten eingezeichneten Pfeilen und Kreisen gut zu verbergen wissen, ist die Geopolitik bei Lichte betrachtet nur eine Halbwissenschaft.

Entsprechend lang ist die Liste geopolitischer Fehlkalkulationen. Jüngere Beispiele sind etwa die Vorstellung der Nazis, nach denen Deutschland ohne »Lebensraum« im Osten Europas nicht existieren könne. Nach dem Zweiten Weltkrieg stiegen die Erträge der Landwirtschaft so schnell, dass die Theorie vom angeblich zu kleinem deutschem Lebensraum schnell unplausibel wurde. Selbst das geographisch geschrumpfte Westdeutschland war in der Lage, 60 Millionen Bürger zu ernähren. Auch die Dominotheorie der Amerikaner im Vietnamkrieg, nach der ein sozialistisches Vietnam zum Übertritt weiterer Teile Südasiens ins sozialistische Lager führen müsse, bewahrheitete sich nicht. Ca. 3,5 Millionen Vietnamesen und 50.000 amerikanische Soldaten mussten nichtsdestotrotz ihr Leben für eine Theorie lassen, die zwar plausibel klang, aber deshalb noch lange nicht die Wahrheit beschrieb.

Dieser kritische Blick auf die Geopolitik ist bekannt. Insbesondere nach dem Zweiten Weltkrieg hat man in Deutschland Abstand von diesem

Theorietypus genommen. So stand eine Zeit lang die These im Raum, die von Karl Haushofer herausgegebene Zeitschrift *Geopolitik* könnte durch die Prägung des Begriffs vom »Lebensraum« als Ideengeber für die zukünftige Expansionspolitik des Dritten Reiches gewirkt haben. Auch wenn Karl Haushofer sich noch während des Krieges immer mehr vom Dritten Reich distanzierte, so zeigt diese Debatte, wie sehr der Zweite Weltkrieg die Europäer gezwungen hat, kritisch die Grundlagen der Geopolitik zu reflektieren und die vermeintliche Objektivität geographischer Analysen nicht so ohne Weiteres hinzunehmen. Denn der in zwei Weltkriegen zerstörte europäische Kontinent hatte schmerzhaft erfahren müssen, welche Gewalteinwirkungen von den Pfeilen und Kreisen ausgehen kann, die politisch motivierte Geographen oft allzu leichtfertig auf ihren Landkarten einzeichnen.

Die Europäer hätten somit leicht vor dem Hintergrund zweier Weltkriege die Amerikaner auf die unbewussten Implikationen ihrer geopolitischen Analysen hinweisen können. Etwa darauf, dass die geopolitische Denkweise das Nachdenken über Zivilisation nahezu ausschließt. Denn das, was aus der Perspektive der Zivilität etwas Positives ist, nämlich die friedliche Ko-Existenz unterschiedlicher Länder und Kulturen, stellt sich aus der Perspektive der Geopolitik als etwas Negatives dar, nämlich den Verzicht auf Konkurrenz in einer prinzipiell unsicheren Welt.

Die Europäer hätten den Amerikanern darüber hinaus auch erklären können, dass es durchaus die Möglichkeit gibt, die Geopolitik in eine wirkliche Wissenschaft zu verwandeln. Allerdings müsste die Disziplin zu diesem Zweck erst lernen, kritisch ihre eigenen Grundlagen zu reflektieren, was wiederum bedeutet, die Landkarten nicht zu leichtfertig zu interpretieren und das eigene Weltverhältnis dabei stets mit zu reflektieren. Zudem müsste eine aufgeklärte Geopolitik mit anderen Analysetechniken zusammenwirken, etwa sich zusätzlich auf kulturelle oder historische Detailkenntnisse stützen und vor allem auch das Versagen früherer geopolitischer Analysen mitbedenken. Derart um historische, kulturelle und soziale Weltzugänge erweitert, kann die geopolitische Analyse die Verbindung von Geographie und Politik möglicherweise sinnvoll erhellen. Doch muss hierbei immer der Unterschied zwischen Politik (die nur durch die Realität menschlicher Freiheit möglich ist, also Freiheit als Bedingung ihrer eigenen Möglichkeit enthält) und einer geographischen Ordnung (die unverrückbar und daher schicksalhaft ist) mitgedacht werden. Wo dieser Unterschied vergessen wird, wird die Landkarte zur narzisstischen Projektionsfläche für Über- und Unterlegenheitsgefühle. Im schlimmsten Fall kann dies dazu führen, dass ganze Länder und Kulturen unterschiedslos unter einer vermeintlich objektiven geographischen Logik vereinnahmt werden.

Die deutsche Ausgabe von Brzezińskis berühmtem Buch »The Grand Chessboard«/»Die einzige Weltmacht« enthält ein Vorwort von Hans-Dietrich Genscher. Genscher bemüht sich darin, Brzezińskis Deutung der Geographie europäisch zu interpretieren und entgegen der inhärenten Logik des Textes als Aufforderung zur Zusammenarbeit zu begreifen. Doch diese Deutung kommt einer Selbsttäuschung gleich, insofern der Text diese Interpretation einfach nicht stützt. Hier war eindeutig der Wunsch Vater des Gedankens. Und dieser Wunsch durchzieht die gesamte europäische Politik seit dem Ende des Zweiten Weltkrieges. Die Europäer haben sich ein Amerika gewünscht, das bei Lichte betrachtet nicht existiert. Wie in einer Missbrauchsbeziehung haben sie die Fehltritte Amerikas entschuldigt und auf Besserung gehofft. Und so haben sie selbst dort nicht den amerikanischen Analysen widersprochen, wo diese wie im Fall Brzezińskis dramatisch hinter den Wissens- und Erfahrungshorizont der Europäer zurückfielen.

3.8 Warum die bisherigen Erklärungsansätze viele Fragen offenlassen

Lässt man sich auf die Machtimplikationen einer unipolaren Weltordnung ein, so wird zum Teil verständlich, warum die USA die Russische Föderation als eigentliches Haupthindernis auf dem Weg zur unipolaren Weltordnung ansahen. Sicherlich spielten dabei die Konkurrenz im Bereich des Militärs und der Diplomatie als auch der Antagonismus bezüglich der geographischen Lage beider Länder sowie hinsichtlich der Rohstoffinteressen eine maßgebliche Rolle.

Dennoch wäre es falsch zu sagen, dass der Konflikt zwischen den USA und Russland durch die Konkurrenz in diesen vier Bereichen gänzlich erklärt werden könnte. Denn all diese Streitpunkte hätten genauso gut auch als Argumente für eine Kooperation gelten können. Gerade weil die USA und Russland im Bereich der Geographie, der Rohstoffe, des Militärs und der Diplomatie miteinander konkurrieren, hätte eine Zusammenarbeit dramatische machtpolitische Konsequenzen gehabt. Der heute zu beobachtende Verfall amerikanischer Macht wäre unter diesen Umständen wahrscheinlich nicht eingetreten. Im Bündnis mit Russland hätten die USA und Europa ihre Macht und ihren Wohlstand für viele zusätzliche Jahrzehnte sichern können. Es muss daher neben den eben aufgezählten Konfliktpunkten noch weitere gegeben haben, die erklären können, wieso die USA zugunsten eines riskanten Vabanquespiels auf diesen Vorteil verzichteten.

Die bisher erprobten Erklärungsansätze versuchten, die fortdauernde Gegnerschaft der USA gegenüber Russland zu erklären. Sie enden immer mit dem Schluss, dass ein Machthebel wie z. B. ein starkes Militär und Rohstoffkontrolle lediglich angestrebt wird, um wiederum mehr Macht zu gewinnen. Innerhalb eines machtpolitischen Erklärungsansatzes dient Macht stehts der weiteren Machtgewinnung, die dann wiederum zum Ausbau der Macht eingesetzt wird, sodass man mit diesem Erklärungsansatz in einen unendlichen Zirkel hineingerät. Die Reduzierung von bestehenden Abhängigkeiten wäre dann der Hauptzweck allen Machtstrebens. Und so stellt sich die Frage, ob nicht ab einem bestimmten Punkt die Macht auch einem anderen Zweck dient, also einen positiven Inhalt anstreben könnte, statt sich nur von Abhängigkeiten zu befreien. Die Frage lautet: Zu welchem Zweck benötigt man eine unipolare Welt? Was muss man wollen, damit diese erstrebenswert ist?

Um sich dieser Fragestellung überhaupt anzunähern, ist es sinnvoll, sich der kulturellen Dimension der Geopolitik zuwenden. Denn eine von den USA dominierte unipolare Weltordnung verlangt nicht weniger, als dass das historische Projekt der USA zum Projekt und Maßstab für die übrige Welt werden solle. Betrachtet man die amerikanische Geschichte, so besteht das historische Projekt der USA eindeutig darin, die Funktionsweise des politischen Systems der USA auf möglichst große Teile der Welt zu übertragen. Und zwar unabhängig davon, ob man das amerikanische politische System nun idealistisch als Demokratie bzw. Republik versteht oder realistisch als ein von Monopolen und Oligarchen strukturiertes kapitalistisches System. Eine unipolare Weltordnung verlangt, dass dieses Modell zum Modell der Welt werden müsse. Dieses Merkmal einer US-zentrierten unipolaren Welt impliziert allerdings, dass alle übrigen Staaten, die in ihrer Geschichte ebenfalls ein historisches Projekt entworfen haben, so stark verändert oder eingedämmt werden müssen, dass sie ihrerseits kein eigenes Zivilisationsmodell aus ihrer Geschichte mehr ableiten können.

In der Welt, die die USA nach dem Zerfall der Sowjetunion vorfanden, gab es zwei Akteure, die ein solches historisches Projekt erneut hätten verkörpern könnten. Einerseits die Europäische Union, die, sofern sie sich von den USA emanzipiert hätte, gestützt auf das Erbe der Aufklärung und des Humanismus durchaus ein eigenständiges Zivilisationsmodell hätte entwerfen können. Und anderseits Russland, das in seiner Geschichte zwei historische Projekte vorzuweisen hatte, ein schwach akzentuiertes konservatives Projekt, das vom Zarenreich vertreten wurde und ein relativ wirkungsmächtiges revolutionäres Projekt, das auf die Russische Revolution von 1917 zurückverweist. Langfristig könnte auch China für sich in Anspruch nehmen, gestützt auf seine Revolution und seine spezifische konfuzianische Kultur, eine eigenständige Interpretation der Geschichte zu entwerfen. Ähnliche Möglichkeiten ständen auch Indien oder dem Iran offen. Doch in den 1990er Jahren lag dies noch in weiter Ferne und es waren vor allem die EU und Russland, die daran gehindert werden mussten, eine eigenständige Interpretation der Geschichte anzubieten.

Kann dies vielleicht erklären, warum die USA die Möglichkeit eines Machtzuwachses durch Kooperation mit Russland leichtfertig ausgeschlossen haben? Existierten womöglich zwischen den USA und Europa einerseits und den USA und Russland andererseits so starke kulturelle Gegensätze hinsichtlich des historischen Verständnisses von Zivilisation, dass an eine Einigung nicht zu denken war? Die USA und Europa unterscheiden sich vor allem hinsichtlich ihres Sozialmodells. Und im Falle Russlands kommt noch das Erbe der russischen Revolution hinzu.

4. Das Erbe der Russischen Revolution

4.1 Der neue Kalte Krieg und die Unabgeschlossenheit der Vergangenheit

Im Kalten Krieg nahmen beide Seiten für sich in Anspruch, ihre geopolitische Macht auf ein eigenständiges Zivilisationsmodell hin ausgerichtet zu haben. Im Falle der USA war dies die Sicherung einer offenen und republikanisch verfassten Gesellschaft und im Falle der Sowjetunion die Abschaffung der Armut, die Errichtung einer gerechten Gesellschaft, die allmählich vom sozialistischen in den kommunistischen Status übergehen würde.

Angesichts des neuen Kalten Krieges stellt sich die Frage, ob diese Ausrichtung der Macht auf eine zivilisatorische Utopie den Kalten Krieg überlebt hat. Oberflächlich betrachtet, spricht vieles dagegen. Westliche Politiker beziehen sich zwar gerne auf die Werte der Republik oder Demokratie. Doch handelt es sich hierbei offensichtlich um Lippenbekenntnisse, da seit dem Mauerfall faktisch der Einfluss der Bevölkerung auf politische Entscheidungen beständig abnimmt. Seit dem Verschwinden des Sozialismus hat in westlichen Gesellschaften eine Vermögenskonzentration eingesetzt, die sogar die Bedingungen der Demokratie untergräbt. Und im Falle Russlands verzichten selbst die größten Gegner des Landes darauf, Moskau die Wiedereinführung des Sozialismus zum Vorwurf zu machen. Und dies aus gutem Grund. Nicht nur ist Russland heute selbst ein kapitalistisches Land. Hinzu kommt noch, dass es den hundertsten Jahrestag seiner Revolution im Jahr 2017 nicht sehr positiv erinnert und das sozialistische System überwiegend negativ bewertet hat.

So verhielt es sich zumindest bis zum Beginn des Ukrainekrieges am 24. Februar 2022. Seither hat sich tatsächlich ein leichter Wandel in Russland vollzogen. Die kollektive Erinnerung in den Medien an die sowjetische Epoche hat positivere Züge angenommen. Die sowjetische Siegesflagge, die einst über dem Reichstag gehisst wurde, wird nun von den Soldaten mitgeführt und oft als Zeichen des Sieges gehisst. Auch hat ein Prozess begonnen, in dem vereinzelt fragwürdige Privatisierungen aus den frühen 1990er

Jahren untersucht und zum Teil zurückgenommen werden.[64] Der Staat hat angefangen, sich stärker in die Wirtschaft einzumischen und in Form sogenannter »nationaler Projekte« die Miniaturversion eines Wirtschaftsplanes aufzulegen. Zwar ist all dies immer noch weit von einem wirklichen Sozialismus entfernt, dennoch bekennt sich der russische Staat nun stärker zur sowjetischen Vergangenheit als früher. Es bleibt abzuwarten, wie weit diese Entwicklung noch gehen wird.

Dies wirft erneut die Frage auf, ob die sich seit mindestens zwei Jahrzehnten aufbauende Konfrontation des Westens mit Russland etwas mit dem ideologischen Gegensatz des alten Kalten Kriegs zu tun hat. Wenn dem so sein sollte, würde dies dann nicht bedeuten, dass die Geschichte des ersten Kalten Krieges nach wie vor die Gegenwart bestimmt? Und dass somit auch die Russische Oktoberrevolution von 1917 immer noch ein unabgeschlossenes historisches Ereignis darstellt?

Es ist jedenfalls unbestreitbar, dass sich im neuen Kalten Krieg etwas Altes fortsetzt. Die Vergangenheit ist nicht abgeschlossen. Und deshalb verweist die Gegenwart auf die Vergangenheit zurück, zunächst auf die relativ nahe Vergangenheit des Kalten Krieges selbst, dann aber auch auf das historische Großereignis der Russischen Revolution, das letztlich hinter dem Kalten Krieg gestanden hat und schließlich sogar auf die kulturgeschichtliche Vergangenheit im 18. und 19. Jahrhundert, die im Falle Russlands zur Revolution hinführte.

4.2 Die vernachlässigte Frage nach der Fernwirkung der Russischen Revolution

Revolutionen kommen nicht aus dem Nichts. Sie geschehen einerseits durch das Zusammenwirken zeitgeschichtlicher Umstände, andererseits auch durch die spezifische Kultur des Landes, in welchem sie sich ereignen. Seit dem deutschen Bauernkrieg im Übergang vom Mittelalter zur Neuzeit wird der europäische Kontinent wiederholt von Revolutionen erschüttert. Im Grunde genommen ist die Geschichte der europäischen Neuzeit eine Geschichte

64 Коммерсантъ, Прокуратура встала за станок – Надзорное ведомство требует возврата государству ивановского завода, 19.02.2024

wiederkehrender Revolutionen. In der europäischen Kultur scheint etwas lebendig zu sein, das Revolutionen generell begünstigt und womöglich sogar erst ermöglicht hat. Denn es findet sich kaum ein europäisches Land, das nicht in den letzten 500 Jahren eine oder mehrere Revolutionen bzw. Revolten durchlaufen hat. Das gilt auch und sogar im besonderen Maße für die Russische Revolution, die nicht zu verstehen ist, wenn man nicht sowohl den Einfluss der europäischen Ideengeschichte als auch den des orthodoxen Christentums auf die russische Gesellschaft berücksichtigt.

Doch so wenig Revolutionen aus dem Nichts kommen, so wenig verschwinden sie auch. Ein Land, welches an einem Punkt seiner Geschichte von einer großen Revolution heimgesucht worden ist, bleibt von diesem Erbe – ob es will oder nicht – geprägt. Die amerikanische Revolution von 1776 wirkt bis heute in den Vereinigten Staaten fort. Sie beeinflusste die Innenpolitik des Landes dahingehend, dass diese bis in die Gegenwart hinein von einem nicht enden wollenden Kampf um Rechte bestimmt ist. Auch die Französische Revolution von 1789 hat Frankreich tief geprägt und formt die politische Kultur des Landes bis heute, wovon die außergewöhnliche Streik- und Demonstrationskultur der französischen Gesellschaft Zeugnis ablegt. Mit der Russischen Revolution verhält es sich im Prinzip nicht anders. Die Russische Revolution war allerdings keine bürgerliche, sondern eine sozialistische Revolution. Und so besteht ihr Erbe vor allem darin, dass bis in die Gegenwart Reichtum in Russland auf weit weniger gesellschaftliche Akzeptanz stößt als dies in den meisten anderen Ländern der Welt der Fall ist. Die Utopie der Gerechtigkeit ist in der politischen Imagination der russischen Gesellschaft tief verankert und bis heute lebendig. Zugleich tendierte die russische Oberschicht dazu, dem eigenen Volk mit größerer sozialer Härte entgegenzutreten, als dies zum Beispiel in Zentraleuropa der Fall gewesen ist. So verhielt es sich jedenfalls im 19. Jahrhundert und ähnliches ließ sich erneut in den 1990er Jahren beobachten, weshalb auch heute viele Russen die aktuelle Vermögensverteilung im Land mit großer Sorge betrachten. Dass das Thema der Gerechtigkeit auch heute noch das maßgebliche Ideal der russischen Gesellschaft ist, hat auch etwas damit zu tun, dass Russlands Weg in die Moderne von der Auseinandersetzung und dem Ringen um die Institution der Leibeigenschaft begleitet gewesen ist, die von der Mitte des 17. Jahrhunderts bis 1861 in Kraft blieb und sogar danach noch informell fortbestand. Die Darstellung und Infragestellung der aus der Leibeigenschaft resultierenden Armut wurde zum Hauptgegenstand der russischen Literatur im 19. Jahrhundert und brachte Persönlichkeiten wie den Grafen Lew Tolstoi hervor, der von Gewissensbissen geplagt seinen eigenen Besitz aufgab. Diese Spannung zwischen einer in der Gesellschaft tief verankerten Gerechtigkeitsvorstellung auf der einen Seite und einer partikularistisch denkenden Elite auf der anderen Seite erzeugte 1917 jenes Amalgam aus aufgestauter Wut, sozialem Druck, gelebter Solidarität und utopischen Erwartungen, aus dessen Entladungsenergie sich die erste sozialistische Revolution der Weltgeschichte entzündete. Zwar begann die Revolution als eine Art Putsch einer gut organisierten Kadergruppe. Doch wurden im Verlauf des folgenden Bürgerkrieges weite Teile der russischen Gesellschaft von der sozialistischen Idee erfasst. Die Ambivalenz dieses Gegensatzes ist aus der heutigen russischen Gesellschaft nicht gänzlich verschwunden, weshalb Russland seine Revolution ebenso wenig hinter sich lassen kann wie Frankreich und die USA die ihren.

Mit der Französischen Revolution teilt die Russische Revolution zwei Merkmale, nämlich dass sie wie diese in Terror abglitt und dass sie ein welthistorisches Ereignis darstellte, das entsprechend weit über die Grenzen der Sowjetunion hinausgewirkt hat. Nicht nur die Ex-Sowjetrepubliken, die Länder Osteuropas, Chinas und einige kleinere Länder wie Kuba und Vietnam wurden durch diese Revolution geprägt, sondern auch die weitere Entwicklung der politischen Kultur im Westen wurde von diesem Geschehnis tief beeinflusst. Aus all diesen Gründen könnte der neue Kalte Krieg mit der revolutionären Vergangenheit Russlands wie auch der Europas insgesamt weit mehr zu tun haben, als es im ersten Augenblick den Anschein hat.

Um die Frage zu beantworten, warum der Westen Russland so sehr hasst, muss vor allem diese Fernwirkung der Russischen Revolution auf die übrige Welt verstanden werden. Denn eine Wirkung, die die Russische Revolution auf die übrige nicht-sozialistische Welt hatte, wurde in den letzten Jahrzehnten wenig thematisiert. Der Kalte Krieg hatte eine Atmosphäre erzeugt, in der linke Kreise nur dadurch dem Verdacht der Parteinahme für Moskau entgehen konnten, in dem sie eine kritische Haltung zum sowjetischen Sozialismus einnahmen. Die Folge war, dass die Russische Revolution auch von linken Kreisen stets aus der Perspektive ihrer Unzulänglichkeiten rezipiert wurde. So wurde mit einem gewissen Recht der undemokratische Charakter des im Bürgerkrieg entstandenen Kriegskommunismus zum Thema, der den demokratischen Idealen der sozialistischen Utopie diametral entgegengesetzt war. Hinzu kam eine Aufarbeitung der stalinistischen Säuberungen und eine Beschäftigung mit dem Gulag-System. So berechtigt diese Untersuchungen von einem geschichtswissenschaftlichen Standpunkt auch waren, so führten sie während des Kalten Krieges doch zu einer zum Reflex gewordene Abgrenzung vom sowjetischen Sozialismus zugunsten eines rein ideellen Sozialismus. Auf diese Weise konnte die Frage, welche Fernwirkung der Sozialismus Osteuropas auf die übrige Welt hatte, überhaupt nicht angemessen gestellt werden. Westliche Intellektuelle gewöhnten sich daran, der Russischen Revolution einen anderen Status als der Französischen zuzuweisen, sie nämlich als einen Fehler der Geschichte zu betrachten, die deshalb auch außerhalb der Geschichte stehen würde, weshalb sich Untersuchungen über positive Folgen erübrigen würden. Selbst als nach dem Mauerfall und dem Verschwinden des sozialistischen Weltsystems in relativ kurzer Zeit die Armut, der Klassenkampf und ein neuer Zyklus imperialer Kriege auf die Weltbühne zurückkehrten, trauten sich viele Linke nicht, diese Entwicklung mit dem Verschwinden der sozialistischen Konkurrenz in Verbindung zu bringen.

Diese unzureichend gestellte Frage nach der Fernwirkung der Russischen Revolution soll deshalb nun gestellt werden, womit keinesfalls geleugnet wird, dass der sowjetische Sozialismus durch seine Entstehung im Bürgerkrieg undemokratische Züge angenommen hatte und spätestens mit Stalin ein Terrorregime installierte, das die utopischen Ideale der Revolution geradezu in ihr Gegenteil umkehrte. Doch dieser Aspekt des sowjetischen Sozialismus – den der Autor anerkennt – ist andernorts schon zur Genüge besprochen worden. Um zu verstehen, warum der Westen mit Russland nur im Konfliktzustand existieren kann, ist es allerdings nötig, die Frage zu stellen, welche Wirkung die Russische Revolution auf die kapitalistische Welt selbst hatte.

Gibt es einen Zusammenhang zwischen den geopolitischen Folgen der Russischen Revolution und der zunehmend irrationalen Gegnerschaft des Westens gegenüber Russland, die nicht einmal durch die deutsche Wiedervereinigung, den Rückzug aus Osteuropa und die Übernahme des Kapitalismus aufgelöst werden konnte?

Wieso verstrickt sich der Westen in einen neuen heißen/kalten Krieg mit Russland ausgerechnet zu einem historischen Zeitpunkt, in dem China sich als neue wirtschaftliche Supermacht etabliert? Weiß man denn im Westen nicht, dass dadurch Russland und China zu einer Zusammenarbeit genötigt werden und dass auf diese Weise ein zweites Weltsystem entsteht, dessen kombinierte diplomatische, militärische, intellektuelle und wirtschaftliche Macht der des Westens wahrscheinlich überlegen sein wird? Aufgrund dieser Widersprüche ist es notwendig, zu den Anfängen des Ost-West-Konflikts zurückzukehren. Denn der neue Kalte Krieg hat weder mit dem Jugoslawien- noch mit dem Irakkrieg begonnen, sondern mit dem ersten Kalten Krieg, dessen Wurzeln wiederum mit der Oktoberrevolution und ihrer Vorgeschichte verbunden sind. Dies wiederum wirft die Frage nach der Aktualität der Russischen Revolution auf. Dabei wird auch die Frage eine Rolle spielen, wo die kulturellen Wurzeln der Russischen Revolution eigentlich liegen.

4.3 Der geopolitische Kontext der Russischen Revolution

Um die Fernwirkung der Russischen Revolution von 1917 besser zu verstehen, muss man sich zunächst vor Augen führen, in welche bestehenden geopolitischen Machtverhältnisse diese eingegriffen hat. Vor dem Ersten Weltkrieg besteht in Europa eine doppeldeutige Situation. Europa beherrscht die Welt und ist faktisch keiner Konkurrenz durch andere Kulturkreise ausgesetzt. Doch dieses Europa, das über eine unangefochtene globale Vormachtstellung verfügt, ist selbst in sich gespalten, insofern es aus mehreren Imperialmächten besteht, die untereinander konkurrieren. Von Zeit zu Zeit entlädt sich diese Konkurrenz in innereuropäischen Kriegen. Doch weitaus häufiger als der Krieg ist die wechselseitige Absprache zwischen den Kolonialmächten und die daraus resultierende Aufteilung der Welt in Einflusszonen. Gelegentlich kommt es sogar vor, dass einige europäische Mächte für einen kurzen Augenblick ihre interne Konkurrenz beilegen und ihre Kräfte vereinigen. So geschah es etwa im Krimkrieg, als Großbritannien und Frankreich gemeinsam versuchten, das russische Zarenreich daran zu hindern, die Schwäche des Osmanischen Reiches auszunutzen und über den Bosporus einen ständigen Zugang am Mittelmeer zu gewinnen. Ein weiteres

Beispiel ist der Bund mehrerer europäischer Staaten, um ein so großes und traditionsreiches Land wie China zu unterwerfen und zu kolonialisieren.

Das britische Königreich war in diesem fragilen System europäischer Weltmächte der unbestrittene primus inter pares. Als mächtigster europäischer Kolonialmacht kam dem britischen Imperium die Rolle zu, das Kräfteverhältnis immer wieder auszubalancieren und im Gleichgewicht zu halten. Wenn es einem Land vorbehalten gewesen wäre, die verschiedenen Kolonialmächte zu einen, dann wäre diese Rolle am ehesten dem britischen Imperium zugefallen. Umgekehrt stellten sowohl das deutsche Kaiserreich als auch das russische Zarenreich Akteure dar, die einer solchen Einigung eher im Wege standen.

Das Kaiserreich war ein Neuling nicht nur im Klub der Kolonialmächte, sondern überhaupt unter den europäischen Staaten. In den Jahrhunderten zuvor war Deutschland zu dezentral verfasst gewesen, um Macht im größeren Maßstab nach außen zu projizieren. Sowohl als Heiliges Römisches Reich deutscher Nation als auch als Deutscher Bund von 1815 bis 1866 agierte Deutschland eher als eine Pufferzone denn als eigenständiger Akteur. Anders verhielt es sich zwar mit Österreich und später auch Preußen, insofern sie sich den Status europäischer Großmächte erwarben. Allerdings traten sie nicht als Konkurrenten der nach Übersee ausgreifenden Kolonialmächte auf und waren durch ihre Lage im Osten Zentraleuropas auch räumlich von Frankreich getrennt. Frankreich, Großbritannien, Spanien, Portugal und die Niederlande hingegen verfügten bereits seit Jahrhunderten über Staatlichkeit und hatten große Kolonialreiche errichtet. Deutschland fand erst spät zu einer zentralen Regierungsform, war spät zum Nationalstaat geworden und hatte aufgrund des Widerstands Bismarcks noch später seine ersten Kolonien erworben. Diese zu spät gekommene Nation zeichnete sich in der zweiten Hälfte des 19. Jahrhunderts durch ein enormes Wirtschaftswachstum aus. Dieses stellte einen gefährdenden Faktor dar. Denn bereits die Reichseinigung 1871 hatte das Kräftegleichgewicht in Europa durcheinandergebracht, ein Umstand, den Bismarcks Bündnispolitik mühsam versuchte auszugleichen. Die Tatsache, dass Deutschland sich allmählich zum unangefochtenen wirtschaftlichen und wissenschaftlichen Zentrum des Kontinents entwickelte, brachte das Gleichgewicht abermals durcheinander. Die unter Kaiser Wilhelm II oft unreif auftretende Diplomatie des Reiches, die sich provozierenden

Großprojekten wie der Bagdadbahn und dem Flottenbau verschrieben hatte, verstärkte diesen Umstand. Während die alten westeuropäischen Kolonialmächte seit Jahrhunderten in Konkurrenz zueinander gestanden hatten – und dabei auch gelernt hatten, sich gegenseitig anzuerkennen –, war Deutschland die noch unbekannte, störende und noch fremde Macht im Herzen Europas, deren beschleunigte Entwicklung eher Angst als Anerkennung auslöste.

Ähnlich verhielt es sich mit Russland, das zwar bereits seit Peter dem Großen als geopolitischer Akteur in Europa aufgetreten und während des Ersten Weltkrieges mit Frankreich und Großbritannien verbündet war, das aber aufgrund seiner geographischen Lage im äußersten Osten Europas und wegen seiner orthodoxen Konfession ebenfalls als fremde Macht im Klub der Kolonialmächte wahrgenommen wurde. Die später als Great Game bekannt gewordene Konkurrenz zwischen Großbritannien und Russland in Südasien entsprang letztlich der Konkurrenz zwischen der größten Land- und der größten Seemacht. Hinzu kam, dass die schiere Größe Russlands Ängste auslöste, da sie ein Entwicklungspotenzial erkennen ließ, das ansonsten nur mit dem amerikanischen vergleichbar war.

So obsiegt mit dem Ausbruch des Ersten Weltkrieges die Konkurrenz des europäischen Imperialismus über seine Zusammenarbeit. Dennoch war die sporadische Kooperation ebenfalls ein wesentlicher Aspekt der Vorkriegszeit und damit auch ein Modell einer zukünftigen Entwicklung. Diese Zusammenarbeit ergab sich allerdings eher zwischen den Westmächten. Dieser Sachverhalt ist zum Verständnis der Folgen der Russischen Revolution von großer Bedeutung.

Der Erste Weltkrieg führte zum Zusammenbruch zweier Imperien, der k. u. k. Monarchie und dem Osmanischen Reich sowie zur politischen Transformation des deutschen Kaiserreichs in eine Republik sowie des Zarenreichs in einen sozialistischen Staatenbund. Die Verlierer des Krieges waren somit die Kaiser- und Königshäuser, die Herrschaft der Hohenzoller, der Habsburger und der Romanows. Zwei der zerbrechenden Monarchien waren zugleich auch Vielvölkerstaaten, nämlich die k. u. k. Monarchie und das Osmanische Reich. Der dritte Vielvölkerstaat, das russische Zarenreich, kam zwar als Kaiserreich zu Fall, wurde aber durch die Sowjetunion beerbt und blieb anders als Österreich-Ungarn und das Osmanische Reich als geopolitische Macht erhalten.

Gewinner des Krieges waren somit die republikanischen Staaten des Westens, allen voran Großbritannien, das seine hegemoniale Stellung hatte verteidigen können, allerdings nur um den Preis einer massiven Verschuldung bei den USA. Aber auch Frankreich gelang es, ohne größere Unruhen und Revolutionen mit leichten Territorialgewinnen in Europa und großen im Nahen Osten aus dem Krieg hervorzugehen. Für die USA schließlich brachte der Krieg sowohl wirtschaftliche als auch geopolitische Vorteile, insofern sie finanziellen und wirtschaftlichen Einfluss insbesondere auf Großbritannien, Frankreich und das Deutsche Reich gewannen.

Kurzfristig waren das Chaos und die Wirren, die die Russische Revolution erzeugte, im Interesse einiger ausländischer Staaten, weshalb Lenin mit deutscher Hilfe und Trotzki mit Hilfe des britischen Geheimdienstoffiziers Sir William Wiseman[65] nach Petersburg gelangten.[66] Für die Entente brach durch die Russische Revolution die östliche Front zusammen, was militärisch einen schweren Verlust darstellte. Nach dem doch noch erreichten Sieg wurden die Westmächte dadurch allerdings auch der Pflicht enthoben, das Zarenreich an den territorialen Gewinnen der Nachkriegsordnung zu beteiligen. Doch so willkommen die russische Revolution einigen konkurrierenden Staaten kurzfristig auch gewesen sein mag, so besaß doch keiner von ihnen ein Interesse an einer sich stabilisierenden sozialistischen Regierung, die als Vorbild und einflussreiche Kraft für die Interessen der Arbeiterklasse weltweit dienen konnte. Deshalb verwundert es nicht, dass sowohl die Mittelmächte als auch die Entente im weiteren Verlauf der Revolution intervenierten.[67]

Hundert Jahre nach der Russischen Revolution ist es schwierig, nach dem geopolitischen Kontext zu fragen. Der geschichtliche Moment, der damals gegeben war und durchaus mehrere potenzielle Entwicklungsläufe kannte, ist mittlerweile geschlossen. Für die Spätgeborenen ist es schwer, sich auch nur vorzustellen, welche anderen Geschichtsläufe 1917 noch möglich gewesen

65 Wolfgang Effenberger, Deutsche und Juden vor 1939 – Stationen und Zeugnisse einer schwierigen Beziehung, Höhr-Grenzhausen 2013, S. 339f.

66 Deutschland erhoffte sich von der Unterstützung Lenins die Befriedigung der Ostfront als Grundvoraussetzung für einen Sieg an der Westfront. Großbritannien hoffte dank der Revolutionswirren das Zarenreich aus der Nachkriegsordnung auszuschließen und es an der Aufteilung des Osmanischen Reiches nicht zu beteiligen.

67 Dass die Bolschewiki trotz der ausländischen Intervention am Ende siegreich waren, zeigt, dass die Oktoberrevolution vielleicht als Putsch einer kleinen gut organisierten Gruppe begonnen hatte, aber im Verlauf des Bürgerkrieges zu einer wirklichen Revolution heranwuchs.

wären und nur deshalb nicht eingetreten sind, weil sich die Russische Revolution ereignet hat. Jeder Versuch, die nicht verwirklichten Pfade der Geschichte zu rekonstruieren, ist notwendigerweise spekulativ und kann somit leicht als unwissenschaftlich abgetan werden. Und doch sollte der Versuch gewagt werden, den fortwirkenden Einfluss dieser Revolution wenigstens versuchsweise zu begreifen. Denn die irrationale Gegnerschaft des Westens gegenüber Russland macht es notwendig, den Horizont der Fragen zu erweitern.

Was wäre beispielsweise geschehen, wenn der Erste Weltkrieg einen geringfügig anderen Ausgang genommen hätte? Wenn zum Beispiel die Russische Revolution dazu geführt hätte, dass nicht nur die Habsburger Monarchie und das Osmanische Reich als Vielvölkerstaaten in ihre ethnischen, religiösen und regionalen Bestandteile zerfallen wären, sondern auch das russische Zarenreich selbst? Um sich dieses Szenario vorzustellen, hätte lediglich der auf die Revolution folgende Bürgerkrieg, einschließlich der ihn begleitenden Interventionen Großbritanniens, Frankreichs und der USA einen etwas anderen Ausgang nehmen müssen.

In diesem Fall hätte auch dem Deutschen Reich nach 1918 sehr viel weniger Handlungsspielraum zur Verfügung gestanden, insofern kein Vertrag von Rapallo, kein östlicher Handelspartner und keine militärpolitische Kooperation mit der Sowjetunion Berlin außenpolitische Alternativen geboten hätte. Der Sieg der sowohl republikanischen als auch imperialistischen Staaten des Westens wäre in diesem Fall noch eindeutiger ausgefallen. Wahrscheinlich wäre Deutschland in eine noch tiefere Abhängigkeit gegenüber den westlichen Mächten geraten als dies durch den Versailler Vertrag ohnehin schon der Fall war.

Das aber hätte bedeutet, dass sich in einer solchen geopolitischen Konstellation die bereits oben erwähnte Tendenz zur imperialen Zusammenarbeit wahrscheinlich weiterentwickelt hätte. Ja, dass man bei einem solchen für die Westmächte noch günstigeren Ausgang des Ersten Weltkriegs nicht einfach die Fortsetzung des traditionellen europäischen Imperialismus erlebt hätte, sondern dass dieser sich unter solchen Bedingungen mit hoher Wahrscheinlichkeit schon früher zu einem transnational verfassten gesamteuropäischen Imperialismus fortentwickelt hätte. Mit einem Wort, dass die Entwicklung, die dann faktisch erst nach dem Zweiten Weltkrieg im westlichen Lager einsetzte – nämlich die Schaffung von transnationalen Institutionen wie der NATO, der Europäischen Union, der Weltbank und dem IWF – schon zwei bis drei Dekaden früher begonnen hätte. Der Unterschied hätte lediglich darin bestanden, dass in diesem Fall die Vereinigung des Westens nicht unter alleiniger Führung der USA stattgefunden, sondern sich entweder in Form einer gleichberechtigten Kooperation der siegreichen Westmächte des Ersten Weltkriegs oder sogar unter Führung Großbritanniens vollzogen hätte.

Geopolitisch hätte eine solche Beschleunigung der Entwicklung weitreichende Folgen gehabt. Der Kolonialismus der einzelnen europäischen Nationalstaaten war zeitlich befristet und stieß nach dem Zweiten Weltkrieg bald an seine organisatorischen, militärischen und politischen Grenzen. Durch eine Zusammenarbeit und machtpolitische Verschmelzung der europäischen Staaten hätte durchaus die zeitliche Grenze ihrer privilegierten Machtstellung signifikant hinausgeschoben werden können. Darüber hinaus wäre ein solcher transnational verfasster Imperialismus in der Lage gewesen, ganz neue Formen imperialer Abhängigkeit zu etablieren und damit ebenfalls einer geschichtlichen Entwicklung vorzugreifen, die innerhalb des bekannten Geschichtslaufs erst in den 1970er- und 1980er Jahren erkennbar wurde, als nämlich der traditionelle Imperialismus durch einen informellen finanzpolitischen Neoimperialismus beerbt wurde.[68]

Eine solche vordatierte geschichtliche Entwicklung hätte folgenschwere Konsequenzen für die Länder Asiens, Afrikas und Lateinamerikas gehabt. Es wäre unter solchen Bedingungen für diese Länder vermutlich sehr viel schwieriger gewesen, einen unabhängigen Entwicklungsprozess überhaupt in Gang, geschweige denn fortzusetzen. Es ist durchaus möglich, dass im Zuge einer solchen alternativen Entwicklung der technologische, wirtschaftliche und militärische Vorsprung der europäischen Staaten gegenüber dem Rest der Welt so groß gewesen wäre, dass er dauerhaft hätte etabliert werden können.

4.4 Die sowjetische Atombombe und die Befreiungsbewegungen in der Dritten Welt

Wenn man diesem hier vorgeschlagenen Gedankenexperiment einmal probeweise folgt, so gewinnt man eine genauere Vorstellung davon, in welche

68 Michael Hudson, Super Imperialism, The Economic Strategy of American Empire, 2nd edition 2003, https://michael-hudson.com/wp-content/uploads/2010/03/superimperialism.pdf (zuletzt abgerufen am 3. August 2024)

machtpolitischen Verhältnisse die Russische Revolution tatsächlich eingriff. Dass das russische Zarenreich nicht gänzlich zerfiel, sondern einer neuen und geopolitisch sogar noch einflussreicheren Struktur, nämlich der Sowjetunion, Platz machte, schränkte den Sieg der westlichen Staaten ein. Das Deutsche Reich – das sich zwar während der Weimarer Republik demokratisierte, doch weder historisch noch kulturell ein westliches Land war[69] – konnte sich hierdurch seiner Niederlage zumindest teilweise wieder entziehen.

Hinzu kam noch, dass der Sowjetunion aufgrund der zugrunde liegenden sozialistischen Lehre eine antiimperialistische Identität zu eigen war, ein Sachverhalt, der insbesondere nach dem Zweiten Weltkrieg Bedeutung erlangen sollte. Als Folge der Russischen Revolution blieb somit die Konkurrenz der Nationalstaaten nach dem Ersten Weltkrieg zunächst bestehen, obwohl die UdSSR selbst kein Nationalstaat war. Der Übergang in eine transnationale Form von Geopolitik wurde trotz der Gründung des Völkerbundes um mindestens drei Jahrzehnte hinausgezögert. Ein historischer Prozess, der auf eine Kooperation der Kolonialmächte hinauslief, wurde somit in seinem Verlauf empfindlich gebremst. Auch wenn diese Annahmen zunächst nur hypothetischer Natur sind, so eröffnet sich durch sie doch eine interessante Perspektive auf das weitere Weltgeschehen.

Nach dem Zweiten Weltkrieg zeigte sich nämlich erst im vollen Umfang, wie sehr die Russische Revolution den auf einen vereinigten europäischen Imperialismus ausgerichteten Geschichtsprozess durcheinandergebracht hatte. Durch den neu gewonnen Einfluss in Osteuropa war die UdSSR nämlich nun in der Lage, ein eigenes sozialistisches Weltsystem zu begründen. Ein Weltsystem, das höchst widersprüchlich war, insofern seine Identität einerseits gegen den Imperialismus gerichtet war, das aber andererseits selbst als ein Imperium auftrat. Obgleich die Sowjetunion ein Imperium war, unterschied sie sich vom westlichen Imperialismus dahingehend, dass sie ihre Besitzungen wirtschaftlich eher aufbaute als ausbeutete und insofern ihrer Ideologie zumindest teilweise zu entsprechen versuchte. Zudem fehlte durch die eingeschränkten Eigentumsverhältnisse in der Sowjetunion eine

69 Zu einem solchen wurde es erst nach dem Zweiten Weltkrieg und endgültig nach der deutschen Wiedervereinigung.

der Triebkräfte, die in den westlichen Kolonialreichen einen Prozess der kontinuierlichen Expansion in Gang gesetzt hatten. Hatte im Fall der westlichen Kolonialreiche jede neue Kolonie und jeder Krieg eine neue Klasse an Millionären erzeugt, so führte dies im Falle der Sowjetunion bestenfalls zu staatlichen Einnahmen, denen allerdings oft wiederum Kosten gegenüberstanden. Eine dauerhafte Expansionsdynamik konnte so kaum in Gang kommen. Zwar hätte rein theoretisch auch ein sozialistisches Weltsystem die Basis für eine dann »sozialistische Globalisierung« werden können, einige seiner Werte weisen tatsächlich Parallelen zur Werteordnung der heutigen globalisierten Welt auf, doch praktisch war dies aus den genannten Gründen eher unwahrscheinlich.[70]

Ab 1949 verfügte dieses »antiimperialistische Imperium« über die Atombombe und seit 1953 sogar über die Wasserstoffbombe und konnte somit nicht mehr so einfach wie im Jahre 1941 angegriffen werden. Der Antiimperialismus der Sowjetunion mag innenpolitisch äußerst widersprüchlich gewesen sein, da er sich auf einem Gesellschaftsmodell gründete, das den Sozialismus nur halb verwirklicht hatte. Zwar war die Konzentration von Eigentum in den Händen einer Oligarchie erstmals in der Menschheitsgeschichte abgeschafft worden, was tatsächlich ein historischer Einschnitt großer Tragweite darstellte, doch befand sich das Vermögen nun in den Händen des Staates bzw. einer Bürokratie und wurde nicht, wie es in einem wirklich sozialistischen Gemeinwesen eigentlich hätte geschehen müssen, vergesellschaftet bzw. demokratisiert. Doch trotz dieser Defizite des sowjetischen Sozialismus war seine Ideologie außenpolitisch ein ernsthafter geschichtlicher Faktor. Denn durch ihn wurden dem Imperialismus der westlichen Staaten tatsächlich Grenzen gesetzt. Grenzen, die es zuvor so nicht gegeben hatte. Dies hatte zum Beispiel Folgen für die Ausgestaltung der UN-Charta, die nun im Gegensatz zum Völkerbund das Selbstbestimmungsrecht der Völker festschrieb.[71] Die Herausbildung eines sozialistischen Weltsystems hatte auch die

70 Erstens gab es auf absehbare Zeit keine realistische Hoffnung auf eine Kette an Revolutionen, die synchron weite Teile der Welt für den Sozialismus hätte gewinnen können. Und zweitens war es ohne eine Eigentumsordnung äußerst schwierig, eine solche globale Ordnung zusammenzuhalten. Politische und militärische Macht alleine reichten hierfür nicht aus. Und die ideologische Überzeugung konnte nur für eine gewisse Zeit Einigkeit herstellen. Letztlich bedarf eine hierarchisch aufgebaute Globalisierung einer Eigentumsordnung und ist deshalb nur im Kapitalismus möglich.

71 Antje Lüth, Putins »Welt-Knigge« zu einem friedlichen Zusammenleben (Teil 2), *Apolut*, 11.07.2024

praktische Konsequenz, dass die Kolonien der europäischen Mächte in ihrem Unabhängigkeitskampf ermutigt wurden. Sie konnten zudem, nachdem die Unabhängigkeit einmal errungen war, zwischen beiden Supermächten als Handels- und Investitionspartner wählen und sie gegeneinander ausspielen.

Der Westen stand nach dem Zweiten Weltkrieg vor dem Problem, dass der Sozialismus sich den Befreiungsbewegungen der Dritten Welt als Ideologie förmlich anbot, da er den jungen Staaten einerseits versprach, ihre rückständigen Gesellschaften zu modernisieren, während er andererseits die Legitimationsgrundlage für den Befreiungskampf bereitstellte. So hat der britische Historiker Eric Hobsbawm hervorgehoben, dass die Modernisierung der Sowjetunion in den 1950er- und 1960er Jahren als universales Modell für die Dritte Welt galt, insofern sich die Sowjetunion innerhalb kurzer Zeit von einem Agrarstaat in eine der führenden Industriemächte der Welt verwandelt hatte.

> »Hinzu kam, daß sowohl Nationalismus als auch Antiimperialismus nach einer Politik riefen, die nicht mehr so stark von den alten Imperien abhängig war, und daß die Sowjetunion mittlerweile ein ›alternatives Entwicklungs‹-Modell bot. Und zu keiner anderen Zeit machte dieses Modell mehr Eindruck als in den Jahren nach 1945.«[72]

Dies bezog sich nicht nur auf jene »Dritte-Welt«-Staaten, die sich wie die Volksrepublik China zu sozialistischen Staaten erklärten, sondern auch auf die politische Orientierung der in der indonesischen Stadt Bandung erstmals konstituierten blockfreien Staaten:

> »Das heißt jedoch nicht, daß die ›Blockfreien‹ gleichermaßen gegen beide Fronten im Kalten Krieg eingestellt gewesen wären. Die Inspiratoren und Anführer dieser Bewegung [...] waren radikale koloniale Exrevolutionäre: Jawaharlal Nehru in Indien, Sukarno in Indonesien, Oberst Gamal Abd el Nasser in Ägypten und der abweichlerische Kommunist Jugoslawiens Präsident Tito. Sie alle waren, wie so viele andere exkoloniale Regime nach eigenen Regeln sozialistisch (also nicht nach

72 Eric Hobsbawm, Das Zeitalter der Extreme – Weltgeschichte des 20. Jahrhunderts, München 1998, S. 439

sowjetischem Modell) oder behaupteten zumindest, es zu sein [...]. Alle empfanden einige Sympathie für die Sowjetunion und waren zumindest bereit, deren wirtschaftliche und militärische Hilfe anzunehmen.«[73]

Um in den 1950er Jahren die nach Unabhängigkeit und Entwicklung strebenden Länder der Dritten Welt nicht gänzlich zu verlieren, war der Westen somit gezwungen, an Stelle der Sowjetunion technische und wirtschaftliche Unterstützung anzubieten. Dies hatte aber zur Folge, dass sich für diese damals noch stark unterentwickelten Länder der südlichen und östlichen Hemisphäre ein Fenster für eine relativ unabhängige Entwicklung öffnete. Denn unter den neuen Bedingungen der Blockkonfrontation konnte imperiale Macht nicht mehr offen militärisch ausgeübt werden. Die Suezkrise von 1956 hatte dies unmissverständlich zum Ausdruck gebracht.

Zwar kam es immer noch vor, dass Staatschefs ehemaliger Kolonien, die die nationale Unabhängigkeit ihrer Länder befördern wollten, von westlichen Geheimdiensten gestürzt wurden. Dies geschah z. B. mit Mohammad Mossadegh, dem Premierminister des Irans im Jahr 1953 sowie mit Patrice Lumumba, dem Premierminister des Kongos im Jahre 1961 und schließlich mit Salvador Allende, dem Präsident Chiles 1973, um nur die bekanntesten Beispiele zu nennen. Auch das militärische Vorgehen Frankreichs in Algerien und Vietnam und das der USA in Korea und Vietnam ist in diesen Kontext einzuordnen.

Doch solche Operationen fanden nun in einer bipolaren Weltordnung statt und konnten von der Sowjetunion propagandistisch ausgenutzt werden, was Frankreich in Algerien und die USA in Vietnam schmerzhaft zu spüren bekamen. Die bloße Möglichkeit eines propagandistischen Vorteils, den die Sowjetunion aus einem Ereignis ziehen konnte, musste im Westen nun stets mitbedacht werden, wirkte entsprechend abschreckend und zügelte auf diese Weise die Imperialmächte hinsichtlich der praktischen Anwendung militärischer und geheimdienstlicher Mittel. Das kapitalistische Weltsystem lernte es allerdings schnell, sich an diese neuen Bedingungen anzupassen und ging im Laufe des Kalten Krieges dazu über, seine imperiale Macht in der Dritten Welt verdeckter auszuüben. Statt selbst militärisch

73 Ebenda, S. 448

aktiv zu werden, war es möglich, lokale Eliten zu korrumpieren, einzelne Länder durch gezielte Verschuldung abhängig zu machen oder durch die künstliche Erzeugung von gesellschaftlichen Spannungen Einfluss auf die politische Entwicklung eines Landes zu nehmen.[74]

Obwohl der Westen Wege und Mittel fand, seine imperiale Ordnung auch während des Kalten Krieges aufrecht zu erhalten, eröffnete die Existenz der Sowjetunion dennoch vielen Ländern der südlichen und östlichen Hemisphäre und insbesondere China und Indien überhaupt erstmals seit dem Auftauchen der europäischen Kolonialmächte die Tür zu einer eigenständigen Entwicklung. Die Revolution von 1917 bewirkte, dass militärische Mittel zur Durchsetzung imperialer Macht, wie sie Frankreich und die USA von Korea, Algerien bis Vietnam eingesetzt hatten, die Ausnahme blieben. Die Existenz der Sowjetunion erreichte auch, dass der Klassenkampf innerhalb des Westens durch eine soziale Politik befriedet werden musste. Niemals während seiner Geschichte war der Kapitalismus so sozial und human, wie während des Kalten Krieges. Diese langfristigen Effekte der Russischen Revolution verstärkten wiederum einen Trend, demzufolge sich der Entwicklungsabstand zwischen der Ersten und Teilen der Dritten Welt allmählich verringern konnte. Dies war vor allem für jene Länder von Bedeutung, die wie China, Indien, Brasilien und Indonesien über einen eigenen Binnenmarkt verfügten.[75]

4.5 Das Ende der Sowjetunion und dessen Implikationen

Wenn diese Hypothese stimmt, nämlich die These, dass die Oktoberrevolution in der Lage war, einen globalen Trend latent zu beeinflussen und so im Laufe von Jahrzehnten die Stellung der westlichen Staaten innerhalb des Weltgefüges qualitativ zu verändern, so fällt von dieser These aus neues Licht auf das Ende der Sowjetunion und was dieses Ende in geopolitischer Hinsicht für den Westen tatsächlich bedeutet hat.

Während des Mauerfalls und der Perestroika wurde vielfach die Hoffnung artikuliert, dass die Wunden zweier Weltkriege und des Kalten Krieges dauerhaft geschlossen werden könnten und es möglich wäre, Europa

74 John Perkins, Bekenntnisse eines Economic Hit Man – Unterwegs im Dienst der Wirtschaftsmafia, München 2005

75 Eric Hobsbawm, Das Zeitalter der Extreme – Weltgeschichte des 20. Jahrhunderts, München 2004, S. 448

unter Einschluss Russlands zu einen. Dies suggerierten zumindest die Äußerungen vieler der führenden Staatsmänner in Ost und West. Doch was noch wichtiger ist: Für diese Lesart sprach nicht nur Idealismus, sondern auch praktische Erwägung. Denn das damals angestrebte »gemeinsame Haus Europa« wäre nicht nur für Russland, sondern auch für den gesamten Westen einschließlich den USA von Vorteil gewesen. Denn durch eine Kooperation mit Russland hätte der Westen seinen Einfluss auf die gesamte nördliche Hemisphäre ausdehnen können.

Eine westliche Welt, die die gesamte nördliche Hemisphäre unseres Planeten umfasst, hätte den wirtschaftlichen Aufstieg Chinas und Indiens kaum fürchten müssen. Russland war nach 1991 bereit, seine Tradition antiimperialistischer Außenpolitik aufzugeben und am Konzert der westlichen Mächte teilzunehmen. Diese Bereitschaft ging sogar so weit, dass die Russische Föderation selbst der US-amerikanischen Regierung ihren Eintritt in die NATO anbot. Umgekehrt hätte sich auch der Westen durch die Integration Russlands erneuern können. Eine westliche Welt, die mit ihrem einstigen sozialistischen Herausforderer eine gleichberechtigte Partnerschaft eingegangen wäre, hätte der übrigen Welt das Signal gesendet, dass nun auch der Westen Distanz zu seiner imperialen Vergangenheit gewonnen und ein neues Kapitel der Geschichte aufgeschlagen hat.

Doch obwohl diese Entwicklungsmöglichkeit so naheliegend war und auch der Westen selbst von ihr profitiert hätte, trat sie nicht ein. Stattdessen baute sich vom Jugoslawien-, Afghanistan- und Irakkrieg über den Georgienkrieg 2008, den Libyenkrieg, bis zum Kiewer Maidan 2013/14 und den daraus resultierenden Bürgerkrieg im Donbas bis zum Krieg in und um die Ukraine ein neuer heißer/kalter Krieg auf. Dies zwang auch Russland, an die diplomatischen Traditionen der Sowjetunion erneut anzuknüpfen und eine Außenpolitik aufzunehmen, die in einer antiimperialistischen Tradition steht, insofern sie ihren diplomatischen Einfluss aus der Zusammenarbeit mit jenen Staaten zieht, die einst Opfer des europäischen Imperialismus geworden waren. Obwohl die russischen Eliten diese außenpolitische Tradition im Zuge des Mauerfalls eigentlich schon aufgegeben hatten, sah Russland sich nach der Jahrtausendwende gezwungen, sie wiederzubeleben.

Warum die westliche Welt und insbesondere die USA eine einmalige Gelegenheit zur Stabilisierung ihrer Macht ausgeschlagen haben, ist, wie bereits erwähnt, eines der fundamentalen Rätsel der jüngeren Geschichte. Besonders rätselhaft ist dabei auch, wie gerade Deutschland, das einst den Krieg gegen die Sowjetunion als Vernichtungskrieg geplant hatte, dieses historisch geprüfte Land, seine ihm aus der Geschichte mitgegebene Verantwortung so hat missachten können? Als die Bundesregierung 2013/14 den Kiewer Maidan unterstützte, am 21. Februar 2014 schließlich der deutsche Außenminister Frank Walter Steinmeier ein Abkommen zum friedlichen Machttransfer garantierte, um es am 22. Februar 2014 – am Tag des Putsches – wieder aufzugeben, da traf die Bundesregierung faktisch die Entscheidung, das Geschenk der deutschen Wiedervereinigung durch eine Spaltung des russischen Kulturraumes zu beantworten.

Dieser äußerst riskante und provozierende Umgang mit Russland erscheint rätselhaft, sofern man nur die letzten Jahrzehnte betrachtet. Doch wirkt er möglicherweise folgerichtig, wenn man die Russische Revolution als Faktor in die Überlegungen miteinbezieht. Deutschland konnte seiner Verantwortung nicht gerecht werden, weil es inzwischen eingebunden war in ein internationales System, welches wiederum die Bewertung der Beziehungen zu Russland aus einer überwiegend anglo-amerikanischen Perspektive vornahm. In diesem internationalen System war für die nationalen Interessen und historischen Bewertungen einzelner Mitgliedsstaaten kaum Platz. Zumindest solange nicht, solange es auf deutscher Seite an Politikern fehlte, die bereit gewesen wären, unter Einsatz ihrer gesamten Reputation sich für das außenpolitische Erbe ihres Landes einzusetzen.

Aus der Perspektive des westlichen Weltsystems mit seinem Zentrum in den USA bzw. der angelsächsischen Welt sah es so aus, als habe sich durch den sowjetischen Rückzug aus Ostdeutschland, Ungarn, Polen, Tschechien und vielen anderen osteuropäischen Staaten und dem 1991 erfolgten Zusammenbruch der Sowjetunion die Situation vor dem Ersten Weltkrieg wieder hergestellt.

Zwar wäre es möglich gewesen, mit Russland eine langfristige Kooperation einzugehen. Doch da Russland noch immer ein nach Souveränität strebender Staat war, zudem mit einem sich aus der historischen Vergangenheit speisenden Selbstbewusstsein ausgestattet war und über viel außenpolitische Erfahrung verfügte, hätte man zur erfolgreichen Zusammenarbeit Kompromisse eingehen müssen. Kompromisse, die letztendlich auch die westlichen

Planungen in der Dritten Welt wieder eingeschränkt oder zumindest modifiziert hätten. Das offene Streben nach Macht und Expansion, das im Washingtoner Establishment wie eine Selbstverständlichkeit artikuliert werden kann, wäre von russischen Politikern so nicht akzeptiert worden. Im Unterschied zu den USA erlaubt die russische Gesellschaft keinen offen zur Schau gestellten Rassismus. Die Welt in Herrschende und Beherrschte zu spalten, wäre daher selbst von konservativen russischen Politikern schwerlich akzeptiert worden. Angesichts dieser Schwierigkeiten, die eigenen Weltordnungskonzepte auf die russische Elite zu übertragen, wirkte die Idee viel anziehender, Russland vom Westen abhängig zu machen und nach eigenen Vorstellungen umzugestalten. Und so wählte man in den USA den scheinbar leichten, aber riskanten Weg, statt sich auf eine mühsame, aber dafür langfristig viel stabilere Zusammenarbeit einzulassen.

Das Entwicklungsfenster, das sich zunächst 1917 durch die Russische Revolution und endgültig durch die Entstehung eines sozialistischen Weltsystems in Folge des Zweiten Weltkrieges geschlossen hatte, schien sich somit zwischen 1989 und 1991 wieder geöffnet zu haben. In den frühen 1990er Jahren unmittelbar nach dem Zusammenbruch der Sowjetunion hatte das kombinierte Bruttosozialprodukt der USA und ihrer Alliierten in Westeuropa und Südostasien mit einem Anteil von 61 Prozent am globalen Bruttosozialprodukt noch ein so großes Gewicht, dass es zumindest eine gewisse Wahrscheinlichkeit gab, nach der die USA tatsächlich eine globale Ordnung für den Rest der Welt festlegen könnten. Hinzu kam noch, dass der Zerfall der Sowjetunion und die folgende Deindustrialisierung so dramatisch verliefen, dass in Washington der Eindruck entstand, man habe nun gegenüber dem Rest der Welt eine absolute Machtposition erreicht.

Und weil diese Perspektive so verlockend war, setzten sich nach 1989 im Westen jene Kräfte durch, die die durch die Sowjetunion und den Kalten Krieg gebremsten Entwicklungsmöglichkeiten wieder aufnehmen wollten. Als die Sowjetunion sich 1991 auflöste, da sah es für einen kurzen geschichtlichen Moment so aus, als könnte nun ein vereinigter westlicher Imperialismus entstehen, der sich bereits vor dem Ersten Weltkrieg angekündigt hatte, der aber dann durch den Krieg, die folgende Oktoberrevolution und schließlich die sowjetische Atombombe so viele Jahrzehnte blockiert gewesen war. Nun hingegen schien der Weg offen zu sein, um die imperiale Macht aller westlichen Länder zu bündeln und ihre Vormachtstellung im Weltgefüge durch die Etablierung einer unipolaren Weltordnung zu konsolidieren.

Die USA schienen nun eine Machtposition erworben zu haben, in der sie ihren Einfluss weiter ausbauen und verstetigen konnten. Und diese wurde wiederum gebraucht, um das historische Projekt der USA über alle anderen Zivilisationsvorstellungen Europas, Russlands oder Chinas triumphieren zu lassen. Letztlich ging es auch um den Inhalt dieser Weltordnungskonzepte.

Doch der Triumph des amerikanischen Weltordnungsprojekts hatte weitere Implikationen. Wenn dieses Weltordnungsmodell tatsächlich der Inhalt war, auf den sich das Streben und Anhäufen von Macht letztlich bezog, und wenn die Schaffung eines sozialistischen Weltsystems durch die Sowjetunion die geopolitischen Planungen der USA um mehrere Jahrzehnte verzögert hatte, so war es nur logisch, dass jenes Land, das es einst gewagt hatte, ein Gegenmodell zu vertreten, sich nicht weiter so entwickeln konnte, als ob nichts geschehen wäre. In den USA gab es nach dem Epochenbruch von 1989/91 Kräfte, die an einer langfristigen Bestrafung Russlands interessiert waren. Die USA konnten trotz aller Vorteile, die ein Bündnis mit Moskau geboten hätte, es aus diesen Gründen letztlich doch nicht eingehen. Gerade weil die USA ein Land waren, in dem große Vermögen Einfluss auf die Politik nehmen konnten, kam es dadurch auch zur Subjektivierung der Politik. Dies wiederum führte letztlich dazu, dass die empfundene Erbfeindschaft gegenüber Russland alle strategischen Vorteile überwog.

Diese Deutung der Folgen der Russischen Revolution ist insbesondere für die im Westen Deutschlands sozialisierten Intellektuellen ungewohnt, wurde hier doch die Russische Revolution stets als ein Ereignis gedeutet, das aufgrund seines Terrors einen Fehler der Geschichte darstellte und somit auch außerhalb der Geschichte stand, was wiederum nach 1989 zur Auflösung und Leugnung aller sozialistischen Errungenschaften führte.

In Russland jedoch wurde die historische Wirkung der eigenen Revolution weitaus unbefangener diskutiert und ist ins historische Bewusstsein eingegangen. So hat, um nur ein Beispiel zu nennen, der sowjetische Dissident und Philosoph Alexander Sinowjew diesen Aspekt der Russischen Revolution an vielen Stellen seines Werks hervorgehoben und ausdrücklich die Gegnerschaft des Westens mit diesem Ereignis in Verbindung gebracht. Sinowjew versucht in einer sehr komplexen Argumentation aufzuzeigen, dass die bloße Existenz der Sowjetunion die Evolution der Menschheit zum Nachteil des westlichen Weltsystems beeinflusst hat, und dass sich daraus in den Augen der westlichen Eliten eine »Schuld Russlands« ableitet. Die Argumentation ist allerdings zu dicht, als dass ein einzelner zitierter Absatz das Gewicht seiner Analyse angemessen wiedergeben könnte, weshalb hier lediglich auf eines seiner Bücher verwiesen wird.[76] Auch Präsident Putin hat sich in vielen seiner Reden entsprechend geäußert. Erst im Frühjahr 2024 erwähnte er diesen Gedanken in einem Gespräch mit dem serbischen Regisseur Emir Kusturica, wobei Putin in einer Weise sprach, als bezöge er sich auf direkte Äußerungen seiner westlichen Amtskollegen:

> »Einige beschuldigen Russland immer noch dafür, dass man einmal seine koloniale Macht verloren hat. Man hört nicht auf, uns zu verübeln, dass wir den Völkern Afrikas, Lateinamerikas und Asiens geholfen haben, wieder auf die Beine zu kommen und für die Freiheit zu kämpfen. Man wirft Russland vor, am Untergang des Kolonialismus schuld zu sein. Diese historischen Prozesse waren unvermeidlich, sie waren objektiv. Das Gleiche geschieht heute. Sie haben völlig recht, die Welt verändert sich, sie wird neu geformt, weil sich neue Kräfte, neue Zentren der Welt in einem Tempo entwickeln, wie es die Geschichte wohl noch nie erlebt hat. [...] Es ist nur so, dass niemand von den Machthabern im weitesten Sinne des Wortes das akzeptieren will und sie suchen einen Schuldigen, das ist das Problem.«[77]

76 Александр Зиновьев, Историческая вина русских, в: Глобальное сверхобщество и Россия, Москва 2000

77 Emir Kusturica bei Putin: Das russische Triptychon wird der Schlussakkord meiner Karriere sein, *RT deutsch*, 4.4.2024

5. Die kulturelle Dimension des Kalten Krieges

5.1 Die Sowjetunion als Hindernis

Die Antwort auf die eingangs zitierte Frage der Youtuberin Ania K., »Warum hasst der Westen Russland so sehr?«, beginnt langsam Konturen anzunehmen. Zwar spielen die Machtmöglichkeiten Russlands in diesem Hass eine Rolle. Man neidet und fürchtet die Möglichkeiten, die sich für Russland aus seiner Geographie, seinen großen Rohstoffvorkommen, seinen Atomwaffen und auch seiner sehr geschulten und einflussreichen Diplomatie ergeben. Aber all diese Machtfaktoren hätten genauso gut auch als Argument für eine Kooperation gelten können. Dass am Ende Russland vom Westen nur als Feindbild wahrgenommen werden konnte, ist noch anderen Faktoren geschuldet, von denen drei bereits genannt werden können. Erstens, dass Russland in seiner Vergangenheit ein eigenständiges modernes Zivilisationsmodell angeboten und verkörpert hat. Zweitens, dass auch das heutige Russland im Prinzip immer noch über die Möglichkeit verfügt, etwas Ähnliches wieder tun zu können. Und drittens, dass sowohl diese Vergangenheit als auch diese Fähigkeit wiederum ein Verantwortungsbewusstsein, eine Urteilskraft, kurz ein Selbstbewusstsein stiften, mit dem die Eliten der USA nicht umzugehen vermochten. Russland konnte anders als Deutschland oder Frankreich nicht eingeschüchtert und desorientiert werden. Aus amerikanischer Sicht darf es ein Land mit diesen Möglichkeiten eigentlich gar nicht geben.

Dies wird auch daran deutlich, wie die USA, aber auch Großbritannien auf das Ende des Zweiten Weltkrieges reagiert haben. Obwohl die beiden angelsächsischen Mächte während des Krieges durch eine Allianz mit der Sowjetunion verbunden gewesen sind, dachten sie unmittelbar danach darüber nach, den Machtzuwachs der Sowjetunion sofort wieder mit militärischen Mitteln rückgängig zu machen. Weil die bloße Existenz der Sowjetunion ein Hindernis für die geostrategischen Planungen sowohl Londons als auch Washingtons darstellte, waren in den USA und Großbritannien immer wieder offensive Kriegsplanungen entstanden. Der erste Plan dieser Art wurde in der Spätphase des Zweiten Weltkrieges vom britischen Premier Winston Churchill in Auftrag gegeben und ist unter dem Namen »Operation Unthinkable« bekannt geworden. Er sah vor, dass Großbritannien im Einvernehmen mit den USA am 1. Juli 1945 – also nur Wochen nach der deutschen Kapitulation – den Gegner wechseln und zusammen mit Restbeständen der Wehrmacht gegen die Sowjetunion kämpfen würde. Der Plan wurde von Präsident Truman abgelehnt und erwies sich auch aufgrund der schieren Größe der sowjetischen Armee als undurchführbar.

In den kommenden Jahren entstanden allerdings ein halbes Dutzend weitere Pläne[78] ähnlicher Art, die nun direkt aus den USA stammten und vor allem davon zeugten, dass die USA und Großbritannien ein generelles Problem mit der Existenz der Sowjetunion hatten. Unter diesen Plänen war die Operation Dropshot die am weitesten entwickelte. Hierbei handelte es sich um einen 1949 entworfenen und 1950 fertiggestellten Kriegsplan, der einen auf den 1. Januar 1957 datierten Angriff auf die Sowjetunion vorsah. Im Zuge dieses Angriffs sollten die 100 größten Städte der Sowjetunion in einem Präventivschlag mit insgesamt 300 Atomwaffen vernichtet werden, wobei größere Städte sogar mit mehreren Atombomben angegriffen werden sollten. Hinzu kamen unzählige konventionelle Angriffe, die letztlich darauf abzielten, die Sowjetunion als geopolitischen Akteur für immer auszulöschen, wobei ein Großteil der sowjetischen Bevölkerung dem kalkulierten Tod preisgegeben werden sollte. Im September 1961 wurde Präsident Kennedy von General Lemnitzer in die Atomkriegspläne des US-Militärs eingewiesen und dabei auch über einen präventiven nuklearen Angriffsplan auf die Sowjetunion unterrichtet. Präsident Kennedy war schockiert, von diesen Angriffsplänen zu erfahren, und soll zu seinem Außenminister Dean Rusk den Satz gesagt haben: »And we call ourself the human race«.[79]

Kennedys Amtszeit fiel zufällig in jene Jahre, als dieser Kriegsplan aufgrund des sowjetischen Rückstands im Bereich der Atomwaffen gerade noch umsetzbar gewesen wäre. Und so drängten die amerikanischen Militärs während der Kubakrise auf Eskalation, ehe sich das Zeitfenster für einen Krieg gegen die Sowjetunion wieder schließen würde. Das Jahr 1962 erschien ihnen

78 Operation Trojan, Operation Pincher, Operation Bushwacker, Operation Cronkshaft, Operation Halfmoon, Operation Cogwheel, Operation Offtackle, Operation Charioteer, Operation Dropshot

79 Oliver Stone, Peter Kuznick, The Untold History of the United States, New York 2013, S. 298

als der letzte Moment, in dem ein Krieg zwischen den USA und der UdSSR zugunsten Washingtons ausgehen konnte. Dies bedeutete in der verqueren Logik der damaligen Militärstrategie, dass die USA nach einem nuklearen Schlagabtausch mit der Sowjetunion weniger zerstört wären als diese, z. B. nur ein Drittel der eigenen Bevölkerung verloren hätten, während die UdSSR zwei Drittel verloren hätte. Eine derart vorteilhafte Verlustrate bedeutete aus Sicht der amerikanischen Militärs einen Sieg, weil die USA dann noch ansatzweise lebensfähig gewesen wären, während sich die Sowjetunion von den Verlusten nicht mehr hätte erholen können.

In der Kubakrise zwischen dem 14. und 28. Oktober 1962 musste Kennedy erleben, wie seine führenden Militärs auf einen solchen Krieg mit der Sowjetunion hinarbeiteten, dem selbst im günstigsten Fall Millionen Amerikaner zum Opfer fallen würden. Schockiert von dieser Einsicht, beauftragte er seinen Bruder Robert Kennedy, heimlich Kontakt mit dem sowjetischen Botschafter Anatoli Dobrynin aufzunehmen und die Sowjets darüber in Kenntnis zu setzen, wie ernst die Lage wirklich war. Nikita Chruschtschow verstand die Botschaft, lenkte im Vertrauen auf die Möglichkeit späterer Verhandlungen ein und gab in seinen Erinnerungen die von Robert Kennedy übermittelte Botschaft folgendermaßen wieder:

> »›Der Präsident befindet sich in einer ernsten Situation‹, sagte Robert Kennedy, ›und er weiß nicht, wie er aus dieser Situation herauskommen soll. Wir stehen unter großem Druck. Unsere Militärs drängen uns, Gewalt gegen Kuba anzuwenden … Wir möchten Sie, Herr Dobrynin, bitten, die Botschaft von Präsident Kennedy über inoffizielle Kanäle an den Vorsitzenden Chruschtschow weiterzuleiten … Obwohl der Präsident selbst sehr gegen einen Krieg gegen Kuba ist, könnte eine unumkehrbare Kette von Ereignissen gegen seinen Willen in Gang gesetzt werden. Deshalb wendet sich der Präsident direkt an den Vorsitzenden Chruschtschow und bittet ihn um Hilfe bei der Lösung des Konflikts. Wenn die Situation noch länger andauert, ist der Präsident nicht sicher, ob das Militär ihn nicht stürzen und die Macht übernehmen wird.‹«[80]

80 Zitiert nach: James W. Douglas, JFK and the Unspeakable – why he died and why it matters, New York 2008, S. 27

Aufgrund dieser dramatischen Erfahrung während der Kubakrise fasste Kennedy den Entschluss, den Kalten Krieg durch eine diplomatische Initiative zu beenden, was er in seiner bemerkenswerten Rede am 10. Juni 1963 an der Amerikanischen Universität zum Ausdruck brachte.[81]

Allerdings agierte Kennedy hierbei aus der Position des Staates. Doch der Staat spielt in den USA traditionell eine untergeordnete Rolle. Entscheidend ist in den Vereinigten Staaten der Einfluss mächtiger Interessengruppen,[82] die letztlich auf eine Gruppe von sehr reichen Einzelpersonen und Familien zurückgeführt werden können.[83] Doch gerade weil das politische System der USA eine widersprüchliche Hybride zwischen einer Republik und einer Oligarchie darstellt, übte die bloße Existenz einer sozialistischen Allianz von Staaten enormen Druck auf die USA aus. Der prekäre Kompromiss zwischen Republik und Oligarchie, wobei sich die Oligarchie aber aus Rücksicht auf die republikanische Ordnung der USA nur indirekt zeigen kann, wurde bereits 1956 von C. Wright Mills beschrieben, womit er die heutigen Diskussionen über die Existenz eines Tiefen Staates vorwegnahm.[84] Solange die von Moskau angeführte sozialistische Allianz bestand, konnten die Länder Lateinamerikas, Afrikas und Asiens ihren kolonialen Status abschütteln, ja hatten nach ihrer erreichten Unabhängigkeit sogar außenpolitische Spielräume. Unter diesen Bedingungen konnte ein westlicher Imperialismus nur noch verdeckt ausgeführt werden, sah sich mitunter sogar gezwungen, den ehemaligen Kolonien attraktive Entwicklungsangebote zu machen, da nur so der Übertritt weiterer Staaten zum sowjetischen Lager verhindert werden konnte.

Kennedy hatte hieraus die Konsequenz gezogen und wollte den Traum einer angelsächsischen Weltherrschaft an sich beerdigen und die USA von der Akzeptanz einer postimperialen Weltordnung überzeugen. So heißt es in seiner berühmten Rede vor der Amerikanischen Universität: »Von welcher Art Frieden spreche ich? Welche Art Frieden streben wir an? Es geht hier nicht um eine Pax Americana, die der Welt durch amerikanische Kriegswaffen aufgezwungen wird. [...] Ich spreche nicht nur von Frieden für Amerikaner,

81 John F. Kennedy, American University Commencement Address – German, Washington, D.C. 10. Juni 1963 https://www.jfklibrary.org/de/node/11881 (zuletzt abgerufen am 20. Mai 2024)

82 Vgl.: C. Wright Mills, The Power Elites, Oxford University Press, New York 1959

83 Wolfgang Effenberg, Die unterschätzte Macht – Von Geo- bis Biopolitik – Plutokraten transformieren die Welt. Landau 2022

84 C. Wright Mills, The Power Elite, Oxford 1956

sondern von Frieden für alle Männer und Frauen. Auch geht es nicht nur darum, dass in unserer Zeit Frieden herrscht, sondern für alle Zeiten.«[85]

Doch die amerikanischen Eliten waren weit davon entfernt, sowohl die Existenz einer sozialistischen Allianz noch überhaupt Grenzen amerikanisch-angelsächsischer Macht zu akzeptieren. Denn ein solcher Kompromiss hätte nicht nur außenpolitische Konsequenzen gehabt. Auch innenpolitisch hätte er jene gestärkt, die sich wie Kennedy für eine Orientierung an den demokratischen, republikanischen Grundlagen des Landes einsetzten. Und so setzte Kennedys Ermordung seinen Friedensbemühungen ein jähes Ende. Die späteren Attentate an Robert Kennedy, Martin Luther King und Malcom X richteten sich gegen das fortschrittlich denkende Amerika. Die Welt entging dennoch zunächst dem großen Krieg, da die sowjetische Nuklearrüstung inzwischen ein Niveau erreicht hatte, das einen Angriffskrieg der USA nicht länger erlaubte. Doch die grundsätzliche Haltung der amerikanischen Eliten gegenüber der Sowjetunion hatte sich nicht geändert und wartete nur auf eine nächste Gelegenheit.

5.2 Die Sowjetunion und der nationale Mythos der USA

Es waren nicht nur die geopolitischen Strategen oder die Klasse der Superreichen, die die Sowjetunion als Hindernis ansahen. Auch viele amerikanische Intellektuelle und Kulturschaffende kamen zu dem Schluss, dass die bloße Existenz der Sowjetunion unverträglich mit dem Selbstbild der USA war.

Um diese tief sitzende Angst zahlreicher amerikanischer Intellektueller vor dem Kommunismus zu verstehen, muss man sich erneut den nationalen Mythos der USA vergegenwärtigen. Die Vereinigten Staaten wurden als ein liberaler Staat gegründet, der die Freiheitsrechte des Einzelnen zum Ausgangspunkt und Ziel des politischen Systems erhebt. Doch die sich daraus ableitende Struktur des politischen Systems ist ambivalent. Es impliziert auch eine Öffnung für private Interessen, die, anders als in Europa, weder durch Adel, Klerus, Zünfte, und nur im geringen Maße durch

85 John F. Kennedy, American University Commencement Address – German, Washington, D.C. 10. Juni 1963 https://www.jfklibrary.org/de/node/11881 (zuletzt abgerufen am 03. August 2024)

Gewerkschaften oder überhaupt Traditionen begrenzt werden. Aufgrund dessen ist die Vermischung von Privat- und Staatsinteressen ein fester Bestandteil der politischen Kultur der USA, die sich deshalb auch wie ein roter Faden durch die Geschichte des Landes zieht. Selbst die Zentralbank der USA, die Federal Reserve, ist eine private Institution, die vom Staat lediglich beaufsichtigt wird.[86]

Diese dem Land innewohnende Überlappung von privaten und staatlichen Interessen führt dazu, dass Reichtum in den USA schneller als in anderen Ländern mit politischer Macht einhergeht. Die Beeinflussbarkeit der amerikanischen Politik durch Geld und gesellschaftliche Netzwerke stellt für jene, die sowohl über die Kontakte als auch das Geld verfügen, ein Freiheitsmoment dar. In keinem anderen Land der Welt kann gesellschaftlicher Erfolg so schnell in politische Macht übersetzt werden wie in den Vereinigten Staaten. Und dies bedeutet, dass die subjektiven Vorlieben einer gesellschaftlichen Klasse oder einer kleinen Gruppe sehr reicher Menschen die amerikanische Politik viel leichter beeinflussen und prägen kann, als dies in anderen Ländern der Fall ist. Die in den USA so oft beschworene Freiheit ist vor allem die Freiheit der Wohlhabenden und gut Vernetzten. Oder, wie dem Autor einmal aus dem Munde eines Amerikaners mitgeteilt wurde: »The US is not a country, it's a countryclub.« Mit anderen Worten, man genießt die Freiheit, solange man Mitglied des Klubs ist. Und die Mitgliedschaft im Klub ist neben Geld auch daran gebunden, dass man sich den nationalen Mythos der USA zu eigen macht und an diesen glaubt.

Dies führt zu dem Paradox, dass die USA auf der einen Seite das Land des Individualismus sind, in dem eine gut vernetzte Einzelperson so weit kommen kann wie in fast keinem anderen Land der Welt; während auf der anderen Seite auch ein amerikanischer Kollektivismus existiert, der die Unterordnung unter einen kollektiven amerikanischen Glauben verlangt und somit viel grundlegender ist als die eher traditionellen Zwänge in den europäischen Gesellschaften. Dieses Ineinander von Individualismus und Kollektivismus hat Jean Paul Sartre einmal an der New Yorker Stadtplanung illustriert:

86 Paul Schreyer, Wer regiert das Geld – Banken, Demokratie und Täuschung, München 2018, S. 184

»Dieses Schachbrett ist New York: die Straßen gleichen sich derart, daß man ihnen keine Namen gegeben, sondern sich darauf beschränkt hat, ihnen wie Soldaten Kennnummern zuzuweisen. Hebt man jedoch die Nase, so ist plötzlich alles anders: Vertikal gesehen stellt New York den Triumph des Individualismus dar. Die Gebäude entziehen sich nach oben jeder städteplanerischen Regelung, sie haben siebenundzwanzig, fünfundfünfzig, hundert Stockwerke, sind grau, braun, weiß, maurisch, mittelalterlich, im Renaissancestil, modern. […] So kam mir der amerikanische Individualismus anfänglich wie eine dritte Dimension vor. Er steht keineswegs im Gegensatz zum Konformismus, sondern setzt ihn voraus […]«[87]

Vor diesem Hintergrund wird nachvollziehbar, warum der kurze Einfluss von aus Europa stammenden kommunistischen Ideen in den 1930er Jahren eine starke Gegenreaktion hervorrief. Eine politische Philosophie, die das Eigentum abschaffte und damit auch die Macht der Oligarchie ausschaltete, stellte in der Tat das Gegenmodell zu dem dar, was die USA als politisches Projekt verkörperten. Hinzu kam noch, dass die Erfolge der UdSSR zwei weitere zentrale Inhalte des amerikanischen Mythos bedrohten, nämlich einerseits die Idee des Exzeptionalismus der USA und andererseits die Idee eines Manifest Destiny. Nach diesen beiden Mythen waren die USA als Ausnahme unter den Nationen berufen, die Welt zu führen. Doch die bloße Existenz der Sowjetunion und ihrer osteuropäischen Verbündeten, zu denen ab 1949 sogar noch eine sozialistische Volksrepublik China hinzutrat, begann dieses Selbstverständnis zu bedrohen. Denn auch der Kommunismus nahm für sich eine offenkundige Bestimmung in Anspruch und auch die Sowjetunion war ein außergewöhnliches Land. Da es nur eine auserwählte Nation geben konnte, schränkte die bloße Existenz der Sowjetunion den amerikanischen Mythos ein, entzauberte und bedrohte ihn.

Zwar war die Attraktivität von Sozialismus und Kommunismus in den USA nie sehr groß und hatte nach dem Zweiten Weltkrieg ihren Zenit überschritten und wurde spätestens in der McCarthy-Ära an den Rand gedrängt. Doch ganz anders verhielt es sich in Europa, wo der Einfluss

87 Jean-Paul Sartre, Individualismus und Konformismus in den Vereinigten Staaten, in: Situationen – Essays, Hamburg 1965, S. 227

sozialistischer und kommunistischer Ideen viel weiter verbreitet war und über eine ganz andere Basis sowohl in der Gesellschaft als auch in der Geistesgeschichte verfügte. Für viele amerikanische Intellektuelle stand durch den Aufstieg des Sozialismus der Kern der amerikanischen Identität auf dem Spiel. In ihren Augen waren die USA die Verkörperung der Freiheit, weil hier Einzelne durch Geld und Kontakte ungehinderten Einfluss auf die Politik nehmen konnten. Dies hatte nicht nur Vorteile für die Reichen und Superreichen. Auch Kulturschaffende, die sich am Freiheitsmythos der USA orientierten und über die richtigen Kontakte verfügten, konnten auf diese Weise schnell eine stabile und abgesicherte Position in der amerikanischen Gesellschaft erlangen. Alles, was dafür erforderlich war, war lediglich ein Bekenntnis zum Exzeptionalismus der USA. Der in der Welt vorherrschende Trend zu einer sozial gerechten Gesellschaft bedrohte diese Lebensform.

Dies wird auch anhand einer Briefnotiz deutlich, die die Schriftstellerin Mary McCarthy 1952 anlässlich einer Klausurtagung des »American Committee for Cultural Freedom« (ACCF) an ihre Freundin Hannah Arendt schrieb. Das ACCF war der amerikanische Ableger des »Congress for Cultural Freedom« (CCF) und wie dieser zur Organisation des kulturellen Kalten Krieges gegründet worden. Er bestand aus einer Vielzahl an Intellektuellen und Kulturschaffenden, von denen einige mit dem CIA zusammenarbeiteten. Das »American Committee for Cultural Freedom« wurde von dem Philosophen Sidney Hook geleitet, der den Kampf gegen den Kommunismus zu seiner persönlichen Lebensaufgabe gemacht hatte. In einem Brief beschreibt Mary McCarthy nun die Mentalität dieses Zirkels aus Schriftstellern, Philosophen, Wissenschaftlern, Publizisten und CIA-Agenten:

> »Sie haben eine Heidenangst davor, dass die Verhältnisse der dreißiger Jahre wiederaufleben, als die (linken) Mitläufer in Schulen, Verlagen, am Theater etc. Einfluss hatten, als der Stalinismus der große Kuchen war und diese Leute nichts davon abbekamen, sondern gesellschaftliche Kränkungen, kleinere wirtschaftliche Nachteile, Klatsch und Lästerung ertragen mussten. Solche Leute, die vor allem am Erfolg interessiert sind, denken im Sinne von Seilschaften und kulturellen Monopolen und wurden durch das kurze stalinistische Intermezzo der dreißiger Jahre

wirklich traumatisiert … In ihren Träumen kehrt diese Episode unablässig zurück; sie ist wirklicher als das Heute.«[88]

Zusätzlich befeuert wurden diese Ängste durch einen bloßen Blick auf die Landkarte. Bereits die Briten hatten den eurasischen Kontinent als den wichtigsten der Welt eingestuft und die Amerikaner waren ihnen darin gefolgt. Infolge des Zweiten Weltkrieges war der sowjetische Einfluss bis ins Zentrum Europas vorgedrungen. Nach Maos Sieg im chinesischen Bürgerkrieg war nun auch noch das bevölkerungsreichste Land der Welt sozialistisch geworden. Damit war auf dem wichtigsten Kontinent der Welt, mit den meisten Rohstoffen und den mit Abstand meisten Menschen, eine sozialistische Allianz entstanden, die von Schanghai bis zur Elbe reichte. Diese Tatsache löste Schockwellen in Washington aus. Sowohl die reichen Familien der USA als auch die am Freiheitsmythos orientierte intellektuelle Elite des Landes konnte sich nicht damit abfinden, dass von der Pazifikküste bis ins Herz Europas ein riesiger geographischer Raum entstanden war, in dem der Macht des Geldes Grenzen gesetzt waren, in dem Oligarchen und ihre Kofferträger keinen Einfluss mehr auf die Politik nehmen konnten, ja sogar als Klasse nicht einmal mehr existierten. Ihre eigene privilegierte Stellung hing davon ab, dass dies nicht Schule machen würde, weshalb die Bekämpfung der Sowjetunion zum wichtigsten Inhalt der amerikanischen Politik wurde.

5.3 Die Schwäche des Liberalismus am Beginn des Kalten Krieges

Ein weiterer Faktor, der in den späten 1940er- und 1950er Jahren die Angst vor dem Sozialismus und Kommunismus zusätzlich befeuerte, war die damalige Schwäche des Liberalismus. Der Liberalismus war nach dem Zweiten Weltkrieg stark diskreditiert, wozu zuvor bereits die Weltwirtschaftskrise und der Erste Weltkrieg beigetragen hatten. Doch je attraktiver sozialistische und kommunistische Konzepte wurden, desto mächtiger wurden auch rechte Gegenkräfte, die für eine Rückkehr zur Monarchie, eine Ständeordnung

88 Zitiert nach: Frances Stonor Saunders, Wer die Zeche zahlt … – Die CIA und die Kultur im Kalten Krieg, Berlin 2001, S. 188

oder sogar für eine faschistische Regierungsform eintraten. Der Liberalismus geriet nach dem Ersten Weltkrieg zunächst von links, aber dann als Gegenreaktion auch von rechts unter Druck.[89] Weil nach der Niederschlagung des Faschismus das Pendel erneut nach links kippte, entstand im Kreis um den Sozialphilosophen Sidney Hook die Sorge, der Liberalismus könnte dauerhaft gegenüber dem Sozialismus in die Defensive geraten. Dies wiederum hätte die Entfaltungsmöglichkeiten der USA in der Welt drastisch eingeschränkt.

Die Krise des Liberalismus rührte auch daher, dass er vom späten 19. Jahrhundert bis zur Weltwirtschaftskrise von 1929 bereits sehr dominant gewesen war und insbesondere die Wirtschaftspolitik dominiert hatte. Heute ist weitgehend vergessen, dass es auch in der zweiten Hälfte des 19. Jahrhunderts eine von Großbritannien angeführte, auf Freihandel beruhende Globalisierung gegeben hat. Dass der Freihandel nicht zu einem allgemeinen Wohlstandszuwachs geführt hatte, davon zeugt auch die deflationäre Wirtschaftskrise von 1873 bis 1890. Dennoch wurde in dieser Periode der internationale Handel enorm ausgeweitet,[90] so stark, dass er 1913 ein Volumen erreichte hatte, das erst 1973 wieder erreicht werden sollte.[91]

Der Erste Weltkrieg unterbrach den Freihandel zunächst. Dennoch sind die gesamten 1920er Jahre von Versuchen bestimmt, ihn wiederherzustellen, was allerdings aufgrund der während des Ersten Weltkrieges aufgebauten Verschuldung nur bedingt gelang bzw. zu einer Ausweitung des Finanzsektors führte, die dann 1929 in den großen Börsencrash einmündete. Viele Intellektuelle in Europa machten den Liberalismus sowohl für den Ersten Weltkrieg, die Fehler des Versailler Friedensvertrages, die Weltwirtschaftskrise von 1929 und letztlich auch für den Aufstieg des Faschismus und den Zweiten Weltkrieg verantwortlich. Horkheimers Worte: »Wer aber vom Kapitalismus nicht reden will, sollte auch vom Faschismus schweigen«,[92] drücken etwas von der Stimmung jener Zeit aus. Der Liberalismus wurde in den 1940er

89 Eric Hobwbawn, Das Zeitalter der Extreme – Weltgeschichte des 20. Jahrhunderts, München 1998, S. 143ff.

90 Center for Economic Policy Research, https://cepr.org/voxeu/columns/world-trade-historical-database, (zuletzt abgerufen am 3. August 2024)

91 Our World in Data, https://ourworldindata.org/trade-and-globalization, (zuletzt abgerufen am 3. August 2024

92 Max Horkheimer, Die Juden und Europa. In: Studies in Philosophy and Social Science. Band 8, New York 1939, S. 115

Jahren weniger mit Bürger- und Freiheitsrechten als mit kapitalistischen Krisentendenzen assoziiert und entsprechend als eine abgewirtschaftete und überholte Ideologie betrachtet. Seit dem Ersten Weltkrieg war von Jahrzehnt zu Jahrzehnt immer sichtbarer geworden, dass die besitzende Klasse von Partikularinteressen geleitet war, die lediglich mit der Ideologie des Liberalismus ummäntelt wurden. Gerieten allerdings die Eigentumsverhältnisse der herrschenden Klasse angesichts einer erstarkenden sozialistischen Opposition ernsthaft in Gefahr, so schlug die liberale Ideologie schnell in eine autoritäre und nationalistische Politik um. Entsprechend wurde der Faschismus als eine extreme Erscheinungsform des Liberalismus gewertet. Von Pablo Picasso bis Albert Einstein sympathisierte deshalb eine Vielzahl der Intellektuellen, Schriftsteller, Künstler und Wissenschaftler der frühen Nachkriegszeit mit dem Sozialismus, der im Gegensatz zum Liberalismus frisch und neu wirkte. Hinzu kam der beeindruckende Organisationsgrad der italienischen und französischen Kommunisten und Sozialisten, die einen natürlichen Ansprechpartner für die Sowjetunion darstellten.

Darüber hinaus existierte vom Ersten Weltkrieg bis weit in die Mitte des Kalten Krieges hinein eine intellektuelle Hegemonie linker Theoretiker. Die Methode Hegels und Marx', die gelegentlich noch um die Analysewerkzeuge Sigmund Freuds ergänzt wurde, hatte eine enorme Kreativität freigesetzt. Die Geisteswissenschaften sahen sich durch sie in die Lage versetzt, gesellschaftliche Prozesse zu analysieren, die einem wissenschaftlichen Verständnis zuvor nicht zugänglich gewesen waren. So war die erste Hälfte des 20. Jahrhunderts davon geprägt, dass linke Theoretiker, wenn es darum ging, die Erscheinungsformen der Moderne theoretisch zu erfassen und den historischen Prozess zu interpretieren, ihre liberalen und konservativen Kollegen weit hinter sich ließen. Noch in den 1970er Jahren waren praktisch alle Geisteswissenschaften von der Kunstgeschichte über die Literatur-, bis zur Musik- und Religionswissenschaft von Theorien beeinflusst, die wiederum auf die hegelianisch-marxistische-psychoanalytische Traditionslinie zurückgingen. Zudem war der größte Teil der Kulturkritik und Essayistik von linken Perspektiven und Wertmaßstäben bestimmt.

Aus Sicht der USA waren dies denkbar schlechte Ausgangsbedingungen für einen ideologischen Wettstreit mit der Sowjetunion auf europäischem Boden. Hinzu kam noch, dass die USA im Zuge ihrer militärischen Präsenz in Westeuropa allmählich begriffen, dass die Idee einer sozial gerechten Gesellschaft tief im Bewusstsein der Europäer verankert war, ja, dass die europäischen Gesellschaften im Grunde genommen einerseits halbsozialistische und andererseits halbkonservative Gesellschaften waren. Die gesellschaftlichen Debatten verliefen auf dem gesamten europäischen Kontinent zwischen dem sozialistischen und dem konservativen Pol, ein Sachverhalt, dem der italienische Schriftsteller Giovannino Guareschi in seinen später verfilmten Romanen über Don Camillo und Peppone ein Denkmal gesetzt hat.

Der in den USA allgegenwärtige Liberalismus hingegen spielte in Europa mit Ausnahme Großbritanniens nur eine untergeordnete Rolle. Dies war für die USA in zweifacher Hinsicht ein Problem. Einerseits erschwerte es die Führung des Kalten Krieges und andererseits war Europa in der Mitte des 20. Jahrhunderts immer noch das kulturelle Zentrum der Welt. Ein Trend, der in Europa vorherrschend war, war in gewisser Weise global vorherrschend. Die USA sahen sich vor die Aufgabe gestellt, einerseits den Trend zu einer sozial gerechten Gesellschaftsordnung irgendwie zu brechen und andererseits das Europa von Don Camillo und Peppone umzudrehen, ja den in Europa als fremd empfundenen Liberalismus doch irgendwie in den Denkgewohnheiten der Europäer zu verankern. Gelänge dies nicht, so würden die USA entweder von Europa als auch der übrigen Welt isoliert werden oder aber die politische Ordnung Europas würde auf die USA übertragen werden, eine Möglichkeit, die bereits einmal in der Politik Franklin D. Roosevelts Gestalt angenommen hatte.

Wie real allerdings die Gefahr einer fortschreitenden Isolierung der USA war, zeigten auch die antikolonialen Befreiungsbewegungen in Asien, Afrika und Lateinamerika, die in sozialistischen oder kommunistischen Konzepten eine Blaupause für ihren Befreiungskampf sahen. Denn überall in der Welt waren die Kulturen deutlich älter als der Kapitalismus, was letztlich bedeutete, dass sie von vorkapitalistischen Vergesellschaftungsformen und Werten geprägt waren. Diese wirkten nun auch in der kapitalistischen Epoche fort und bildeten den Boden für den Erfolg von sozialen Bewegungen, Gewerkschaften und überhaupt einer sozialistischen Weltsicht. Lediglich die USA waren mittels einer liberalen Verfassung zusammen mit dem Kapitalismus gegründet worden und bildeten zumindest in dieser Hinsicht die Ausnahme unter den Völkern der Welt.

Doch aus Sicht des amerikanischen Kapitals war diese Sonderrolle der USA gefährdet. Hatte doch die Amtszeit von Franklin D. Roosevelt gezeigt, wie stark europäische Einflüsse die USA selbst zu prägen vermochten. Viele Vermögende sahen die Quelle von Roosevelts New Deal nicht primär innerhalb, sondern außerhalb des Landes, nämlich in Europa, von wo aus das Ideal sozialer Gerechtigkeit in die Vereinigten Staaten gelangt war. In Washington griff deshalb die Sorge um sich, dass der kulturelle Entwicklungstrend der Zeit einer kapitalistischen Ordnung generell entgegenstehen könnte. Um nicht in der Welt ideologisch isoliert zu werden, musste Washington Wege finden, den herrschenden Trend umzukehren, ja in gewisser Weise eine Welt – die sich so drastisch von den USA unterschied – an sich anzupassen.

Diesen Problemen konnte allerdings nicht mit weiterer Aufrüstung begegnet werden. Auch die Konsumkultur und das Wohlstandsversprechen der Nachkriegszeit konnten nur teilweise die intellektuelle und kulturelle Hegemonie der traditionellen Linken brechen. Die Methoden McCarthys erwiesen sich als kontraproduktiv, insofern sie der sowjetischen Propaganda in die Hände spielten. Und so kam man bereits in den frühen 1950er Jahren in Washington zu dem Schluss, dass nur zwei Möglichkeiten bestanden, das Problem zu lösen. Entweder würde man möglichst schnell die militärische und wirtschaftliche Überlegenheit der USA nutzen, um das Problem militärisch zu lösen. Oder es wäre notwendig, eine umfassende kulturpolitische Offensive einzuleiten, die tiefer ansetzen müsste als bloße Propaganda und die tatsächlich in der Lage wäre, den vorherrschenden Trend hin zu einer gerechten Gesellschaft umzukehren.

5.4 Der Kalte Krieg als Kulturkampf

Mit dem Schwinden der militärischen Option wurde die psychologische Kriegsführung wichtiger. Im Grunde genommen war diese Strategie schon seit dem Beginn des Kalten Krieges verfolgt worden, blieb aber nach der Kubakrise die einzige realistische Möglichkeit, die Sowjetunion als geopolitischen Akteur zu schwächen oder auszuschalten. Dazu war es notwendig, eine umfassende kulturpolitische Offensive einzuleiten, die in der Lage sein musste, die kulturelle Entwicklung der Welt, die direkt nach dem Zweiten Weltkrieg die Sowjetunion begünstigte, erneut auf die USA auszurichten.

Heute assoziiert man den Kalten Krieg entweder mit dem militärischen Wettrüsten und dessen wirtschaftspolitischen Implikationen oder aber mit wilden Spionagegeschichten, die in verschiedenen Filmen verarbeitet wurden. Tatsächlich war die entscheidende Ebene des Kalten Krieges jedoch die kulturpolitische Auseinandersetzung. Die Berliner Mauer ist nicht aufgrund der Überlegenheit der westlichen Waffensysteme eingestürzt. Zwar spielte das wirtschaftliche Übergewicht des Westens gegenüber dem Osten hierbei eine Rolle. Doch auch sein Einfluss wird in der Regel überschätzt. Letztlich war es die psychologische und kulturelle Anziehungskraft des Westens, also letztlich Rockmusik, Jeans und westliche Filme, die die Mauer zum Einsturz brachten.

Weil das ökonomische Argument aber immer wieder vorgebracht wird, soll hier kurz darauf eingegangen werden. Zunächst wird bei diesem Argument vergessen, dass die sozialistischen Gesellschaften ebenfalls einen Wohlstandszuwachs zu verzeichnen hatten, der gemessen an den deutlich niedrigeren Ausgangsbedingungen durchaus beeindruckend war. Im Jahr der Oktoberrevolution war Russland zu großen Teilen ein von Analphabeten bewohnter Agrarstaat.[93] Doch 40 Jahre Jahr später, im Jahr 1957, schickte die Sowjetunion den ersten Satelliten der Menschheit ins Weltall. Die wirtschaftliche Entwicklung zwischen diesen beiden Daten war enorm, zumal die Sowjetunion in dieser Zeit noch einen Weltkrieg gewann, der just den bevölkerungsreichsten Teil des Landes verwüstete. Natürlich darf hierbei nicht unerwähnt bleiben, dass diese enorme Entwicklung auch durch den Einsatz von Zwangsarbeitern möglich wurde, für die man insbesondere in der Regierungszeit Stalins politische Häftlinge heranzog. Dennoch wäre es zu einfach, die wirtschaftliche Entwicklung der Sowjetunion nur darauf zurückzuführen.

Das Entwicklungstempo der Sowjetunion war trotz allem erstaunlich, besonders wenn man berücksichtigt, dass zudem noch große Teile Sibiriens und Zentralasiens industrialisiert wurden, der wissenschaftliche Rückstand gegenüber dem Westen eingeholt und Millionen Menschen, deren Eltern noch als Bauern gelebt hatten, zu einer Universitätsausbildung verholfen

93 Im europäischen Teil Russlands konnte seinerzeit knapp die Hälfte der Bevölkerung lesen und schreiben, aufs ganze Land übertragen waren es nur ca. 25 bis 30 Prozent. https://de.rbth.com/geschichte/82640-bolschewiken-russen-lesen-schreiben (zuletzt abgerufen am 3. August 2024)

wurde. Wie im Westen erlebte auch die nach dem Zweiten Weltkrieg in der Sowjetunion aufwachsende Generation eine Art Fahrstuhleffekt und fand sich in Berufen und Lebensverhältnissen wieder, die für ihre Eltern noch nicht vorstellbar waren. Daran änderte auch die Wirtschaftskrise am Ende der 1980er Jahre nichts. Denn viele Staaten durchleben Wirtschaftskrisen, ohne dass deshalb gleich ihr politisches System in Frage gestellt wird.

Auch das häufig zu hörende Argument, die Sowjetunion sei pleite gewesen, trifft nicht zu. Erstens war die Schuldenlast der UdSSR im internationalen Maßstab äußerst gering.[94] Und zweitens verfügte die Sowjetunion über eine weitgehend autarke Wirtschaft, die fast alles selbst produzierte und zudem noch über eine eigene Rohstoffbasis verfügte. In Anbetracht der militärischen Stärke der Sowjetunion hätte die Rückzahlung an Schulden auch einfach verweigert werden können. Damit die Sowjetunion hätte pleitegehen können, hätte sie militärisch schwach sowie von den Produkten anderer Länder abhängig sein müssen. Beides war aber nicht bzw. lediglich im geringen Maße der Fall.

Sicherlich war die Sowjetunion in den 1980er Jahren unter wirtschaftlichen Druck geraten. Die Wirtschaft war für eine von oben exekutierte Planung zu komplex geworden und das Konzept einer geplanten Wirtschaft bedurfte einer Reform. Hinzu kam, dass der Primat der Politik im sowjetischen System die Neuerrichtung von Produktionsanlagen gegenüber der Modernisierung vorhandener Fabrikanlagen bevorzugte, wodurch eine Wirtschaft entstanden war, die in vielen Bereichen einen Modernisierungsrückstand aufwies. Während Politiker mit neu errichteten Fabriken ihr politisches Ansehen vergrößerten, verfielen die vor 20 Jahren errichteten Kombinate. Hinzu kam, dass die Arbeitsplatzgarantie und die Definition des Volkseigentums Korruption und Schlendrian begünstigten, was zur Ressourcenverschwendung führte. Auch waren die sozialistischen Fabriken nicht eins zu eins mit den westlichen Fabriken vergleichbar, da sie soziale Einrichtungen darstellten und von der Gesundheitsversorgung bis zum Kindergarten quasi staatliche Aufgaben wahrnahmen. Durch die Existenz von zwei Bürokratien, die der Regierung und die der Parteiführung, wurde Verantwortung hin und her geschoben, was

94 Popov, Vladimir: Prices, Labor Market, Finance, Credit, External Economic Relations in CPE. Was Soviet Economy a Planned One? https://carleton.ca/vpopov/wp-content/uploads/Prices-labor-market-finance-credit.pdf (zuletzt abgerufen am 3. August 2024)

letztlich zu einem System der organisierten Verantwortungslosigkeit führte. Schließlich hatte die Explosion des Atomkraftwerks Tschernobyl und die dadurch notwendig gewordenen Rettungsmaßnahmen den zwölften Fünfjahresplan der UdSSR von 1985 bis 1990 durcheinandergebracht. Hinzu kamen noch die Belastungen durch den seit 1979 andauernden Krieg der Sowjetunion in Afghanistan. Zu guter Letzt führte noch der Verfall des Ölpreises zu einem Mangel an Devisen. All dies waren sicherlich ernst zu nehmende wirtschaftliche Probleme, die sich zudem noch kumulativ zuspitzten. Doch keines dieser Probleme verlangte zwingend die Übernahme des Kapitalismus, keines erforderte die Entstehung einer oligarchischen Klasse oder die Öffnung des Landes für das globale Finanzkapital. Sehr wahrscheinlich wären all diese Probleme innerhalb einer sozialistischen Ordnung weit besser lösbar gewesen als in der später durchgeführten Schocktherapie.

Es existierten keine wirtschaftlichen Zwänge, die die Aufgabe des Sozialismus erforderlich gemacht hätten. Die eigentliche Ursache für den Mauerfall lag vielmehr darin begründet, dass es dem Westen im Verlauf des Kalten Krieges gelungen war, eine kulturelle Hegemonie herzustellen. Praktisch bedeutete dies, dass die Kulturentwicklung im Westen auch für den Osten zum Maßstab wurde. Es gelang dem Westen allmählich, die Erwartungen der östlichen Gesellschaften zu beeinflussen, ja Einfluss auf deren Sehnsüchte und Imaginationen zu gewinnen, ohne je in die Erfüllungspflicht genommen zu werden. Neben der im Westen gedruckten und in die Sowjetunion geschmuggelten Tamisdat-Literatur sowie von Grenzländern aus verbreiteten Radioprogrammen, spielten vor allem die ästhetisch ausgefeilten Produkte des Westens eine entscheidende Rolle. Da sie in einer von Konkurrenz getriebenen Marktwirtschaft entstanden waren, waren sie anders als die in einer Planwirtschaft hergestellten Analoga daraufhin ausgelegt, die Sehnsüchte der Kunden ansprechen und eine Kaufentscheidung herbeizuführen. Man könnte sagen, die im Kapitalismus entstandenen Produkte hatten nicht nur eine praktische Funktion, sondern waren darüber hinaus auch für die Werbung gebaut, was ihnen eine besondere Aura gab. Gelangten sie in die sozialistischen Länder, so hoben sie sich deutlich von den funktionalen Produkten der Planwirtschaft ab und transportierten die unbewusste Botschaft, der Westen würde das Zentrum der Welt darstellen. So war es in der Sowjetunion der 1980er Jahre möglich, im Tausch gegen zwei japanische Doppelkassettendecks ein Auto zu erwerben.

Über die Jahrzehnte durchdrang dieser Einfluss die Gesellschaft der Sowjetunion auf mehreren Ebenen und erzeugte ein idealisiertes Phantasiebild vom Westen, das umso authentischer wirkte, je weniger Menschen sich noch an die durchaus harschen Realitäten eines kapitalistischen Systems erinnern konnten. Dass nur eine geringe Zahl der sowjetischen Bürger in den Westen reisen konnte, trug weiter dazu bei, dass alles Westliche wie eine Fata Morgana erschien. Dies führte zu der Vorstellung, dass die westliche Welt die wirkliche Welt sei, während der Sozialismus nur eine schlechte Kopie darstelle. Die in sozialistischen Medien übliche Negativdarstellung des Kapitalismus wurde daher immer häufiger als sozialistische Propaganda eingestuft, die man getrost ignorieren könne. Die Vorstellung setzte sich durch, dass man beides haben könne, sowohl die sozialen Sicherheiten des Sozialismus als auch die schillernden Produkte und individualistischen Freiheiten einer von Konkurrenz beherrschten Marktwirtschaft. Schließlich wurden sogar Teile der politischen Elite der UdSSR von diesem Trugbild beeinflusst und initiierten einen umfassenden und äußerst riskanten Umbau des Systems (Perestroika), der zugleich mit einer Rücknahme der Zensur (Glasnost) einherging. Mit Glasnost versuchte Gorbatschow, dem Ideal der westlichen Pressefreiheit nachzueifern, wobei er über keine wirkliche Kenntnis der eigentlichen Funktionsweise der westlichen Öffentlichkeit verfügte und naiv annahm, im Westen gäbe es tatsächlich eine uneingeschränkte Pressefreiheit. Dabei hätte ihm bereits im Jahr 1988 die gerade erschienene Analyse von Noam Chomsky und Edward S. Herman »Manufacturing Consent«[95] eines Besseren belehren können. Doch Gorbatschow sah den Westen aus einer idealisierten Perspektive und hatte zugleich alles verdrängt, was Sozialisten einst über den Kapitalismus wussten. Da das unausgesprochene Ziel der Perestroika in einer Nachahmung des Westens bestand, konnte dieser Prozess nur zum Verlust des eigenen Standpunkts und somit zur Preisgabe des sozialistischen Systems führen.

Der Sozialismus konnte sich weder erhalten noch reformieren, weil die sozialistische Elite in der Sowjetunion den Glauben an die Bedeutung ihres eigenen historischen Projekts verloren hatte. Besonders deutlich wird dies

95 Noam Chomsky, Edward S. Herman, Manufacturing Consent: The Political Economy of the Mass Media, Pantheon Books, New York 1988

in der Kitchen-Debatte. Sie bezeichnet ein Streitgespräch über den Gegensatz von Sozialismus und Kapitalismus, das Nikita Chruschtschow 1959 auf einer Küchenausstellung in Moskau mit dem späteren US-Präsidenten Richard Nixon führte.[96] Während die sowjetische Elite damals noch Selbstbewusstsein und positive Zukunftserwartungen offen zum Ausdruck brachte, war sie nur 25 später von einer heimlichen Bewunderung gegenüber dem Westen erfüllt.

Aus westlicher Sicht bedeutete dieser Verlust an Selbstbewusstsein und die daraus hervorgegangene Selbstabwicklung des Sozialismus, dass die westliche Offensive im Bereich der Kulturpolitik erfolgreich gewesen war. Was also in den frühen 1950er Jahren als eine kulturpolitische Offensive begonnen hatte – geboren aus der Angst vor der kulturellen Hegemonie der Arbeiterbewegung und dem enormen Potenzial des sozialistischen Weltsystems – begann vierzig Jahre später Früchte zu tragen und führte tatsächlich zu einer Situation, in der der einst diskreditierte Liberalismus wieder als die natürliche Ordnung empfunden wurde, der man sogar im Sozialismus heimlich nacheiferte. Das Ende des Kalten Krieges ist durch eine sehr geschickte westliche kulturpolitische Offensive bewirkt und ausgelöst worden.

5.5 Wie der »Sieg« im Kalten Krieg in eine Niederlage umschlug

Als die Kulturpolitik der USA im Kalten Krieg in den 1950er Jahren entworfen und strukturiert wurde, war alles andere als klar, ob sie jemals erfolgreich sein würde. Die eingeschmuggelte Literatur, die Förderung von Dissidenten, die propagierten Narrative sowie viele weitere Einzelmaßnahmen, von denen im Folgenden noch die Rede sein wird, all dies hätte auch wirkungslos verpuffen können. Als diese Maßnahmen schließlich aber tatsächlich zu Resultaten führten, nämlich eine kulturelle Hegemonie herstellten und schließlich sogar das Handeln der Gegenseite beeinflussten, muss dies auf amerikanischer Seite zunächst eine freudige Überraschung und schließlich Triumphgefühle ausgelöst haben. Den USA war es durch geschickte Kulturpolitik gelungen,

96 Nixon, Richard Milhous: The »Kitchen Debate« (July 24, 1959). In: Ders.: Speeches, Writings, Documents. Princeton 2008, S. 88f.

ihrem sozialistischen Rivalen sowohl ein falsches Bild vom Westen als auch von sich selbst zu vermitteln, sodass dieser in der Annahme dieser Bilder einen Prozess der Selbstaufgabe und letztlich Selbstzerstörung einleitete. Nachdem die Sowjetunion zerfallen war, die Ersparnisse der Bevölkerung im Rauch der Inflation aufgegangen waren und sich die Russische Föderation in den Trümmern einer gescheiterten sozialistischen Utopie wiederfand, konnten die USA nicht anders, als einerseits schadenfroh und andererseits angewidert auf den tiefen Fall des einstigen Konkurrenten herabzublicken. Selbst der frühere Respekt, den die USA einst notgedrungen vor ihrem Widersacher empfunden hatten, verkehrte sich nun in offene Verachtung.

Die Haltung der Europäer und insbesondere Deutschlands war in dieser Hinsicht zwar etwas anders. So war Egon Bahr, der Architekt der deutschen Ostpolitik unter Willy Brandt, in den Umbruchsjahren eigens nach Moskau gereist, um die Russen davor zu warnen, zu naive Zugeständnisse zu machen und stattdessen eine gemeinsame Sicherheitsarchitektur unabhängig von der NATO zu erarbeiten.[97] Er prognostizierte richtig, dass eine Aufrechterhaltung der NATO in einen neuen Kalten Krieg einmünden würde. Auch ließ sich Deutschland in den Amtszeiten Kohls und Schröders auf eine enge wirtschaftliche Kooperation ein, die beiden Seiten nützte. Hinzu traten Initiativen wie das Deutsch-Russische Forum oder der Petersburger Dialog, die den Willen der deutschen Gesellschaft nach Aussöhnung und dauerhafter Freundschaft zum Ausdruck brachten. Doch diesen positiven Ansätzen, die ihren Höhepunkt in der Amtszeit Gerhard Schröders fanden, standen auch negative gegenüber. Deutschland beteiligte sich an der Zerschlagung Jugoslawiens und übte in den 1990er Jahren zusammen mit den USA Druck auf Russland aus, wenn es darum ging, Moskau zum Verzicht auf eigene außenpolitische Positionen zu bewegen.

Denn Deutschland besaß in all diesen Jahren zwei Identitäten, es begriff sich sowohl als europäisches als auch als westliches Land. Als europäisches Land strebte es die Aussöhnung mit Russland an und wollte die Lehren aus zwei Weltkriegen und einem Kalten Krieg ziehen; als Vertreter des Westens wirkte es daran mit, Russland aus Europa auszuschließen und die Gräben der Weltkriege und des Kalten Krieges erneut aufzureißen. Und so schwankte es

97 Wladimir Putin, Gastbeitrag: Offen sein, trotz der Vergangenheit, *Die ZEIT*, 22.6.2021

beständig zwischen Kooperation und einer Übernahme des amerikanischen Siegestaumels. Mit dem Amtsantritt Merkels begann die letztere Haltung allmählich zu überwiegen. Nun beteiligte sich die deutsche Presse auch immer stärker an dem von den USA ausgehenden Informationskrieg gegen Russland. Damit wurde etwas möglich, was all die Jahrzehnte nach dem Zweiten Weltkrieg in Deutschland unmöglich erschien. Je feindseliger die deutsche Presse über Russland schrieb, desto leicht kamen im Berliner Konkurrenzkampf Politiker in führende Positionen, die heimlich von aus dem Zweiten Weltkrieg stammenden Revanchegelüsten gegenüber Russland getrieben waren. Immer größer wurde so der Kreis an deutschen Politikern, die alle Lehren aus dem Zweiten Weltkrieg arrogant beiseiteschoben und aktiv auf eine Zerstörung der deutsch-russischen Beziehungen hinarbeiteten. Die politischen Grundsätze der Entspannungspolitik Brandts, Schmidts, Kohls und Schröders wurde in wenigen Jahren aufgelöst und dem Vergessen überantwortet.

Mit der Einsicht, dass der Sieg im Kalten Krieg letztlich durch eine geschickte Kulturpolitik gewährleistet worden war, war zugleich der Anspruch verknüpft, dieses sich einmal als erfolgreich erwiesene Werkzeug unbedingt weiter einzusetzen. Es war nicht vorstellbar, dass die während des Kalten Krieges entwickelten kulturpolitischen Maßnahmen nun einfach wieder aufgegeben worden wären. Die USA würden sie weiter verwenden, sowohl gegen Russland, das nun deutlich geschwächt war und dessen weitere Schwächung große Profite versprach, aber auch gegenüber anderen Staaten und Zivilisationen, die man nun ganz ähnlich wie das sozialistische Weltsystem kulturpolitisch überwältigen und zur Selbstpreisgabe zwingen würde.

Auf der einen Seite war die Kulturpolitik der USA im Kalten Krieg Zeugnis einer äußerst klugen Kriegskunst. Doch auf der anderen Seite waren die USA und mit ihr der gesamte Westen durch die Mittel, die sie bereit waren, im Kalten Krieg einzusetzen, selbst verändert worden. Indem die USA und ihre Verbündeten im Kalten Krieg gelernt hatten, der Kultur eine militärische Bedeutung zu zusprechen, sie in gewisser Weise zu militarisieren und als Mittel für andere Zwecke einzusetzen, hatte der Westen letztendlich sein eigenes Sein, ja seine eigene Seele in eine Waffe verwandelt. Dies konnte nicht ohne Rückwirkung auf ihn selbst erfolgen. Auf der einen Seite konnte der Westen dadurch seine Kulturpolitik modernisieren und erheblich an Einfluss und Ausstrahlungskraft gewinnen. Doch auf der anderen Seite wurde seine Kultur dadurch von Jahrzehnt zu Jahrzehnt künstlicher. Der Westen wurde durch seinen eigenen Triumph auf einen tendenziell selbstzerstörerischen Entwicklungspfad gelockt. Was die Quelle seines größten Erfolgs ausgemacht hatte, wurde nun zum Keim seines Niedergangs. Indem nun die Vorstellung in den USA und später im gesamten Westen Fuß fasste, dass es möglich sei, mit den neu entdeckten Machtmethoden letztlich die gesamte Welt für das westliche Kapital zu öffnen und den eigenen Machtbereich umfassend zu erweitern, verlor der Westen die Fähigkeit, in Frieden mit anderen Kulturen zu leben.

Der Westen hielt nach dem Mauerfall und dem Zerfall der Sowjetunion am großen Narrativ des Kalten Krieges fest und teilte die Welt in Demokratien und Autokratien ein. Damit behielt er auch die Institutionen und Machttechniken bei, die im Kalten Krieg entstanden waren. Er versuchte durch Weiterführung seiner kulturpolitischen Einflussnahme, ganze Völker gegen ihre Regierungen aufzuwiegeln, was in vielen Fällen auch gelang. Das Klischeebild der Diktatur wurde infolge auf alle möglichen Staaten und Zivilisationen übertragen, mal traf es China, mal den Iran, den Irak, Libyen, Syrien, Venezuela, Serbien und viele andere. Dies führte dazu, dass die USA die im Kalten Krieg gewonnene Identität einfach beibehielten, was es dem Land erschwerte, sich an eine verändernde Welt anzupassen.

Im Zuge dieses künstlich fortgesetzten Kalten Krieges kultivierten die amerikanischen Eliten auch die Verbitterung, die sie angesichts der Tatsache empfanden, dass das russische Volk einen Staat hervorgebracht hatte, der die Entstehung eines vereinigten westlichen Imperialismus unter angelsächsischer Führung so viele Jahrzehnte hinausgeschoben hatte, bis sich das Zeitfenster dafür aus westlicher Sicht beinahe geschlossen hatte. Dass das Zeitfenster sich dabei sogar nur knapp geschlossen hat, dass es um die Jahrtausendwende sogar noch so aussah, als könnte eine unipolare, auf die USA ausgerichtete Weltordnung doch noch verwirklicht werden, machte die Sache aus Sicht der angelsächsischen Eliten sogar noch schlimmer. Und so setzte sich zumindest bei einigen amerikanischen Strategen die Vorstellung fest, dass Russland für seine sowjetische Vergangenheit bestraft werden müsse. Über die vier Jahrzehnte des Kalten Krieges entstand aus dem Glauben an den amerikanischen Mythos die daraus resultierende Angst vor dem Kommunismus und schließlich der Hass auf Russland, der immer stärker die Form einer Erbfeindschaft annahm.

6. Die konkreten Maßnahmen im kulturellen Kalten Krieg

6.1 Eine deklassifizierte Studie der CIA

Der kulturelle Kalte Krieg hatte Folgen. Denn die Mittel, die er oft mit Erfolg einsetzte, führten wiederum zu neuen Zielsetzungen. Aus diesen Zielsetzungen wurde mit der Zeit eine Agenda und schließlich eine Jahrzehnte umfassende außenpolitische Strategie. Um den heutigen Hass des Westens auf Russland zu verstehen, ist es notwendig, sich Klarheit über die im kulturellen Kalten Krieg angewendeten Mittel zu verschaffen. Nur so kann verstanden werden, welche Zielsetzungen aus ihrer erfolgreichen Anwendung hervorgegangen sein könnten. Und warum diese Ziele nur gegen und nicht mit Russland durchgesetzt werden können.

Wie tief greifend der Einfluss des kulturellen Kalten Krieges auf die europäische Kultur tatsächlich gewesen ist, belegt eine ursprünglich klassifizierte Studie der CIA aus dem Jahr 1985, die 2011 über den »Freedom of Information Act«[98] öffentlich bekannt wurde. Die Studie unter dem Titel »France: The Defection of the Leftist Intellectuals« erzählt vom Wandel der französischen Intellektuellen. Innerhalb von nur zwei Jahrzehnten habe sich deren Selbstverständnis von einer zunächst anti-amerikanischen Grundhaltung zu einer dezidiert anti-kommunistischen und anti-sowjetischen Positionierung gewandelt. Laut der Studie sei dabei den Medien eine maßgebliche Rolle zugefallen.

Entscheidend hierfür war der Auftritt einer neuen Generation von Intellektuellen, die sogenannten »nouveaux philosophes« (neuen Philosophen), die anders als die vorangegangene Generation nicht länger mit der Kommunistischen Partei verbunden gewesen seien. Es sei diesen neuen Philosophen vor allem mit der Hilfe von Fernsehinterviews gelungen, allmählich die ältere Generation an Intellektuellen herauszufordern und schließlich zu verdrängen. Auf diese Weise wäre der Anti-Amerikanismus etwa von Jean-Paul Sartre allmählich durch den Anti-Sowjetismus André

98 Der »Freedom of Information Act« ist ein seit 1967 geltendes US-amerikanisches Gesetz, das es allen US-Bürgern erlaubt, Einsicht in die Unterlagen der Bundesregierung der USA sowie der ihr zugeordneten Behörden zu verlangen.

Glucksmanns, Bernhard-Henri Lévys, Michel Foucaults und vieler anderer ersetzt worden. Die Studie hebt auch hervor, dass sich unter dem Einfluss von Lucien Febvre und Fernand Braudel – prominente Mitglieder der Annales-Schule – die Geschichtswissenschaften vom Einfluss Karl Marx' gelöst hätten und diesen nur noch als Ausgangspunkt aber nicht mehr Ziel ihrer Analyse verwenden würden. Im Bereich der Anthropologie hätten Claude Lévi-Strauss und Michel Foucault Vergleichbares geleistet, wobei die Studie die Prognose wagt, »dass ihre kritische Auseinandersetzung mit dem marxistischen Einfluss in den Sozialwissenschaften als ein tief greifender Beitrag zur modernen Wissenschaft in Frankreich und in anderen westeuropäischen Ländern Bestand haben wird.«[99] Einen vergleichbaren Richtungswechsel attestiert die Studie den politischen Debatten. So wird in der Studie hervorgehoben, dass es »aufgrund des intellektuellen Meinungsklimas [...] mit ziemlicher Sicherheit sehr schwierig sein [wird], unter den intellektuellen Eliten einen nennenswerten Widerstand gegen die US-Politik beispielsweise in Zentralamerika zu mobilisieren.«[100] Des Weiteren wird lobend erwähnt, dass die neue Generation an französischen Philosophen jeden Ansatz einer französischen Entspannungspolitik gegenüber der Sowjetunion schon im Vorfeld einer so scharfen und konzertierten Kritik unterzogen habe, dass diese daraufhin de facto blockiert gewesen sei. Ähnliches gelte für eine innenpolitische Debatte, wo die neuen Philosophen durch vereinte Kritik jegliche Zusammenarbeit zwischen Sozialisten und Kommunisten enorm erschwert hätten. Darüber hinaus zeigt die Studie, dass diese neue französische Generation an pro-amerikanischen und anti-sowjetischen Philosophen sogar in der Lage gewesen sei, die intellektuellen Debatten in Westdeutschland und Skandinavien zu beeinflussen und z. B. erfolgreich einen westeuropäischen Konsens bezüglich des Themas Abrüstung hintertrieben habe. Da die neuen Philosophen aber überwiegend als Kritiker der Sowjetunion, des Kommunismus und der Kommunistischen Partei aufgetreten waren und ansonsten wenig eigene positive Inhalte anzubieten hatten, haben sie

99 »We believe their critical demolition of Marxist influence in the social sciences is likely to endure as a profound contribution to modern scholarship both in France and elsewhere in Western Europe.«

100 »The climate of intellectual opinion will almost certainly make it very difficult for anyone to mobilize significant opposition among intellectuals elites to US policies in Central America, for example.«

letztlich daran mitgewirkt, die traditionell starke Stellung des Intellektuellen in der französischen Gesellschaft weiter zu schwächen, was ebenfalls positiv bewertet wird.

In der Studie wird auch ein Zitat des Schriftstellers und einstigen kommunistischen Widerstandskämpfers Jorge Semprún aus dem Jahr 1981 zitiert. Auf die Frage der französischen Zeitschrift *Le Debat,* »was es heute in Frankreich bedeutet, links zu sein?«, antwortete dieser: »Heute ist der Prüfstein für linkes Denken eine kritische Haltung zur UdSSR, was wiederum den Folgesatz beinhaltet: Veröffentlichungen in der Tradition der Komintern abzulehnen. [...] Die zentrale Frage ist nicht die Barbarei von Pinochet oder die Zerstörung der Lorrain-Stahlwerke und nicht einmal die imperiale Erneuerung unter Reagan. Die fundamentale Frage ist vielmehr die Haltung zur UdSSR.«[101]

Dieses Zitat veranschaulicht noch einmal, wie umfassend die Transformation der französischen Linken während des Kalten Krieges gewesen ist. Denn die Kritik des Kapitalismus kurzerhand durch eine Kritik des Sozialismus zu ersetzen, kommt tatsächlich einer Selbstaufgabe gleich. Faktisch beschreibt die Studie, wie in Frankreich während des Kalten Krieges ein Netzwerk an Intellektuellen entstanden ist, das den öffentlichen Diskurs förmlich gekapert und umgedreht hat. Infolgedessen wurden die Institutionen der Arbeiterbewegung – nämlich ihrer Intellektuellen, ihre Medien, Gewerkschaften sowie Parteien – systematisch geschwächt. Auch wenn die Studie an keiner Stelle die aktive Lenkung der beschriebenen Prozesse einbekennt, verrät der ironische und halbernste Ton der Beschreibung doch eine gewisse Komplizenschaft.

Nun ist diese radikale Umformung des intellektuellen Lebens in einem Land geschehen, das über eine der stärksten intellektuellen Traditionen Europas verfügte. Hinzu kommt noch, dass Frankreich von 1966 bis 2009 nicht mehr militärisches NATO-Mitglied gewesen ist. Und schließlich hat Frankreich mehr als jedes andere westeuropäische Land seine Souveränität verteidigt und die Vorherrschaft der USA nach 1945 nie voll akzeptiert. Und doch entsteht just in diesem Land eine intellektuelle Klasse, die faktisch als fünfte Kolonne Washingtons agiert und erfolgreich die Politik des

101 *Le Debat,* Jorge Semprún, Nr. 13, Paris Juni 1981, S. 6–14,

Landes beeinflusst. Wenn dies in Frankreich möglich war, so ist davon auszugehen, dass ähnliche Maßnahmen auch in anderen kulturell bedeutenden Ländern Europas stattgefunden haben.

Dass Allererstaunlichste dieser Einflussnahme ist jedoch, dass, obwohl sie so weitreichend war und die intellektuelle Kultur Frankreichs förmlich in ihr Gegenteil verkehrt hat, sie dennoch nicht als Diktatur empfunden worden ist. Die Umkehrung der französischen Identität erfolgte in gewisser Weise unterhalb der Wahrnehmungsschwelle. Während das geistige Leben Frankreichs in nur zwei Jahrzehnten in sein Gegenteil verkehrt wurde, fühlten sich die Franzosen dennoch überwiegend frei und hatten das Gefühl, in einer offenen liberalen Gesellschaft zu leben. Könnte dieses Paradox mit den Methoden zusammenhängen, die im kulturellen Kalten Krieg von amerikanischer Seite angewendet wurden?

6.2 Die praktische Durchführung des kulturellen Kalten Krieges

Am Beginn der amerikanischen Kulturpolitik stand ein Vorbild, nämlich die Sowjetunion selbst, die bereits in den 1920er- und 1930er Jahren durch die Gründung der Komintern gezeigt hatte, wie es möglich ist, im globalen Maßstab kulturpolitischen Einfluss zu entfalten.

Doch die Komintern war 1943 – als die Sowjetunion auf Hilfe vonseiten der USA und Großbritanniens angewiesen war – aufgelöst worden. Erst 1947 wurde sie durch das Kominform ersetzt, das sich allerdings vom Ziel einer Weltrevolution verabschiedet hatte, weit weniger Mittel besaß und nie auch nur annähernd den Einfluss der Komintern erreichte. Als das Kominform 1950 eine Konferenz im New Yorker Hotel Waldorf-Astoria durchführte, nahmen die USA dies zum Anlass, nun ihrerseits eine weltweit auftretende Organisation für Kulturpolitik zu gründen, nämlich den »Kongress für kulturelle Freiheit«, von dessen amerikanischem Ableger, dem »Amerikanischen Komitee für kulturelle Freiheit«, bereits die Rede war.

Der Kongress für kulturelle Freiheit verstand sich als eine Kulturorganisation, die im Wesentlichen die Anstrengungen zahlreicher Intellektueller, Philosophen, Schriftsteller, Künstler, Journalisten und Filmemacher bündelte, die das gemeinsame Interesse verband, die Werte des Liberalismus gegenüber einer seinerzeit weltweit erstarkenden sozialistischen Bewegung zu verteidigen. Offiziell wurde der Kongress für kulturelle Freiheit von zahlreichen Stiftungen finanziert, wobei sich die Ford-Stiftung und die Fairfield-Stiftung besonders hervortaten. Letztendlich kam das Geld allerdings von der CIA, die die Ausgaben der Stiftungen kompensierte. »Heute weiß man von 170 Stiftungen, die den Transfer von CIA-Mitteln erwiesenermaßen bewusst ermöglicht haben.«[102]

Der Kongress unterstützte einzelne Künstler und Schriftsteller, organisierte Übersetzungen, übte beratenden Einfluss aus und initiierte Themen und Perspektiven, die wiederum im Zuge von PR-Kampagnen propagiert wurden. Dabei spielten mehr als 20 Zeitschriften eine Rolle, die der Kongress auf dem Höhepunkt seiner Tätigkeit in den führenden Ländern Europas sowie der Welt herausgab und die die intellektuellen Debatten hinsichtlich der Themenauswahl und Argumentation in diesen Ländern beeinflussen sollten. In Deutschland kam der Zeitschrift *Der Monat* diese Rolle zu, in Österreich der Zeitschrift *FORVM*, in Frankreich *Preuves*, in Italien *Tempo presente*, in Großbritannien die Zeitschrift *Encounter* und in Japan *Jiyu*, um nur die wichtigsten Journale zu nennen. Insgesamt unterhielt der Kongress Büros in 35 Ländern, wobei er versuchte, in den einzelnen Ländern institutionelle Strukturen für die intellektuelle Selbstverständigung zu erschaffen, um so einen liberalen, proamerikanischen und antisowjetischen Einfluss sicherzustellen.

Die Arbeit des Kongresses war sehr effektiv, solange er sich als eine von zahlreichen Stiftungen finanzierte Kulturorganisation auszugeben vermochte. Dies endete allerdings 1967, als öffentlich bekannt wurde, dass der Kongress über ein Netzwerk an Stiftungen verdeckt von der CIA finanziert worden war. Die Folge war, dass der Kongress einen großen Teil seines einflussreichen Netzwerks verlor, das durch die bekannt gewordene CIA-Finanzierung nun auch nicht mehr herzustellen war. Dies führte zwei Jahre später zur Auflösung des Kongresses. Mit Sicherheit wurde die Kulturpolitik der CIA auf andere Weise fortgesetzt. Doch um sich gegen erneute Enthüllungen zu schützen, wird es sehr wahrscheinlich nicht nur eine, sondern

102 Frances Stonor Saunders, Who Paid the Piper? The CIA and the Cultural Cold War. London 1999. Zitiert nach der deutschen Übersetzung: Wer die Zeche zahlt … Der CIA und die Kultur im Kalten Krieg. München 2001, S. 129.

gleich eine Vielzahl an Nachfolgeorganisationen gegeben haben. Heute ist es gängige Praxis, eine politische Agenda durch eine Vielzahl an scheinbar unabhängig voneinander agierenden Institutionen – sogenannten NGOs – zu anonymisieren.

Die Auflösung des Kongresses für kulturelle Freiheit als der dominanten kulturpolitischen Institution der ersten zwei Jahrzehnte des Kalten Krieges hat es allerdings Historikern erlaubt, die Freigabe von Dokumenten einzuklagen sowie Zeitzeugen zu interviewen. Diese Forschungen ermöglichen es heute, einen sehr empirischen und nüchternen Blick auf die frühen Formen einer aus geopolitischer Konkurrenz erwachsenen Kulturpolitik zu werfen. Besonders wertvoll sind hierbei die Forschungen der Historikerin Frances Stonor Saunders in ihrem bahnbrechenden Buch »Who Paid the Piper – The CIA and the Cultural Cold War«,[103] in dem sie anhand der Quellen und Interviews mit den Beteiligten einen aus vielen Einzelgeschichten bestehenden Gesamtüberblick über all diese Anstrengungen präsentiert. Auch die Arbeit von Michael Hochgeschwender, insbesondere in seinem Buch »Freiheit in der Offensive«,[104] ist hier hervorzuheben.

Viele der dort präsentierten Berichte wirken heute vor allem aus einer historischen Perspektive zunächst etwas absonderlich, weshalb man geneigt ist, sie rein historisch als Auswüchse des Kalten Krieges zu betrachten; etwa wenn die USA auf die Einschätzung von Georg Kennan reagierten, der davor gewarnt hatte, dass die totalitären Regime längst die Bedeutung der Kunst erkannt hätten, wenn es darum ginge, weltweit als ein eigenständiges Zivilisationsmodell wahrgenommen zu werden.[105] Auch in seiner 1946 als »Langes Telegram« bekannt gewordenen Analyse hatte sich Kennan bereits beeindruckt von der Eigenständigkeit des sowjetischen Zivilisationsmodells gezeigt.[106] Die Folge war, dass nun ihrerseits die USA darüber nachzudenken begannen, welche Kunstform die USA in Konkurrenz zur Sowjetunion

103 Frances Stonor Saunders: Who Paid the Piper? The CIA and the Cultural Cold War. London: Granta Books 1999

104 Michael Hochgeschwender, Freiheit in der Offensive. Der Kongress für kulturelle Freiheit und die Deutschen. München: de Gruyter 1998

105 Frances Stonor Saunders, Wer die Zeche zahlt … Der CIA und die Kultur im Kalten Krieg. München 2001, S. 262

106 George Kennan: Das »lange Telegramm« (1946), https://nsarchive.gwu.edu/document/21042-long-telegram-original, (zuletzt abgerufen am 3. August 2024)

propagieren sollten. Schließlich kam man zu der Einschätzung, dass der abstrakte Expressionismus, wie er u. a. von Jackson Pollock vertreten wurde, am ehesten die Freiheit des Individuums im Westen verkörpern könnte, wobei die willkürliche Abstraktion sogar noch den Vorteil hätte, den sozialistischen Realismus der Sowjetunion noch altmodischer aussehen zu lassen, als er ohnehin schon sei. Die CIA kaufte daraufhin Werke von Vertretern des abstrakten Expressionismus so hochpreisig auf, dass die neue Kunstform immer mehr Anerkennung und Nachahmer fand. Zudem wurden vom Kongress für kulturelle Freiheit Wanderausstellungen organisiert. Ein durchaus intendierter Nebeneffekt all dieser Anstrengungen war, dass Paris seine Bedeutung als weltweites Zentrum der Bildenden Kunst allmählich an New York abtreten musste.

Mit einem ähnlichen historischen Abstand liest man heute auch die Beschreibung von Frances Stonor Saunders, nach der die CIA vor allem fürchtete, dass sich in einigen Staaten der westlichen Allianz Politiker durchsetzen könnten, die eine neutrale Haltung zwischen den USA und der Sowjetunion einnehmen könnten. Um eine solche politische Strömung gar nicht erst aufkommen zu lassen, war der Kongress für kulturelle Freiheit sehr daran interessiert, den sogenannten »neutralen Intellektuellen« präventiv zu bekämpfen. Der neutrale Intellektuelle, der für die Unabhängigkeit seines Landes in der Blockkonfrontation votierte, wurde von der CIA als weitaus gefährlicher eingestuft als radikale Kommunisten oder Maoisten. Während man Letztere leicht in der Gesellschaft isolieren konnte, besaß die ausgewogene Haltung des neutralen Intellektuellen tatsächlich das Potenzial, weite Teile der Gesellschaft zu überzeugen.

Nun waren die 1950er- und 1960er Jahre in Frankreich von dem großen Einfluss Jean-Paul Sartres geprägt. Da er mit seiner Zeitschrift *Les Temps Modernes* die führenden Köpfe Frankreichs erreichte und zudem für eine neutrale Position des Landes im Kalten Krieg warb, wurde er von der CIA als neutraler Intellektueller identifiziert, den es zu bekämpfen galt. Die Folge war, dass die CIA eigens zwei Zeitschriften gründete, die französische *Preuves* und die italienische *Tempo presente*, um den Einfluss von Sartres Journal zurückzudrängen. Beide Zeitschriften waren ähnlich wie Sartres Zeitschrift aufgebaut, die italienische Zeitschrift borgte sich vom Original sogar den Titel, den sie lediglich ins Italienische übersetzte. Mittels dieser Publikationen versuchte der CIA, den als schädlich eingestuften Einfluss von Sartre zurückzudrängen. Auch bemühte man sich, Albert Camus als Konkurrenten zu Sartre aufzuwerten. Während Thomas Mann dem konstanten Druck von Anhängern des Senators McCarthy ausgesetzt war,[107] geriet der chilenische und kommunistische Schriftsteller Pablo Neruda 1963 in den Fokus des Kongresses für kulturelle Freiheit, als bekannt wurde, dass er für den Literatur-Nobelpreis des Jahres 1964 nominiert worden war. Der Kongress begann daraufhin eine eigene Kampagne, um Neruda als Kandidaten zu diskreditieren, er streute Gerüchte und organisierte diskreditierende Stellungnahmen, nur um die Vergabe des Nobelpreises an Neruda zu verhindern, was kurzfristig auch gelang.[108] Erst 1971 erhielt Neruda den Nobelpreis für Literatur, während der amerikanische Schriftsteller Ernest Hemingway aufgrund seiner linken Überzeugungen einer intensiven Überwachung durch das FBI ausgesetzt war.[109]

Auch die zahlreichen Versuche der USA, ihr Image in Europa aufzuwerten, rufen heute keine Empörung mehr hervor. Amerikanische Diplomaten erlebten immer wieder, dass sie von ihren europäischen Kollegen nicht ernst genommen wurden, oft, weil es den diplomatischen Vertretern an humanistischer Bildung fehlte. Die USA versuchten, dieses Problem zunächst zu lösen, indem sie ihre Diplomaten schulten, Gespräche über Philosophie und Geschichte besser führen zu können. Auch wollten die USA den Europäern demonstrieren, dass die USA über Hochkultur verfügten und schickten zu diesem Zweck das Boston Symphonieorchester auf Tour durch Westeuropa. Als weitere Maßnahmen wurde die Übersetzung zahlreicher amerikanischer Schriftsteller in die verschiedenen europäischen Sprachen organisiert. Um den Kulturkontakt zwischen den USA und Deutschland zu fördern, wurden eigens Amerikahäuser gegründet, die stets Bibliotheken enthielten, wo u. a. die übersetzte amerikanische Literatur entliehen werden konnte. Sogar Bibliotheksbusse wurden auf Reisen geschickt, um die ländlichen Regionen zu erreichen.

107 Frances Stonor Saunders, Wer die Zeche zahlt … Der CIA und die Kultur im Kalten Krieg. München 2001, S. 182

108 Ebenda, S. 329–332

109 Nikola Budanovic, The Declassified FBI Files on Ernest Hemingway, in: *The Vintage News*, 1. August 2018, https://www.thevintagenews.com/2018/08/01/hemingway-fbi/ (zuletzt abgerufen am 3. August 2024)

Allerdings mussten die USA feststellen, dass all diese Bemühungen letztlich weitgehend wirkungslos blieben. Es stellte sich heraus, dass die ältere Generation sich ihr Bild von den USA bereits gemacht hatte und von dem amerikanischen Bemühen, sich als Hochkultur darzustellen, kaum noch beeinflusst werden konnte. Und so kam man in der CIA schließlich zu dem Schluss, dass es zielführender sei, sich gleich an die junge Generation zu wenden und vor allem ihr ein positives Bild von den USA zu vermitteln. Dies war auch dadurch wesentlich leichter, da die USA die Transformation von der humanistischen Kultur des 18. und 19. Jahrhunderts hin zur Kulturindustrie des 20. Jahrhunderts wesentlich schneller vollzogen hatten als die Europäer und so über wesentlich mehr warenförmige Kulturprodukte verfügten, die vor allem von Jugendlichen gerne angenommen und konsumiert wurden.

Von hier aus war es nur noch ein kleiner Schritt, die USA nicht nur zum Zentrum der bildenden Kunst, sondern auch zum Zentrum der neu aufgekommenen Pop- und Rockmusik zu machen. Als ab 1964 das Radioprogramm in Deutschland, das bis dahin vor allem deutschsprachige Schlager gesendet hatte, nun plötzlich der deutschsprachigen Musik englischsprachige gleichberechtigt zur Seite stellte,[110] war die Voraussetzung geschaffen, um in der jungen Generation die antiamerikanischen Vorurteile aufzulösen und durch eine pro-amerikanische Haltung zu ersetzen. Die revoltierenden Studenten der 68er-Generation standen den USA zwar politisch und besonders hinsichtlich des Vietnamkrieges sehr kritisch gegenüber. Doch in kultureller Hinsicht war diese Generation tendenziell viel stärker amerikanisiert worden als ihre Väter, von denen sie sich so lautstark absetzte.

Der anekdotenhafte Charakter all dieser Versuche darf allerdings nicht darüber hinwegtäuschen, wie folgenreich diese Eingriffe in die kulturelle Evolution der westeuropäischen Länder tatsächlich gewesen sind. Die Einflussnahme auf den Kunstbetrieb war alles andere als harmlos. Durch die Propagierung und Förderung einer bestimmten Kunstrichtung hat dieses Vorgehen zum Autonomieverlust der Kunst beigetragen und letztlich die Rolle der Kunst in den europäischen Gesellschaften nachhaltig verändert. Der Kampf gegen den neutralen Intellektuellen hat wiederum die Souveränität

110 Vgl. Dussel, Konrad: The Triumph of English-Language Pop Music. The West German Radio Programming. In: Schildt, Axel/Siegfried, Detlef (Hrsg.): Between Marx and Coca-Cola. Youth Cultures in Changing European Societies 1960–1980. New York/Oxford 2005, S. 131.

der europäischen Staaten untergraben und die Fähigkeit der europäischen Gesellschaften geschwächt, ein Bewusstsein ihrer selbst zu entwickeln.

6.3 Der Aufbau einer nicht-kommunistischen Linken

Für die USA stellte der hohe Organisationsgrad der sozialistischen und kommunistischen Parteien in Europa ein ernstes Problem dar. Nicht nur konnten sie in Frankreich, Italien und Griechenland hohe Stimmenanteile gewinnen und früher oder später an der Regierung beteiligt werden, wodurch sie sogar Einblicke in die Pläne der NATO erlangt hätten. Auch existierten in den europäischen Ländern zahlreiche Zeitschriften und Verlagshäuser, die die Weltsicht der Arbeiterbewegung umfassend in der Gesellschaft verbreiteten. Leicht konnten linke Parteien, Gewerkschaften und mit diesen verbundene Organisationen und Zeitschriften direkt von der Sowjetunion angesprochen und unterstützt werden.

Bereits 1948 hatte der ehemalige Kommunist und spätere Antikommunist Arthur Koestler auf einer Lesereise in den USA ein Gespräch mit Mitgliedern des State Departments geführt. Schon in diesem Gespräch soll er dafür geworben haben, sozialistische und kommunistische Gruppen nicht direkt zu unterdrücken, sondern stattdessen eine linke Kritik an ihnen zu fördern. Der US-amerikanische Historiker und Präsidentenberater Arthur Schlesinger hat diese Einsicht später als »stille Revolution« beschrieben. Langsam verstand man in der CIA, dass es in der Gesellschaft immer linke Gruppen geben würde und es nicht zielführend war, das Linkssein wie unter Senator McCarthy an sich zu bekämpfen. Meist handelte es sich bei linken Aktivisten nicht um genaue Kenner der Marx'schen Theorie, sondern lediglich um Menschen, die von einer besseren Welt träumten und für ihr eigenes Leben nach Wirkungsmöglichkeiten suchten. Aus Sicht der CIA musste man diesen jungen Menschen lediglich eine Alternative zum herkömmlichen linken Weltbild bieten, um die Gefahr einer erstarkenden sozialistischen Internationale zu bannen. Dies könne man erreichen, indem man jene Linken stärker förderte, die enttäuscht vom Stalinismus seien und sich infolgedessen von der Sowjetunion abgewendet hätten. Es käme darauf an, eine nicht-kommunistische Linke zu unterstützen und die linke Identität selbst aufzugreifen und umzuinterpretieren. Das Ziel müsste deshalb darin bestehen, eine nicht-kommunistische Linke zu schaffen, die zu einem produktiven Teil einer kapitalistischen Gesellschaft werden könnte. Dazu müsste der Fokus nicht mehr länger auf die Hauptwidersprüche des Kapitalismus, nämlich den Gegensatz von Kapital und Arbeit, Krieg und Frieden, Imperialismus versus Imperialismuskritik gelegt werden. Stattdessen käme es darauf an, die Aufmerksamkeit der Gesellschaft auf die Nebenwidersprüche des Kapitalismus zu lenken, also auf Widersprüche, die Symptome einer verschärften kapitalistischen Konkurrenz sind. Zu nennen sind hier z. B. der Widerspruch der Rassendiskriminierung, der Unterdrückung der Frau, der Ausbeutung der Natur, sowie überhaupt altmodische und repressive Traditionen, etwa die Haltung der katholischen Kirche zur Sexualität und ähnliche Widersprüche. Überhaupt müsste die Aufmerksamkeit der Linken vom Gemeinwohl auf individuelle Rechte umgelenkt werden. Ziel wäre, eine nicht-kommunistische und zugleich liberale Linke zu schaffen, die den Fokus von sozialen Rechten auf Bürgerrechte verlagert.

Von allen bisher genannten Maßnahmen, die während des kulturellen Kalten Krieges ergriffen wurden, hatte diese Uminterpretation des linken Selbstverständnisses die größte Wirkung. Der Aufbau einer nicht-kommunistischen Linken vollzog sich über mehrere Stufen. Am Anfang stand in den 1950er Jahren zunächst die theoretische Beschäftigung mit der Möglichkeit einer nicht-kommunistischen Linken. In den 1960er Jahren zeigten sich erste Anwendungsmöglichkeiten, etwa die Kritik der neuen Linken an bestehenden Traditionen. In den 1970er Jahren eröffnete die Debatte um die Veröffentlichungen des Club of Rome ein ganz neues Feld linken Denkens, während die 1980er Jahre das Jahrzehnt waren, in der die klassische Linke ihren Einfluss verlor, weil es zu einer nachhaltigen Verschiebung im politischen Spektrum kam. Mit der Gründung der Grünen Partei in Westdeutschland begann ein Prozess, im Zuge dessen der Gegensatz von Kapital und Arbeit allmählich durch den Antagonismus von Zivilisation und Natur ersetzt wurde. Nicht nur wurde die aus der Arbeiterbewegung hervorgegangene Linke auf diese Weise an den Rand gedrängt, darüber hinaus verlor die Sowjetunion ihre Ansprechpartner in den meisten westlichen Ländern.

Je mehr sich die Formen linker Identität im Westen veränderten, desto altmodischer wirkten die politischen Programme der sozialistischen Staaten im internationalen Kontext. Die Themen der nicht-kommunistischen Linken wurden im Westen zum neuen Denkhorizont der Linken, ja, sie wirkten sogar über die linken Gesellschaftsschichten hinaus und wurden mit der Zeit zum Identifikationspunkt der Mittelschicht. Von hier aus war es nur noch ein kleiner Schritt, die Inhalte der neuen Linken nach und nach offiziell anzuerkennen, staatlich zu fördern, zum Teil der offiziellen Kultur- und Bildungspolitik zu machen und sie schließlich sogar als Ideologie in der geopolitischen Konkurrenz einzusetzen.

Doch die Entstehung einer neuen Linken bestand nicht nur darin, bisherige Randthemen in den Vordergrund zu stellen. Ein genauso wichtiger und nicht zu vernachlässigender Aspekt dieser politischen Bedeutungsverschiebung war die Kritik der alten Linken. In gewisser Weise konnte man hierbei zwei Fliegen mit einer Klappe schlagen, nämlich dann, wenn man der traditionellen Linken den Vorwurf des Kollektivismus und Autoritarismus machte und im Zuge dessen immer wieder auch die Sowjetunion oder die DDR als negative Beispiele anführte. Die ständig wiederholte Kritik der kollektiven und autoritären Strukturen sowohl der Sowjetunion als auch der traditionellen Linken ließ linken Organisationen keine andere Wahl, als sich selbst als links-liberal zu verstehen. Nur eine Linke, die fortan Freiheits- und Bürgerrechte in den Mittelpunkt rückte, statt die Herstellung einer umfassenden gesellschaftlichen Gerechtigkeit zum Bezugspunkt zu machen, konnte fortan vermeiden, mit dem vermeintlichen Autoritarismus assoziiert zu werden.

Tatsächlich konzentrierten sich die linken Diskurse im Laufe des Kalten Krieges immer stärker auf Freiheits- und Bürgerrechte. Damit einher ging eine Rehabilitierung des Liberalismus, der noch in den 1950er Jahren als eine der Ursachen mindestens des Ersten Weltkriegs und der Weltwirtschaftskrise gegolten hatte. Theoretisch begleitet wurde diese Verschiebung von der Totalitarismusthese, durch die das Aufkommen des Faschismus nicht mehr auf die Exzesse eines deregulierten Liberalismus der 1920er- und 1930er Jahre zurückgeführt wurde, sondern stattdessen Sozialismus und Faschismus als bloße Varianten eines Strebens nach totaler Macht neu verstanden wurden. Wirkten in den 1940er- und 1950er Jahren noch der Sozialismus und Kommunismus als die natürlichen Gegenpole zu jedem extremen Nationalismus, wurden sie im Laufe des Kalten Krieges zunehmend mit dem Faschismus in eins gesetzt und stattdessen der Liberalismus als Antithese des Totalitarismus präsentiert.

Bei der Entwicklung und Popularisierung der Totalitarismusthese spielten Hannah Arendt als Philosophin und George Orwell als Schriftsteller jeweils eine besondere Rolle.

Georg Orwell hatte seinen Roman »1984« zwar noch so verfasst, dass er sich gleichermaßen gegen alle Formen totalitärer Herrschaft richtete und theoretisch auch eine kapitalistische Diktatur hätte beschreiben können. Doch nach dem Tode des Schriftstellers nahm der CIA Einfluss auf die filmische Interpretation des Werks und schuf so einen der wirkungsvollsten Mythen des Kalten Krieges, der 1956 mit viel Presseunterstützung in die Kinos kam. Die Botschaft lautete, dass der Sozialismus immer nur als kollektivistische Überwachungsdiktatur in Erscheinung treten könne.[111] Hannah Arendt popularisierte mit ihrem Werk »Elemente und Ursprünge totaler Herrschaft«[112] den Totalitarismusbegriff, der bereits 1923 von dem Italiener Giovanni Amendola zur Beschreibung des italienischen Faschismus geprägt und später von Carl Schmitt und Franz Borkenau weiterentwickelt wurde. Hannah Arendt trug auf diese Weise mit dazu bei, dass die Wahrnehmung einer Mitverantwortung des Liberalismus für den Aufstieg des Faschismus allmählich überlagert wurde durch die öffentliche Diskussion über Ähnlichkeiten zwischen dem historischen Faschismus und dem Sozialismus Osteuropas und Asiens.

Die Etablierung der Totalitarismusthese war allerdings noch aus anderen Gründen sehr wichtig. Wie bereits erwähnt, existierte vom Ersten Weltkrieg bis weit in die Mitte des Kalten Krieges hinein eine intellektuelle Hegemonie der Linken. Auf der Basis von Hegels dialektischer Geschichtsphilosophie und Marx' kritischer Analyse des Kapitalismus und deren Verknüpfung mit der Psychoanalyse Freuds war eine beeindruckende theoretische Produktion zustande gekommen, die nicht nur verschiedene Schulen linker Theoriebildung hervorgebracht hatte, sondern auch die zahlreichen Erscheinungsformen der modernen Welt theoretisch zu deuten wusste. Linke Theoretiker hatten ein sehr differenziertes Verständnis gesellschaftlicher Prozesse hervorgebracht, vermochten Ideologie zu erkennen, formulierten

111 Frances Stonor Saunders, Wer die Zeche zahlt … Der CIA und die Kultur im Kalten Krieg. München 2001, S. 282–286

112 Hannah Arendt, Elemente totalitärer Herrschaft – Antisemitismus, Imperialismus, totalitäre Herrschaft, München 2021, S. 726 ff.

komplexe geschichtsphilosophische Zeitbestimmungen, verfügten über eine beeindruckende Anthropologie und hatten schließlich auch Fortschritte in der Theorie der Ästhetik erreicht, die nicht einmal ansatzweise von konservativen oder liberalen Theoretikern eingeholt werden konnte. Noch in den 1970er Jahren waren praktisch alle Geisteswissenschaften von der Kunstgeschichte, über die Literatur-, bis zur Musik- und Religionswissenschaft von Theorien beeinflusst, die wiederum auf die hegelianisch-marxistisch-freudianische Traditionslinie zurückgingen. Zudem war die gesamte Tradition der Kulturkritik und der Essayistik von linken Theoretikern dominiert. Kurz, die von Hegel und Marx begründete philosophische Traditionslinie erwies sich einerseits aufgrund ihrer Dialektik und andererseits aufgrund ihrer geschichtsphilosophischen Dimension als eine Quelle schier unerschöpflicher Kreativität, der nichts Vergleichbares im rechten oder liberalen Spektrum gegenüberstand.

Zwar begrüßte der Kongress für kulturelle Freiheit die Arbeit einer liberalen Theoretikerin wie Hannah Arendt, doch war ihm angesichts der Hegemonie linker Theoretiker klar, dass einzelne liberale Philosophen nicht die seit Langem etablierte und außerordentlich differenzierte Hegemonie der hegelianisch-marxistischen Tradition aufbrechen konnten. Um dies zu erreichen, musste tiefer angesetzt werden. In den USA und in Großbritannien war man in den 1950er- und 1960er Jahren zu einer relativ einfachen Lösung gekommen und hatte zusammen mit Marx auch Hegel aus den Lehrplänen der Universitäten verbannt; ein Sachverhalt, den z. B. der Politik- und Literaturwissenschaftler Peter Dale Scott eindrücklich in einem Interview beschreibt.[113] Dies war in der angelsächsischen Welt möglich, weil hier in Gestalt des Pragmatismus und der analytischen Philosophie andere Traditionslinien bereitstanden. Doch diese Lösung war nicht auf Europa übertragbar, wo einerseits die Tradition der angelsächsischen Philosophie mit Skepsis betrachtet wurde und wo andererseits Hegel zu fest etabliert war

113 »Er [Isaiah Berlin] sagte damals kategorisch zu mir: ›Wenn Sie über Hegel schreiben, dann werden Sie niemals einen Job bekommen. Nehmen Sie irgendetwas anderes.‹ Und ich fragte: ›Irgendetwas?‹« und er erwiderte: ›Irgendetwas anderes.‹ ›Sogar‹, fragte ich, ›über die politischen Ideen T. S. Eliots?‹ Und seine Antwort lautete: ›Sehr viel besser als Hegel.‹ Auf diese Weise flüchtete ich von der politischen Theorie Hegels zur englischen Literatur. Ich habe diesem verworrenen Werdegang zwei Passagen in dem langen Gedicht ›Coming to Jakarta‹ gewidmet.« Peter Dale Scott im Interview mit Hauke Ritz, Über Hegel, Geheimdienste und Drogenhandel, *Hintergrund – Das Nachrichtenmagazin*, 08.09.2008

und somit ein solches Verbot als Aufhebung der Wissenschaftsfreiheit empfunden worden wäre.

Und so beschritt man hier den mühsamen Weg, mit der Etablierung einer neuen Generation von Philosophen zugleich die ideengeschichtlichen Traditionslinien neu zu knüpfen. Wie bereits in der eingangs zitierten Studie der CIA beschrieben, trat in Frankreich ab den 1970er Jahren eine neue Generation an Philosophen in Erscheinung, die vor allem durch eine Kritik des Marxismus, der Sowjetunion und der Geschichtsphilosophie hegelianischer Prägung aufhorchen ließ. Dabei rückte ein Denker des 19. Jahrhunderts ins Zentrum der Debatte, dem man das Potenzial zutraute, Hegel als dominanten Referenzpunkt der Philosophiegeschichte ersetzen zu können. Der Philosoph, dem man dies zutraute, hieß Friedrich Nietzsche.

Nietzsche eignete sich als Alternative zu Marx und Hegel besonders gut, weil er bereits im späten 19. Jahrhundert ein Programm entworfen hatte, das sich explizit gegen die aus der französischen Revolution hervorgegangenen linken Gesellschaftsentwürfe und insbesondere gegen den Sozialismus richtete. Nietzsche identifizierte die geistesgeschichtlichen Quellen des Sozialismus im Christentum und verband daher seinen Einsatz für eine hierarchische Gesellschaftsstruktur mit einer umfassenden Kritik des Christentums. Dabei richtete er sich nicht nur gegen die Kirche, sondern auch gegen die Säkularisierung des Christentums, also die Übertragung christlicher Denkvorstellungen auf andere Bereiche, wie z. B. die Philosophie, das Rechtsverständnis und die soziale Ordnung der Gesellschaft. So bestand Nietzsches Kritik an Hegel darin, dass dessen Philosophie noch zu viele christliche Vorstellungsmuster enthalte, weshalb er ihm vorwarf, den Sieg des Atheismus »verzögert zu haben«.[114]

Damit hatte Nietzsche ein Konzept entworfen, das sich sehr gut auf die Situation des Kalten Krieges übertragen ließ. Und so kommt es ab der Mitte des Kalten Krieges zu einer unerwarteten Reaktualisierung der Philosophie Friedrich Nietzsches, mit der noch zehn Jahre zuvor kaum jemand gerechnet hätte. Denn eigentlich galt Nietzsche, nachdem der deutsche Faschismus sich auf ihn gestützt hatte, als diskreditiert. Doch mit Michel Foucault, Gilles Deleuze, Félix Guattari, Jacques Derrida in Frankreich und Gianni

114 Friedrich Nietzsche, Die fröhliche Wissenschaft, KSA 3, München 1988, S. 599ff.

Vattimo in Italien traten gleich mehrere Philosophen auf, die Nietzsche zum Bezugspunkt ihres Denkens machten. Auch in Deutschland traten mit Odo Marquard und Hans Blumenberg ab den 1980er Jahren Philosophen in Erscheinung, die die Ablehnung der Geschichtsphilosophie und damit die Kritik der hegelianisch-marxistischen Tradition zu ihrer Kernaussage machten und sich ebenfalls auf Nietzsche stützten. Nietzsche wurde, wie Jürgen Habermas es ausdrückte, zur »Drehscheibe«[115] der postmodernen Philosophie. Die Ersetzung Hegels durch Nietzsche sollte gerade für die linke Theoriebildung dramatische Folgen haben. Dies wird allerdings erst anhand der Wechselwirkung zwischen Ideen- und Realgeschichte verständlich.

6.4 Von der Geschichtsphilosophie Hegels zur Ideenpolitik Nietzsches

Die Ideengeschichte der europäischen Neuzeit verändert sich im Übergang von der Frühen Neuzeit (1500 bis 1800) zur Moderne (1800 bis heute) nachhaltig. Von der italienischen Renaissance bis zur Französischen Revolution war die Philosophie hauptsächlich darum bemüht, Einsichten zu gewinnen, die mehr oder weniger eine zeitunabhängige Bedeutung hatten. Dies gilt für politische Theorien etwa von Thomas Hobbes genauso wie für die erkenntnistheoretischen Überlegungen Descartes', Leibniz' oder Spinozas. Stets ging es darum, Gesetze und Zusammenhänge zu erkennen, die prinzipiell eine zeitunabhängige Geltung beanspruchen konnten. Dieses Merkmal ändert sich mit dem Eintritt in die Moderne, die mit der industriellen Revolution in England und der politischen Revolution in Frankreich einsetzt.

Insbesondere in Deutschland entstehen als Reaktion auf die Französische Revolution gleich mehrere Philosophien, die die Frage nach der Wahrheit mit dem historischen Prozess verknüpfen und somit, wie Adorno und Horkheimer es über ein Jahrhundert später ausdrücken, der Wahrheit einen Zeitkern zusprechen.[116] Seit Hegel und Schelling kann die Philosophie sich der Wahrheit nur noch annähern, wenn sie diese zuvor in ihrem Gewordensein begriffen hat, nämlich im Gefüge der Geschichte verortet

115 Jürgen Habermas, Der philosophische Diskurs der Moderne, Frankfurt am Main 1988, S. 104

116 Max Horkheimer, Theodor W. Adorno, Dialektik der Aufklärung, Frankfurt a. Main 1998, S. IX

und reflektiert. Dies bedeutet allerdings, dass sich diese Wahrheit nun auch mit jeder Epoche und jeder neuen Konstellation ändert, ja dass sie einen Prozesscharakter erhält.[117] Die Philosophie, die bislang nach ewigen Gesetzen und Einsichten gesucht hatte, wird genötigt, zur Geschichtsphilosophie zu werden.

Auf diese Weise gerät die Philosophie allerdings in eine sehr doppeldeutige und ambivalente Position. Insofern sie den Zeitkern der Wahrheit nachvollzieht und reflektiert, wird sie sukzessiv selbst zum Teil des geschichtlichen Prozesses. Ist das Denken Hegels noch bemüht, die Entfaltung der Wahrheit in der Geschichte von den frühesten Manifestationen des Geistes bis zu seiner eigenen Gegenwart nachzuvollziehen, so erteilt Marx der Philosophie bereits den Auftrag, die Welt nicht nur zu interpretieren, sondern aktiv zu verändern. Allerdings bleibt auch Marx hierbei der Grundtendenz der bisherigen Ideengeschichte insofern treu, als dass seine Revolutionstheorie letztlich Werte anstrebt, die vor der Moderne existiert haben und ihren Ursprung im Humanismus und der Aufklärung hatten. Auch wenn Marx einige Erscheinungsformen der früheren Kultur als Ideologie entlarvt, ist er kein Schöpfer neuer Werte. Paul Tillich,[118] Karl Löwith[119] und Jacob Taubes[120] weisen deshalb darauf hin, dass der politische Konflikt zwischen der Kirche und dem Kommunismus nicht darüber hinwegtäuschen darf, dass die Idee des Kommunismus weitgehend auf dem christlichen Wertesystem beruht, ja deren Werte im Vokabular der Ökonomie neu ausdrückt, sie sozusagen säkularisiert. Dies wurde auch von Nikolai Berdiajew[121] festgestellt, obgleich er auch antichristliche Elemente in der kommunistischen Ideologie erkannte.

Allerdings musste die innere Dynamik, die mit zeitabhängigen Wahrheitsbegriffen der modernen Geschichtsphilosophie gesetzt war, irgendwann über sich hinauswachsen. Und dies geschieht im Werk Friedrich Nietzsches und ein zweites Mal in der Nietzsche-Rezeption postmoderner Philosophen in der zweiten Hälfte des 20. Jahrhunderts. Nietzsches Sicht auf die

117 Jacob Taubes, Dialektik und Analogie, in: Vom Kult zur Kultur, München 1996, S. 207f.

118 Paul Tillich, Die sozialistische Entscheidung, 2. Auflage, Berlin 1980, S. 27–31

119 Karl Löwith, Weltgeschichte und Heilsgeschehen, in: Sämtliche Schriften, Band 2, Stuttgart 1983, S. 42ff.

120 Jacob Taubes, Kultur und Ideologie, in: Vom Kult zur Kultur, München 1996, S. 283

121 Nicolai Berdjajew, Wahrheit und Lüge des Kommunismus, Baden-Baden 1957, S. 19–43

europäische Ideengeschichte ist von seinem Freund Jacob Burckhardt beeinflusst gewesen, der bereits den Widerstreit zwischen Athen und Jerusalem als tragenden Gegensatz der europäischen Ideengeschichte herausgearbeitet und in diesem Zusammenhang die Renaissance als erste Loslösung von der christlichen Überlieferungsgeschichte interpretiert hatte. Nietzsche folgt Burckhardt und entwirft darauf aufbauend die Vision einer europäischen Kultur, die den Einfluss des Christentums erneut und dauerhaft überwinden sollte.[122]

Nietzsche begreift die Unausweichlichkeit und Wucht, mit der Europa in ein atheistisches und wissenschaftliches Zeitalter eintritt, und sieht in der durch die kopernikanische Wende und den Aufstieg der Naturwissenschaften ausgelösten Glaubenskrise des Christentums eine einmalige Möglichkeit, nämlich die Chance, erneut an das kulturelle Selbstverständnis der Antike anzuknüpfen. Systematisch wird in Nietzsches Philosophie durchdacht, welche Elemente der europäischen Ideengeschichte eine Veränderung erfahren müssten, wenn tatsächlich das Christentum aufhört, der wesentliche Referenzpunkt der europäischen Kultur zu sein. Er spricht in diesem Zusammenhang von einer »Umwertung aller Werte«.

Diese Perspektive bedingt, dass mit Nietzsche erstmals eine Philosophie der Ideenpolitik in Erscheinung tritt. Bei Nietzsche wird die Geistesgeschichte und damit letztlich auch die Kultur zum Gegenstand der Konstruktion. Denn Nietzsche sieht den Menschen angesichts des Todes Gottes in ein Vakuum der Bedeutung stürzen, das mit dem Verlust aller traditionellen Wertmaßstäbe einhergeht und das er als Nihilismus bezeichnet. Die einzige Möglichkeit, den Menschen aus diesem Verlust aller Bedeutungen wieder herauszuführen, bestehe darin, den Menschen zum Neuschöpfer von Bedeutung zu machen, also letztlich die vakante Position, die der Tod Gottes hinterlassen hat, neu zu besetzen. Und das wiederum bedeutet, dass der Mensch seine Herkunft ablehnen muss. Um wie Gott zum Schöpfer seiner selbst zu werden, muss er seine frühere Existenz ablehnen, ja sogar gewaltsam von sich abtrennen. Und das geschieht durch die Infragestellung des Christentums und die Umwertung aller bisherigen vom Christentum

122 Karl Löwith, Burckhardt und Nietzsche, in: Jacob Burckhardt, Sämtliche Schriften Bd. 7, Stuttgart 1984, S. 44ff.

geprägten Werte. Und so mündet Nietzsches Philosophie in die Forderung ein, dass die Wertetafeln einer Zivilisation vom Menschen selbst neu geschaffen bzw. aktiv umgeschrieben werden müssen. In einer seiner letzten Schriften »Ecco Homo« entwirft Nietzsche sich daher selbst als großes ideengeschichtliches Ereignis. »Umwertung aller Werte: das ist meine Formel für einen Akt höchster Selbstbesinnung der Menschheit, der in mir Fleisch und Genie geworden ist.«[123]

Vor Nietzsche wurde die Geistesgeschichte einfach als Teil der Geschichte verstanden, nacherzählt und gelegentlich interpretiert. Mit Nietzsche kam die Idee auf, dass die Ideengeschichte nicht nur verstanden, sondern sogar selbst zum Gegenstand der Konstruktion werden kann, wobei das Christentum als Religion und der Sozialismus als säkularisiertes Christentum zur Negativfolie werden, von der sich die neu konstruierte Ideengeschichte weitestgehend abstoßen soll. In seinem Werk versucht Nietzsche systematisch auszubuchstabieren, wie eine postchristliche Interpretation der europäischen Kultur aussehen müsste. Im Zuge dessen berührt er fast jede Ebene der Kultur und entwickelt sogar einen nachchristlichen Zeit- und Geschichtsbegriff, in dem das lineare Zeitverständnis des Judentums und Christentums gegen das Bild eines zirkulären und sich wiederholenden Zeit- und Geschichtsbegriff der Antike eingetauscht wird. Denn dass der Altphilologe Nietzsche letztlich von einer Wiederbelebung der tragischen Dimension der antiken Kultur träumt, kündigt sich bereits in der »Geburt der Tragödie« an und wird vollends in seinem Werk »Also sprach Zarathustra« deutlich, wo er eine im biblischen Stil verfasste Anti-Bibel vorstellt, die von einer Wiederkehr des tragischen Zeitalters kündet.

In dem bereits erwähnten Werk Werk »Ecco Homo« assoziiert Nietzsche schließlich den Eintritt in ein Zeitalter der Ideenpolitik mit sich selbst. Er ist sich bewusst, dass mit ihm etwas Neues in die Welt gekommen ist, nämlich der Gedanke und die Möglichkeit, in die Geschichte der Ideen einzugreifen, die Werte einer Epoche radikal umzuschreiben. Er schreibt: »Denn wenn die Wahrheit und die Lüge von Jahrtausenden aufeinandertreffen, werden wir Erschütterungen erleben [...], wie man sie sich nie erträumt hat. Der Begriff der Politik wird dann vollständig in einem Krieg der Geister aufgegangen

123 Friedrich Nietzsche, Ecce homo, Kritische Studienausgabe, Bd. 6, Berlin 1988, S. 365

sein […]. Es wird Kriege geben […], wie man sie auf der Erde noch nie gesehen hat. Nur von mir aus wird es große Politik auf Erden geben.«[124]

Dass er einige seiner letzten Briefe, die er im Zustand des Wahnsinns schrieb, mit dem Wort »*Antichrist*« unterzeichnete, mag nicht nur seiner Krankheit geschuldet sein. Denn wer sich der Auflösung aller christlichen Elemente in der europäischen Kultur als Lebensaufgabe verschrieben hat, der kann durchaus mit dieser Rolle kokettieren. Der Religionsphilosoph Jacob Taubes kommentiert das Ziel und Ende Nietzsches später folgendermaßen:

> »Der einzige, der das profund verstanden hat und den geschichtsphilosophischen Prozeß umkehren wollte, war Friedrich Nietzsche. Das jämmerliche Scheitern dieses Baseler Professors, der sich eine private Mythologie der Ewigen Wiederkehr ausheckte, beweist die Richtigkeit meiner Diagnose. Die Reprise der Antike auf der Spitze der Moderne, die Friedrich Nietzsche will, ist Schimäre. Die Nietzschelinge haben dafür keinen Preis zu zahlen, er aber hat mit seiner Gesundheit, mit seiner Zerrüttung, mit seinem Leben für seine neuen Einsichten gezahlt. Er hat den Preis dafür genannt, was es heißt zu behaupten, daß die christliche Denkform zu Ende ging.«[125]

Interessant ist Taubes' Bezeichnung der in den 1970er- und 1980er Jahren in Frankreich auftretenden »neuen Philosophen« als »Nietzschelinge«. Taubes zufolge ist ihr geschichtsphilosophisches Projekt somit gänzlich von Nietzsche entlehnt.

6.5 Vom Jahrhundert der Kultur zum Jahrhundert der Kulturindustrie

Nun könnte man natürlich Nietzsches Thesen mit den Worten Taubes' als die Phantasien eines Professors aus Basel abtun, die zu verstiegen sind, um reale geschichtliche Relevanz beanspruchen zu können. Und tatsächlich ist Nietzsche ja auch oft so gelesen worden. Allerdings verändert sich mit dem

124 Ebenda, S. 366
125 Jacob Taubes, in: Denken, das an der Zeit ist, hg. v. Florian Rötzer, Frankfurt a. M. 1987, S. 318

Eintritt der Menschheit ins 20. Jahrhundert grundsätzlich die Beziehung des Menschen zu seiner Kultur. Und durch diese Veränderung kommt Nietzsches Diagnose dann doch eine ungeahnte Aktualität zu.

Jahrhunderte lang unterlag die Kultur einem natürlichen Entstehungsprozess, der kaum von außen beeinflussbar war. Noch im 19. Jahrhundert scheiterte der Adel dabei, die revolutionären Ideen der Aufklärung zu unterdrücken; so wenig Macht hatten die Mächtigen damals über die Entstehungsprozesse der Kultur. Doch mit dem Eintritt ins 20. Jahrhundert verändert sich die Art und Weise, wie Kultur entsteht. Adorno und Horkheimer haben aufgezeigt, dass es zur Industrialisierung der kulturellen Sphäre kommt. Hinzu kommt die Erfindung gänzlich neuer Medien, etwa des Kinos, des Radios und schließlich des Fernsehers. Die neuen Medien ermöglichen es erstmals, Millionen von Menschen anzusprechen und zudem noch auf der Ebene des Unbewussten zu beeinflussen.

Im Ersten Weltkrieg erfährt die Kriegspropaganda daher einen großen Entwicklungsschub, der auch später im zivilen Leben zur Anwendung kommt und nun als Public-Relations-Industrie beschrieben wird. Je weiter das 20. Jahrhundert fortschreitet, desto mehr verändern sich die Entstehungs- und Verbreitungsprozesse innerhalb der kulturellen Sphäre. Die Entstehung von Kunstwerken wird zunehmend von der Autorschaft abgekoppelt und nach dem Prinzip der Arbeitsteilung unter Anwendung von Verfahrenstechniken als Ware für einen Markt entworfen. Die so zustande gekommenen Gebilde vermitteln nicht mehr wie im 19. Jahrhundert die Lebenserfahrung eines Autors, laden nicht mehr zur Selbstreflexion ein, sondern verbreiten vor allem ein falsches manipulatives Bewusstsein von der Stellung des Einzelnen in der Gesellschaft.[126] Im deutschen Faschismus kommen diese Techniken breitflächig zur Anwendung und machen nun politische Maßnahmen möglich, die noch einige Jahrzehnte zuvor undenkbar gewesen wären.

Vor dem Hintergrund des dramatischen Wandels hinsichtlich der Entstehung von Kulturprodukten kommt auch Nietzsches exzentrischer These von der Möglichkeit einer »Umwertung aller Werte« neue Relevanz zu. Tatsächlich erlaubt der Stand der Produktivkräfte im späten 20. Jahrhundert

126 Max Horkheimer, Theodor W. Adorno, Kulturindustrie, in: Dialektik der Aufklärung, Frankfurt am Main 1998, S. 128ff

den planmäßigen Eingriff in die Evolution der Kultur. Damit ist eine Möglichkeit in die Welt getreten, die sich zwar nicht sofort manifestiert, die aber ähnlich wie eine unter Druck stehende Magmasäule sich ihren Weg nach oben bahnen muss, sich nun durch verschiedene politische Konstellationen des 20. Jahrhunderts hindurcharbeitet, ehe sie schließlich ihren Weg an die Oberfläche findet. Der deutsche Faschismus, der Nietzsche sehr zugetan war, hatte in den zwölf Jahren seiner Herrschaft in der Tat Schritte unternommen, um die bestehende Werteordnung radikal umzuwerten. Die NS-Diktatur war in dieser Hinsicht bereits weit gekommen und scheiterte lediglich an der Kürze ihrer Herrschaft. Der Stalinismus verfügte im Vergleich dazu über die notwendige Machtkonzentration und Herrschaftsdauer, war aber aufgrund der marxistischen Ideologie noch an die Säkularisierung des Christentums gebunden, wodurch es zwar zur politischen Diktatur, nicht aber zu einer kompletten Umwertung der Werteordnung kam. Und der Kalte Krieg begann seine Eingriffe in die Evolution der Kultur zunächst aus einer rein pragmatischen Perspektive, die Maßnahmen wie die Bekämpfung des neutralen Intellektuellen oder die Förderung der nicht-kommunistischen Linken vorschrieb. Allerdings führte diese zunächst pragmatische Kulturpolitik mit der Zeit zu weiteren Einsichten, die schließlich Nietzsches Projekt einer Umwertung aller Werte zu einem Bestandteil der Kulturpolitik des Kalten Krieges werden ließ.

So sahen sich die USA vor die Notwendigkeit gestellt, die linke Hegemonie in den Geisteswissenschaften zu brechen und das Erbe Hegels und Marx' durch andere geistige Traditionen zu ersetzten. Bald wurde deutlich, dass sich hierfür Nietzsches Philosophie anbot. Denn Nietzsches Denken war geeignet, die bisherige Geistesgeschichte als fehlerhaft und negativ einzustufen. Zugleich bot sie die Möglichkeit, eine Umwertung der bestehenden Werte zu fordern und dabei auch noch revolutionär zu wirken, was wiederum erlaubte, die politische Linke anzusprechen. Um diese Denkfigur in den Dienst des kulturellen Kalten Krieges zu stellen, war es lediglich notwendig, den im Grunde genommen rechten Denker Nietzsche, der ein positives Verhältnis zur Aristokratie hatte und die Unterschicht verachtete, links auszulegen. Da Nietzsches überwiegend aus Aphorismen und Gleichnissen bestehendes Werk einen sehr dunklen und hermetischen Charakter hat, war eine derartige Uminterpretation prinzipiell möglich.

Und so kommt es ab den 1960er Jahren zur dritten Phase der Nietzsche-Rezeption. War in der ersten Phase Nietzsche vor allem als Lebensphilosoph, Vitalist und früher Vertreter des Existenzialismus rezipiert worden, so wurde in der zweiten Phase der systematische Charakter seiner Philosophie entdeckt, die von dem aus dem Exil wirkenden Karl Löwith[127] kritisch entfaltet und von der politischen Rechten affirmativ dargelegt wurde.[128] In der in den 1960er Jahren einsetzenden dritten Phase der Nietzscherezeption wird Nietzsche für die zweite Hälfte des 20. Jahrhunderts neu interpretiert. Dabei werden all jene Passagen, die Nietzsche bislang für rechte und faschistische Kräfte attraktiv und für die politische Linke unannehmbar gemacht hatten, uminterpretiert. Nietzsche, der Gegner der Französischen Revolution, der das Mitleid verachtete und das Konzept der Gleichheit aller Menschen ablehnte, der von einer hierarchischen, nach Rangordnungen unterteilten Gesellschaft träumte, wird nun plötzlich von links neu ausgelegt. Sein Eintreten für Hierarchie, Krieg und Sklaverei müsse als Allegorie verstanden werden. Mittels einer »Hermeneutik der Allegorie und der Unschuld«[129] wird Nietzsche für eine ganze Generation neuer französischer und zum Teil auch deutscher Philosophen zu einem wichtigen Bezugspunkt. Damit wird es möglich, der nicht-kommunistischen Linken eine schillernde und doppeldeutige philosophische Basis zu geben. Dank Nietzsches Einfluss konnte diese philosophische Basis nun so ausgerichtet werden, dass unter der Fahne des Linksseins, der Kritik und Progressivität die klassischen Werte linken Denkens seit der Französischen Revolution dekonstruiert wurden. Dank Nietzsche wurde es möglich, im Namen der Linken alle bisherigen linken Begriffe und Denkvorstellungen zu verwirren.

Solange die europäische Linke sich vorrangig auf Marx und Hegel bezogen hatte, so lange hatte sie Werte vertreten, die aus der Aufklärung und dem Humanismus hervorgegangen waren und die ihrerseits wieder auf das Christentum zurückgeführt werden konnten. Denn sowohl der Humanismus als auch die Aufklärung stützten sich auf Denkmuster und Werte, die sie dem Christentum entnommen und in eine philosophische Sprache übersetzt neu

127 Karl Löwith, Nietzsche, in: Sämtliche Schriften, Band 6, Stuttgart 1987

128 Jochen Kirchhoff: Nietzsche, Hitler und die Deutschen. Die Perversion des Neuen Zeitalters. Berlin 1990.

129 Domenico Losurdo, Nietzsche – der aristokratische Rebell, Argument/ InkriT, Berlin 2012, S. 607

zur Geltung gebracht hatten. Die klassische Linke bewegte sich somit noch in der Entwicklungslogik der bisherigen Ideengeschichte.

Die neue europäische Linke hingegen – die ab den 1960er Jahren entsteht – tendiert dazu, die Bezüge zur Vergangenheit abzuschneiden und wird mit Nietzsche zur Apologetin des Traditionsbruchs. Mit Nietzsche macht sie nun einerseits das Christentum und andererseits die geschichtsphilosophische Tradition, die sich auf Hegel und Marx stützt, für die Widersprüche der Moderne verantwortlich. Die neue Linke übernimmt von Nietzsche die Vorstellung, dass die Wertetafeln einer Zivilisation von Grund auf umgeschrieben werden können und auch umgeschrieben werden sollen. Nietzsches Idee einer »Umwertung aller Werte« kehrt im Kalten Krieg wieder, allerdings nicht als philosophisches Programm, sondern als ein aus der Logik des Kalten Krieges hervorgegangenes Programm der psychologischen Kriegsführung.

6.6 Propaganda unterhalb der Wahrnehmungsschwelle

Dass die Idee einer Umwertung der bestehenden Werteordnung tatsächlich zu einem Bestandteil der Kulturpolitik des Kalten Krieges wurde, ist durch freigegebene Dokumente belegt. So zitiert die Historikerin Frances Stonor Saundes in ihrem Buch »Who Paid the Piper – The CIA and the Cultural Cold War« zwei Dokumente, die sich so interpretieren lassen. Das erste Dokument bezieht sich auf ein Programm des Psychological Strategy Board (PSB), eine 1951 geschaffene Einrichtung, die gegründet worden war, um die verschiedenen verdeckten und psychologischen Operationen der unterschiedlichen Regierungsinstitutionen zu koordinieren und zu vereinheitlichen. Nach seiner Gründung wurde das PSB mit der Aufgabe betraut, eine psychologische Strategie für den Kalten Krieg zu entwickeln. Dabei übernahm der PSB im Mai 1952 auch ein zuvor von der CIA ins Leben gerufenes Programm mit dem Codenamen »Packet«. Dabei handelte es sich um ein Programm, das über gewöhnliche Propaganda hinausging, insofern es die Beeinflussung von Gedankenmustern bzw. Doktrinen zum Inhalt hatte.

Während herkömmliche Propaganda bestimmte Inhalte adressiert bzw. Wahrnehmungen beeinflusst, indem sie diese in einen bestimmten Kontext stellt, wird hier eine Propagandatechnik beschrieben, die sich die

Umformung einzelner Gedankenmuster zum Ziel gesetzt hat. So wird in dem Dokument von dem langfristigen Ziel einer Veränderung der öffentlichen Denkmuster gesprochen. Das Ziel des Programms »Packet« sei es, »die weltweite intellektuelle Basis für den Kommunismus und andere Doktrinen zu brechen, die den Zielen der USA und der Freien Welt feindlich gegenüberstehen.« Die Idee war, »Verwirrung, Zweifel und Vertrauensverlust in die akzeptierten Denkmuster überzeugter Kommunisten zu streuen.« Um dies zu erreichen, wird die »Ansprache von Intellektuellen, Gelehrten und meinungsbildenden Gruppen«[130] als die zu wählende Vorgehensweise beschrieben. Dass es sich dabei nicht nur um eine entfernte Möglichkeit handelte, die in irgendeiner Denkfabrik erdacht wurde, wird deutlich, wenn Saunders schreibt, dass »die CIA angewiesen wurde, allen Aktivitäten, die die Ziele dieses Programms unterstützen, hohe und kontinuierliche Priorität zu geben«. Weiter fährt sie fort: »Weniger als zwei Jahre nach seiner Gründung war es dem PSB eigentlich gelungen, sich als integraler Bestandteil der Entwicklung und Umsetzung der Außenpolitik zu etablieren.«[131]

Frances Stonor Saunders zitiert noch ein zweites Dokument mit ähnlichen Grundaussagen, nämlich ein »langes internes Memo« eines Offiziers namens Charles Burton Marshall, das Frances Stoner Saunders in den Archiven gefunden hat und in ihrem Buch vorstellt. Marshall arbeitete in dem bereits erwähnten Psychological Strategy Board (PSB), dessen Aufgabe darin bestand, die verschiedenen verdeckten und psychologischen Operationen der unterschiedlichen Regierungsinstitutionen zu koordinieren und zu vereinheitlichen. Nach seiner Gründung wurde das PSB mit der Aufgabe betraut, eine psychologische Strategie für den Kalten Krieg zu entwickeln. Marshalls internes Memo war ein Versuch, seine Vorgesetzten vor den moralischen und politischen Konsequenzen ihres Handelns zu warnen. Der Entwurf für eine psychologische Strategie für den Kalten Krieg selbst trug den Namen »PSB D33/2« und ist laut Saunders bis heute geheim. Doch Charles Burton Marshalls »langes internes Memo«, das die Schlussfolgerungen des Entwurfs scharf kritisiert, wurde freigegeben und von Frances Stonor Saunders teilweise in ihrem Buch »Who Paid the Piper« veröffentlicht.

130 Frances Stonor Saunders, The Truth Campaign, in: Who Paid the Piper? – The CIA and the Cultural Cold War, London 1999, S. 151.

131 Ebenda, S. 151

Laut Saunders beschwert sich Marshall in seinem Memo über den »doktrinären oder ideologischen Plan«[132] des PSB. Dieser Plan scheint die Einführung eines »weiten doktrinären Systems« innerhalb einer wahrscheinlich fremden Gesellschaft zu beinhalten. Er »akzeptiert«, wie Marshall es ausdrückt, »Uniformität als Ersatz für Vielfalt«. Darüber hinaus postuliert er ein System, das eine bestimmte Art menschlichen Strebens rechtfertigt und alle Bereiche menschlichen Denkens« sowie »alle Bereiche intellektuellen Interesses, von der Anthropologie und dem künstlerischen Schaffen bis hin zu Soziologie und wissenschaftlicher Methodologie« umfasst.[133]

Was das »umfassend doktrinäre System«, wie es das Dokument PSB D-33/2 forderte, genau bedeutete, wird durch die folgenden Zitate deutlich, die Charles Burton Marshall in seinem internen Memo anführt. Das umfassend doktrinäre System, das der PSB in einer fremden Gesellschaft errichten will, scheint nichts Geringeres als die Möglichkeit vorzusehen, »den American Way of Life auf systematischer und wissenschaftlicher Basis darzustellen. Es sieht eine Maschinerie der doktrinären Produktion unter einem Koordinationsmechanismus vor.« Marshall fährt fort, dass das Dokument PSB D33/2 »eine Prämie auf schnelles und positives Handeln fordert, um die schöpferische Verbreitung von Ideen in Gang zu setzen«. Marshall kritisiert den Vorschlag des PSB D33/2-Dokuments, dass die Verbreitung von Ideen durch »eine langfristige intellektuelle Bewegung« erfolgen sollte. Marshall wendet sich gegen den Plan, dass die Aufgabe dieser Bewegung darin bestehen solle, »weltweite doktrinäre Denkmuster aufzubrechen«.[134]

Angesichts der damaligen Situation des Kalten Krieges ist davon auszugehen, dass sich diese Bemerkung vor allem auf jene Denkmuster bezieht, die eine Voraussetzung für die Verbreitung sozialistischer oder kommunistischer Ideen innerhalb einer Gesellschaft und Kultur sein können. Zumindest bezieht sich das Dokument PSB D33/2 auf solche Denkmuster, die »eine intellektuelle Basis für Doktrinen« bieten, »die amerikanischen Zielen feindlich gegenüberstehen«. Marshall stellt die Frage: »Mit welcher Rechtfertigung [kann] eine Regierung mit einem ausgeklügelten dogmatischen System eingreifen, ohne sich selbst dadurch einen totalitären Anstrich zu

132 Ebenda, S. 149.
133 Ebenda, S. 149
134 Ebenda, S. 149.

geben?« Marshall schließt sein Memo mit den Worten: »Das ist so totalitär, wie man nur sein kann.« Saunders kommt in ihrem Buch zu dem Schluss, dass Marshalls Zweifel auf taube Ohren stießen.[135]

Die Manipulationstechnik, von der in den beiden Dokumenten die Rede ist, zielte letztlich darauf ab, das in den 1950er Jahren vorherrschende linke Selbstbewusstsein in lauter Einzelelemente zu zergliedern, die dann separat bearbeitet werden sollten. Der Vorteil dieser Vorgehensweise könnte darin bestanden haben, dass eine solche Propaganda viel leichter unterhalb der Wahrnehmungsschwelle ausgeübt werden konnte. Eine solche Form der Einflussnahme musste daher auch deutlich weniger Widerstände hervorzurufen, als eine direkte ideologische Auseinandersetzung mit der gegnerischen Ideologie. Da sie sich nicht auf Inhalte etablierter Weltanschauungen bezog, war sie als Propaganda im eigentlichen Sinne nur sehr schwer zu erkennen. Statt die Weltsicht der Sozialisten und Kommunisten in ihrer Gesamtheit zu beschreiben und zu kritisieren, wurden bei diesem Vorgehen immer nur einzelne Aspekte ausgewählt. Zum Beispiel konnte einem linken Wertmaßstab zur Beurteilung der Gesellschaft einfach ein anderer Wertmaßstab gegenübergestellt werden. Statt die Ungerechtigkeit der Gesellschaft zu beklagen, könnte stattdessen die Spießigkeit der Gesellschaft kritisiert werden. Ein linker Begriff von Geschichte könnte dann durch ein entgegengesetztes Konzept von Zeit und Geschichte geschwächt werden. Statt das Ausbleiben des Fortschritts zu beklagen, würde stattdessen der nahende Untergang beschworen werden. Schließlich könnte auch ein linkes Bild vom Menschen durch ein konträres Menschenbild herausgefordert werden. Statt davon auszugehen, dass der Mensch im Prinzip gut sei und sich deshalb selbst regieren sollte, könnte stattdessen die Schlechtigkeit des Menschen herausgestellt werden, was impliziert, dass er sich nicht selbst regieren kann usw. usf. Keine dieser Denkfiguren wirkte für sich genommen ideologisch und würde im Falle ihrer Verbreitung irgendeinen Verdacht erregen. Niemand konnte auf die Idee kommen, dass es sich hierbei überhaupt um Propaganda handelte. Und doch würde eine solche Einflussnahme einen Effekt haben, wenn sie nur lange genug ausgeübt würde.

135 Ebenda, S. 149

Denn gesetzt den Fall, solche Gedankenmuster würden über längere Zeit in die gesellschaftliche Debatte eingespeist, so würden sie die Plausibilität des etablierten linken Weltbildes schwächen. Allmählich verlöre es seine Plausibilität, einfach, weil die Grundannahmen einer sozialistischen oder kommunistischen Weltanschauung die Selbstverständlichkeit verlören, die ihren einzelnen Gedankenmustern bis dahin zukam. Ein zuvor von vielen geteiltes Weltbild würde so allmählich zweifelhaft werden. Dies wiederum würde sich auf die politische Ausstrahlungskraft und das Durchsetzungsvermögen gesellschaftlicher Gruppen und Parteien auswirken. Es käme am Ende zu einer Verschiebung im politischen Spektrum. Doch es wäre schwer, diese Veränderung auf äußere Einflussnahme zurückzuführen. Die zunehmende Schwäche des sozialistischen oder kommunistischen Weltbildes würde vielmehr wie ein Resultat des veränderten Zeitgeistes erscheinen.

Die von Frances Stonor Saunders recherchierten und auszugsweise veröffentlichten Dokumente legen nahe, dass eine solche äußerst indirekte Propagandatechnik tatsächlich während des Kalten Krieges versuchsweise unternommen worden ist. Nicht umsonst wurde »die CIA angewiesen, allen Aktivitäten, die die Ziele dieses Programms unterstützen, hohe und kontinuierliche Priorität zu geben.«[136] Schließlich wäre damit auch erklärbar, warum sich westeuropäische Gesellschaften selbst als liberale und offene Gesellschaften wahrgenommen haben, während sie gemessen an der Verschiebung der politischen Werteordnung geradezu eine Kulturrevolution durchlebt hatten.

6.7 Der geisteswissenschaftliche Wissensstand zu Beginn des Kalten Krieges

So wichtig es ist, einst geheim gehaltene Studien und Dokumente zu analysieren, so wichtig ist es auch, sich den allgemeinen Wissensstand einer Epoche zu vergegenwärtigen. Denn Geheimdienste nutzen nicht nur für sie eigens verfasste Analysen und Recherchen. Sie stützen sich auch zu einem erheblichen Teil auf öffentlich zugängliches Wissen. Was also war in den ersten Jahrzehnten des Kalten Krieges über die Entstehungsgeschichte der Arbeiterbewegung bekannt?

136 Ebenda, S. 151.

Als der Kalte Krieg begann, existierte die Arbeiterbewegung bereits hundert Jahre. Die Arbeiterbewegung selbst war ein Kind der Französischen Revolution, ja, sie hielt am Versprechen der Französischen Revolution fest. Dieses war nämlich im Fortgang der Revolution selbst verraten worden, insofern sie im Endergebnis lediglich den Adel gegen das Großbürgertum ausgetauscht hatte und so die Klassenverhältnisse beibehielt und im Zuge der industriellen Revolution sogar deren drastische Verschärfung in Kauf nahm.

Die Französische Revolution war somit unvollständig geblieben. Um ihre Ideale zu verwirklichen, bedurfte es einer zweiten Revolution, die nun von der Arbeiterbewegung unter den neuen Bedingungen des Kapitalismus – und somit als kommunistische Revolution – gedacht und angestrebt wurde. Im Schatten dieses historischen Konflikts fand auch ein großer Teil der philosophischen Reflexion statt; das Erbe der Französischen Revolution und die aufsteigende Arbeiterbewegung begannen die Moderne als Epoche zu definieren.

Infolge des Ersten Weltkriegs, der zur erfolgreichen Oktoberrevolution in Petrograd und zur knapp gescheiterten Novemberrevolution in Deutschland geführt hatte, erlebte die Arbeiterbewegung den Höhepunkt ihres Einflusses, der jedoch auch zu einer massiven Steigerung ihrer Bekämpfung führte und alleine in Deutschland hunderte politische Morde zur Folge hatte, die in der Regel nicht verfolgt wurden.[137] Vor dem Hintergrund dieser politischen Kämpfe entstanden in den 1920er Jahren in der Philosophie zahlreiche Analysen, die die Arbeiterbewegung nicht nur als politisches Phänomen analysierten, sondern ihre politischen Philosophien auch auf eine bestimmte Kulturgeschichte zurückführten, innerhalb derer das durch sie verkörperte Bewusstsein überhaupt erst entstehen konnte. Durch diese Forschungen vollzog sich nun eine radikale Umkehrung der Perspektive. Hatte Ludwig Feuerbach noch Gott und die Religion als bloße Projektionen des Menschen gedeutet, so war Karl Marx bereits einen Schritt weiter gegangen und hatte die Religion nicht nur als verkappte Anthropologie, sondern darüber hinaus als verkehrten Ausdruck der gesellschaftlichen Widersprüche interpretiert, der absterben müsse, sobald die Widersprüche politisch aufgelöst werden können. Doch sowohl Feuerbach als auch Marx trafen sich in der Ansicht, dass die weitere Entwicklung der Moderne der Religion entgegengesetzt

137 Vgl.: Emil Julius Gumbel, Vier Jahre politischer Mord, Berlin 1922.

sei und letztlich zu ihrer Überwindung führen müsse. Die Forschungen von Max Weber,[138] Carl Schmitt[139] und insbesondere Karl Löwith[140] hatten in der ersten Hälfte des 20. Jahrhunderts hier aber zu einer radikalen Veränderung der Perspektive geführt, insofern sie ein tieferes Verständnis davon schufen, wie Ideen und Weltbilder in der Geschichte wirken. Die Moderne erschien nun nicht länger als eine Epoche, die ausschließlich durch Aufklärung, Wissenschaft und den Fortschritt der Technik begründet worden ist. Vielmehr wurde nun erkennbar, dass alle maßgeblichen Institutionen der modernen Welt, von der Wissenschaft über das Recht bis hin zu gesellschaftlichen Idealen und Geschichtskonzeptionen mehr oder weniger in der vom Christentum geprägten vormodernen Epoche wurzelten. Die Moderne fußte in einem entscheidenden Maße auf christlichen Glaubensinhalten, die sich lediglich säkularisiert bzw. verweltlicht hatten. Nur eine Generation nach Karl Löwith sollte Ernst Wolfgang Böckenförde aus dieser Einsicht seine bekannte Lehrmeinung ableiten, der zufolge der »freiheitliche, säkularisierte Staat […] von Voraussetzungen [lebt], die er selbst nicht garantieren kann«,[141]was letztlich bedeutet, dass die Moderne als Epoche vom Erbe des Christentums zehrt und vergehen muss, sobald dieses verbraucht ist.

Diese Verweltlichung des Christentums vollzog sich allerdings auf sehr vielschichtige Weise. Zum einen wurden dessen einzelne Werte und Vorstellungen in eine moderne Sprache übersetzt. Zum anderen vollzog sich im Zuge einer solchen Übersetzung oft ein Wechsel der Ebenen. Etwa wenn die der christlichen Lehre zugrunde liegende Gleichheit aller Menschen vor Gott in der Moderne übersetzt wird in die Forderung einer Gleichheit vor dem bürgerlichen Recht. Oder wenn die auf das Gebot der Nächstenliebe zurückgehende christliche Ethik nun den Rahmen der christlichen Soziallehre verlässt und als politische Bewegung auf der Straße und in den Fabrikhallen sichtbar wird. Die gesamte Moderne ist davon geprägt, dass christliche Denkfiguren aus dem Rahmen der Religion in einen ganz anderen und meist profanen institutionellen Rahmen übertragen wurden. Im Zuge dieser

138 Max Weber, Die protestantische Ethik und der Geist des Kapitalismus, in: Gesammelte Aufsätze zur Religionssoziologie I, Tübingen 1988

139 Carl Schmitt, Politische Theologie – Vier Kapitel zur Lehre von der Souveränität, Berlin 2009

140 Karl Löwith, Weltgeschichte und Heilsgeschehen

141 Ernst-Wolfgang Böckenförde, Die Entstehung des Staates als Vorgang der Säkularisation (1967), in: ders., Staat, Gesellschaft, Freiheit. Studien zur Staatstheorie und zum Verfassungsrecht, 1976

Übertragung konnte es allerdings zu Bedeutungsverschiebungen oder Weglassungen kommen, die aus theologischer Perspektive den verweltlichten Gehalt mitunter sogar in einen blasphemischen Gehalt verwandelten. So konnten gläubige Christen durchaus mit einem gewissen Recht behaupten, dass der Kommunismus blasphemisch sei, da diese Lehre die Selbsterlösung des Menschen im Zuge einer Weltrevolution propagieren würde, was aus theologischer Sicht nicht möglich sei, da nur Gott den Menschen erlösen könne. Und doch war dieser Einspruch nur die halbe Wahrheit. Denn es war ja gerade das Harren und Hoffen der Kommunisten auf eine alles verändernde Revolution in der Zukunft, die letztlich die Übertragung und Übersetzung des christlichen Zeitempfindens darstellte.

Denn die politischen und geschichtlichen Energien der Moderne lassen sich nur verstehen, wenn man berücksichtigt, dass das Christentum eine Religion der Geschichte ist. Es erwartet das Heilige und Absolute nicht etwa im Raum oder in bestimmten Naturerscheinungen, noch in der Meditation, sondern in der Zeit, in der sich irgendwann das einst versprochene Heil verkörpern soll. So schreibt der Religionswissenschaftler Frederic Spiegelberg: »Kein anderer Glaube war derart auf ein datierbares Ereignis – ›...Gelitten unter Pontius Pilatus‹ – festgelegt. Keine andere Religion hat die Zeit derart eindeutig zum Ort der Erlösung, zum Raum der Entscheidung erklärt, in dem sich der Mensch zu bewähren hat.«[142] »Denn alle geschichtliche Wirklichkeit sollte verwandelt werden: das Krumme sollte gerade, das Niedrige erhöht, das Schwache stark werden.«[143] Gemessen an dieser Zeit-Geschichtsbezogenheit des Christentums stellten sowohl der moderne Fortschrittsglaube als auch die Revolutionserwartung der Kommunisten Übertragungen dieser christlichen Denkfigur auf moderne Verhältnisse dar.

Die Bezüge zwischen dem Christentum und der Moderne sowie dem Christentum und dem Sozialismus und Kommunismus gehen noch weiter. Denn in gewisser Weise war bereits in der christlichen Lehre die revolutionäre Umkehrung der etablierten Gesellschaftsordnung mit enthalten. Denn wenn Gottes Sohn sich nicht in einem Königssohn, nicht in einem Adeligen, sondern in dem Leben eines armen Bettelmönches verkörpert,

142 Frederic Spiegelberg, Die lebenden Weltregionen, Frankfurt a.M. 1997, S. 586

143 Ebenda, S. 588

der schon als Säugling der Verfolgung ausgesetzt war und schließlich einen üblicherweise den Sklaven vorbehaltenen entwürdigenden Tod am Kreuze stirbt, liegt dann nicht in diesem Umstand bereits die Aufforderung Gottes beschlossen, die herrschende Ordnung umzukehren? War durch Gottes Menschwerdung im Körper eines Ausgestoßenen nicht die gesamte herrschende Klasse gerichtet worden? Hatte nicht auf dem Hügel Golgota eine Umkehrung der Rangordnung stattgefunden, in der förmlich der Unterste zum Obersten erklärt wurde, oder wie es im Matthäus-Evangelium heißt, die Letzten zu den Ersten wurden? Und konnte dieser revolutionäre Grundgehalt der christlichen Lehre nicht auch im Nachhinein sehr gut erklären, warum diese Religion förmlich von unten entstanden ist und sich von dort aus erst langsam in der Gesellschaft verbreitet hat? Denn das Christentum ist im Gegensatz zu anderen Weltreligionen nicht eine Lehre, die von Königen und Adeligen gestiftet und eingesetzt worden ist. Vielmehr stellt das Christentum eine Ausnahme unter den Weltreligionen dar, da sie sich an die Armen wendet, eine Umkehrung der Gesellschaftsordnung theologisch impliziert und eine im Grunde genommen sozialistische Lebenspraxis lehrt. Es ist deshalb auch kein Zufall, dass das Christentum über mehrere Jahrhunderte nur im Untergrund existieren konnte und seine Gläubigen über viele Generationen hinweg der Verfolgung ausgesetzt waren, ehe sie durch ihren moralischen Vorbildcharakter in der Spätantike allmählich gesellschaftliche Anerkennung und schließlich auch politischen Einfluss erlangten.

Durch das Nachdenken über diese Zusammenhänge wird nämlich auch ein anderes Merkmal der europäischen Geschichte verständlicher, nämlich die dichte Abfolge von Revolutionen in der europäischen Neuzeit. Von den Kämpfen um die Errichtung der Schweizer Eidgenossenschaft über den deutschen Bauernkrieg, den holländischen Aufstand und die englische Revolution wird die Revolution allmählich zu einem Grundmuster der europäischen Neuzeit, das sich dann in der amerikanischen Revolution fortsetzt und schließlich in der französischen, russischen und spanischen Revolution ihren Höhepunkt findet. Indem das Christentum die Umkehrung der irdischen Ordnung theologisch voraussetzt, hatte es Werte und Gerechtigkeitsvorstellungen gestiftet, deren Übertragung auf politische Verhältnisse schließlich die revolutionären Bewegungen der Neuzeit erzeugte. In diesen Revolutionen hatte sich die christliche Lehre von der Gleichheit der

Seelen vor Gott in die Forderung nach einer politischen und rechtlichen Gleichheit übersetzt. Insbesondere infolge der Französischen Revolution wurde der Begriff »Revolution« mit quasi-messianischen Energien aufgeladen. So kommentiert Löwith: »Der Geschichtsprozess, wie er im Kommunistischen Manifest dargestellt wird, spiegelt das allgemeine Schema der jüdisch-christlichen Interpretation der Geschichte als eines providentiellen Heilsgeschehens auf ein sinnvolles Endziel hin. Der historische Materialismus ist Heilsgeschichte in der Sprache der Nationalökonomie.«[144] Indem die zahlreichen Revolutionen der europäischen Neuzeit politische Werte hervorgebracht haben, die auf einer Teilung bzw. sogar Umkehrung der natürlichen Machtverhältnisse beruhen, haben sie in gewisser Weise die christliche Werteordnung verweltlicht.

Die christliche Prägung Europas war nach der Inkubationszeit des Mittelalters und dem Anbruch der Neuzeit in eine Revolutionsepoche eingemündet. Und so entstanden im Laufe der europäischen Neuzeit aus den Revolutionen revolutionäre Werte, die wiederum zur Grundlage politischer Systeme wurden, deren zugrunde liegende Forderung nach einer Emanzipation des Menschen nicht ohne Weiteres wieder eingehegt werden konnte. Jede Revolution entzündete ein neues politisches Bewusstsein, das wiederum half, die nächste zu entfachen. Damit war eine geistige und politische Entwicklungsdynamik eingeleitet worden, die ihren logischen Abschluss nur in einer sozialistischen, wenn nicht sogar kommunistischen Gesellschaftsordnung hätte finden können.

All diese Zusammenhänge waren in der Mitte des 20. Jahrhunderts bereits bekannt. So fasst Karl Löwith diese Entwicklung in einem 1952 veröffentlichten Aufsatz wie folgt zusammen:

> »Es würde sich keine englische, französische und russische Revolution ereignet haben ohne den Glauben an Fortschritt, und es würde keine weltliche Fortschrittsideologie geben ohne den überweltlichen Glauben an ein künftiges Heilsgeschehen. ›Der revolutionäre Wunsch, das Reich Gottes zu realisieren, ist der elastische Punkt aller progressiven Bildung und der Anfang der modernen Geschichte‹ (Fr. Schlegel). Wenn es aber richtig ist, daß die Erwartung des Reiches Gottes und ihre revolutionäre

144 Karl Löwith, »Weltgeschichte und Heilsgeschehen«, in: Sämtliche Schriften, Bd. 2, Stuttgart 1983, S. 54

Verweltlichung durch Rousseau und Marx in Robespierre und Lenin geschichtsmächtig wurde, dann besagt dies, daß unser geschichtliches Denken und unser historisches Bewußtsein tatsächlich Geschehnisse hervorbringen, die es ohne es so nicht geben würde. Am Ende werden wir gar nicht unmittelbar von der Dynamik der Geschichte bewegt, sondern diese von unserem historischen Bewußtsein, von der Art und Weise, wie wir geschichtlich denken.«[145]

In welcher Weise die Fortschrittsideologie, von der Löwith spricht, wiederum aus den Erwartungen der christlichen Heilsgeschichte hervorgegangen ist, hatte er erstmals in einem 1949 auf Englisch veröffentlichtem Werk dargelegt. Das folgende Zitat kommt aus der 1953 auf Deutsch erschienenen und überarbeiteten Ausgabe:

»Das moderne Geschichtsbewusstsein hat sich zwar des christlichen Glaubens an ein zentrales Ereignis von absoluter Bedeutung entledigt, aber es hält an seinen Voraussetzungen und Konsequenzen fest, nämlich an der Vergangenheit als Vorbereitung und an der Zukunft als Erfüllung, so daß das Heilsgeschehen auf die unpersönliche Teleologie einer fortschreitenden Entwicklung reduziert werden konnte, in der jedes gegenwärtige Stadium die Erfüllung geschichtlicher Vorbereitungen ist. In eine weltliche Fortschrittstheorie verwandelt, konnte das Schema des Heilsgeschehens natürlich und beweisbar erscheinen.«[146]

Wenn diese Zusammenhänge allgemein bekannt waren, mussten dann nicht die Strategen des Kalten Krieges auf amerikanischer Seite sie in ihre Überlegungen und Planungen einbeziehen? Konnten sie es sich überhaupt leisten, von diesen Einsichten abzusehen? Und musste nicht angesichts dessen die Partei des Kapitalismus, hinter der am Ende immer auch reiche Familien, ja kapitalistische Dynastien standen, die sich durch die sozialistischen Erfolge ganz persönlich herausgefordert sahen, ihre Gegenoffensive letztlich mit Rücksicht auf diese Einsichten entwerfen und planen? Was wäre

145 Karl Löwith, »Die Dynamik der Geschichte und der Historismus«, in: Sämtliche Schriften, Bd. 2, Stuttgart 1983, S. 299 f.

146 Karl Löwith, »Weltgeschichte und Heilsgeschehen«, in: Sämtliche Schriften, Bd. 2, Stuttgart 1983, S. 199

denn für die oligarchische Ordnung gewonnen, wenn der Sozialismus und Kommunismus lediglich politisch zurückgedrängt wäre, aber der kulturelle Boden, auf dem diese Lehren ursprünglich gewachsen waren, nach wie vor intakt bliebe? Musste deshalb nicht der eigentliche Antikommunismus das Feld der Kultur betreten und dort die etablierten Denkmuster so verändern und dergestalt umschreiben, dass die Grundbotschaft der Arbeiterbewegung ihren Sinn verlöre? Und würde dies nicht bedeuten, dass man letztlich die christliche Prägung Europas in den Blick nehmen, ja diese in Frage stellen musste? Und würde das nicht wiederum bedeuten, dass man, um sozialistische und kommunistische Parteien zu bekämpfen, die christliche Prägung Europas einer Umwertung unterziehen müsste? Und hatte nicht bereits ein gewisser Friedrich Nietzsche hierfür Ende des 19. Jahrhunderts in weiser Voraussicht das philosophische Programm geschrieben, das dafür lediglich aufgegriffen und aktualisiert werden musste? Und stehen nicht in der zweiten Hälfte des 20. Jahrhunderts in Gestalt der Kulturindustrie, in Gestalt der neuen Medien von Fernsehen, Radio und Kino und schließlich auch in Gestalt neuester psychologischer und soziologischer Forschungen Kenntnisse zur Verfügung, mit denen sich die von Nietzsche inspirierten Vorgaben in einer Weise umsetzen lassen würden, die dieser zu seinen Lebzeiten sich nicht hätte vorstellen können?

Alles, was man dafür tun musste, war, die vorhandene Forschung zu studieren und im Einzelnen zu verstehen, wie genau aus der Säkularisierung des Christentums die Arbeiterbewegung und ihre politischen Philosophien des 19. und 20. Jahrhunderts entstanden waren. Von einer solchen Aneignung des öffentlich vorhandenen Wissensstandes ausgehend, konnte man dann die Begriffe und Denkvorstellungen identifizieren, die einer Umprägung bedurften, um auf diese Weise den im 20. Jahrhundert logisch und stringent wirkenden sozialistischen und kommunistischen Lehren erneut den Boden unter den Füßen zu entziehen. Die Denkmuster und Begriffe mussten nur ein wenig verändert werden. Mit jeder Veränderung würde es für die Öffentlichkeit schwieriger werden, die Forderungen der Arbeiterbewegung nachzuvollziehen, bis deren Denkhorizont irgendwann jegliche Schlusskraft einbüßen würde.

An grundlegenden Einsichten, die die meist linken Theoretiker hierzu bereits erarbeitet hatten, fehlte es jedenfalls nicht. Hegel hatte eine philosophische Methode geschaffen, durch die es möglich wurde, die Geschichte und Kulturprozesse in ihrer dialektischen Entwicklung zu denken. Hegel hatte auch bereits eine Geschichtsphilosophie erarbeitet, die die Verweltlichung des Christentums nicht als dessen Auflösung, sondern als dessen Vollendung beschrieb. Max Weber hatte mit seinem berühmtesten Werk »Die protestantische Ethik und der Geist des Kapitalismus« Einsichten bereitgestellt, die nicht nur die bereits zitierten Arbeiten Karl Löwiths ermöglicht haben, sondern überhaupt eine Vielzahl an Folgetheorien auf den Plan riefen, die im großen Detailreichtum die Säkularisierung und Verweltlichung christlicher Inhalte in der modernen Welt erklärten. Unterdessen hatten Georg Lukács, aber auch Max Horkheimer und Theodor W. Adorno Erklärungen dafür bereitgestellt, warum die von Karl Marx prognostizierten Revolutionen gerade in den entwickelten Staaten nicht eingetreten waren. Im Zuge dessen wurde von Walter Benjamin und besonders von Paul Tillich sehr differenziert erklärt, welche religiösen Grundvorstellungen und Energien überhaupt in der kommunistischen Bewegung wirksam waren und worin die Parallelen und Überschneidungen mit dem Christentum und Judentum konkret bestanden. Theodor W. Adorno, Max Horkheimer und Walter Benjamin hatten ähnliche Analysen bezüglich des Kapitalismus aber auch des Faschismus vorgenommen, die sie allerdings nicht als Säkularisierung des Christentums, sondern eher als moderne Spielarten des Mythos deuten. Das öffentlich zugängliche Wissen, das ab der Mitte des 20. Jahrhunderts über die kulturgeschichtliche Verankerung des Sozialismus und Kommunismus existierte, war somit sehr umfänglich und konnte durchaus in die strategischen Planungen der psychologischen Kriegsführung einfließen.

6.8 Die Institutionalisierung von Nietzsches Programm

Diese Hinweise lassen den Schluss zu, dass der kulturelle Kalte Krieg nicht nur passiv auf ideologische Umstände reagierte, sondern proaktiv in die kulturelle Entwicklung eingriff. Das wiederum bedeutet, dass die zu Beginn dieses Buches bereits erwähnte Künstlichkeit des postmodernen Wertesystems kein Zufall ist. Die postmodernen Werte erscheinen künstlich, weil sie in der Tat das Ergebnis eines künstlichen Eingriffs in die europäische Kultur sind, eines Versuchs, die Werte der traditionellen europäischen Kultur im nietzscheanischen Sinne umzuwerten. Da dieser Eingriff darauf abzielte, das kulturelle Fundament des Sozialismus und Kommunismus innerhalb der europäischen Kultur zu schwächen, sollte es möglich sein, diesen Wandel in den Grundkonzepten der Arbeiterbewegung von den 1950er- und 1960er Jahren bis heute nachzuweisen.

Eines der Kernelemente der von der Arbeiterbewegung geprägten linken Weltanschauung war der Glaube an die Möglichkeit des Fortschritts. Wenn es eine aktive, gegen Sozialismus und Kommunismus gerichtete Kulturpolitik gegeben haben sollte, dann hätte sie versuchen müssen, diesen Glauben zu schwächen. Denn nur wenn in der Gesellschaft ein geteilter Glauben an die Möglichkeit einer besseren Zukunft existiert, nur dann kann auch für diese Annahme gestritten werden.

Tatsächlich wurde der Fortschrittsgedanke ab den 1970er Jahren schrittweise diskreditiert und durch die Erwartung dystopischer Zukunftsvisionen ersetzt. Ein erster entscheidender Schritt in diese Richtung waren die Arbeiten des Club of Rome, dessen Buch »Grenzen des Wachstums« 1972 eine breite gesellschaftliche Debatte über die Unausweichlichkeit eines Zusammenbruchs der modernen Industriegesellschaften auslöste. Nur ein Jahrzehnt später wurden Dystopien zum zentralen Inhalt der Ökologiebewegung, die bereits in den 1980er Jahren vom Waldsterben, allgemeiner Verschmutzung bis hin zum auch damals bereits thematisierten Klimawandel ein breites Spektrum an Untergangszenarien popularisierte. Seit der Jahrtausendwende ist die Dystopie schließlich zu einem festen Bezugspunkt in vielen gesellschaftlichen Debatten geworden. Die aktuelle Klimabewegung im Westen nutzt Dystopien, daraus abgeleitete rituelle Handlungen und Verzichtsforderungen in ähnlicher Weise, wie dies auch von Sekten bekannt ist.[147]

Durch die seit den 1970er Jahren einsetzende und in den 1980er Jahren immer stärker werdende Politisierung des Umweltschutzes hat die Ökobewegung allmählich die Arbeiterbewegung als Hauptopposition abgelöst. Nach der Jahrtausendwende wurden die Werte der Ökologie allmählich als Leitideologie innerhalb der westlichen Gesellschaften etabliert. Auf diese Weise wurde der Widerspruch zwischen Kapital und Arbeit nach und nach durch den Antagonismus zwischen Zivilisation und Natur ersetzt. Diese

147 Alexander Dinger, Lennart Pfahler, Wenn eine Klimabewegung an eine Sekte erinnert, *Die Welt*, 08.04.2022

Beispiele machen deutlich, dass der für die Arbeiterbewegung entscheidende Glaube an Fortschritt tatsächlich eine dramatische Veränderung seiner Bedeutung erfahren hat. Diese Veränderung erfolgte durch eine von Jahrzehnt zu Jahrzehnt fortschreitende Neuinterpretation der zugrunde liegenden Denkmuster.

Eine weitere zentrale Denkfigur der traditionellen Linken war die Vorstellung, dass historische Subjekte existieren, dass sie möglich sind und der Fortschritt durch sie erstritten werden könnte. Wenn es eine aktive, gegen Sozialismus und Kommunismus gerichtete Kulturpolitik gegeben haben sollte, dann hätte sie versuchen müssen, diesen Glauben zu schwächen. Denn nur wenn man annimmt, dass die Geschichte beeinflussbar ist, dass in ihr historische Subjekte existieren können – sei es in Form der Arbeiterklasse, (etwa als streikende Belegschaft), oder in Form des Intellektuellen (sei er Schriftsteller, Kritiker oder Künstler) oder in Form des Revolutionärs – nur dann konnte der Glaube an den Fortschritt seinen revolutionären Kristallisationspunkt finden. Und so erstaunt es nicht, dass mit dem Auftreten der »neuen Philosophen« in Frankreich es ausgerechnet zu einer »Dekonstruktion« des Subjektbegriffs kommt, ja die Relativierung und »Dekonstruktion« des Subjektbegriffs geradezu zum Hauptgegenstand der philosophischen Diskussion mutiert.[148] Weil der Subjektstatus des Individuums nur eine Widerspiegelung der Gottesvorstellung sei, so der allgemeine Tenor, müsse mit dem Tod Gottes auch die Einheit des Subjekts in Frage gestellt werden. Die einheitliche Erfahrung des Ichs wird dabei ebenso zur Illusion erklärt wie die Existenz von Klassen oder die Idee eines Klassenkampfes.[149] Selbst der Begriff des Autors oder des Intellektuellen wird aufgegeben.[150]

Parallel dazu lässt sich ein Wandel des Menschenbildes beobachten. Das vom Humanismus geerbte optimistische Menschenbild, das die Vernunftbegabung des Menschen, seine schöpferischen Fähigkeiten sowie seine Befähigung zur Verantwortung und Freiheit in den Mittelpunkt gestellt hatte, bildete letztlich auch die Grundlage für alle Utopien und damit auch für

148 Gilles Deleuze, Nietzsche und die Philosophie, Frankfurt am Main 1985

149 Jan Rehmann, Postmoderner Links-Nietzscheanismus – Deleuze & Foucault – Eine Dekonstruktion, Hamburg 2004, S. 99ff.

150 Hauke Brunkhorst, Der entzauberte Intellektuelle: Über die neue Beliebigkeit des Denkens, Hamburg 1990, S. 127f

den kommunistischen Glauben an die Möglichkeit der Überwindung des Kapitalismus. Umso bemerkenswerter ist es, dass sich das Menschenbild in Westeuropa seit den 1970er Jahren dramatisch gewandelt hat. Statt wie im Humanismus die Vernunftbegabung des Menschen in den Mittelpunkt zu stellen, die einerseits als Wunder, andererseits als Forderung verstanden wurde, rückt nun zunehmend die zerstörerische, irrationale und unberechenbare Seite des Menschen in den Mittelpunkt der öffentlichen Aufmerksamkeit. So sieht die Umweltbewegung den Menschen in erster Linie als Verschmutzer der Natur. Die Bürgerrechtsbewegung in den USA befasste sich mit dem Rassismus der amerikanischen Gesellschaft, der Feminismus mit dem Sexismus des Alltags. Im Laufe der Jahrzehnte haben diese Debatten zu einem allgemeinen Misstrauen geführt. Mehr und mehr normalisiert sich ein Menschenbild, in dem der Bürger vor allem als potenzieller Rassist, Sexist[151] oder Umweltverschmutzer wahrgenommen wird.[152]

Tatsächlich hat sich das Menschenbild der gegenwärtigen Kultur so stark verändert, dass sogar die Sprache gereinigt und reguliert werden muss, da sonst – so die Annahme – die destruktiven Eigenschaften des Menschen die Oberhand gewinnen würden. Wie weit die Uminterpretation des gesellschaftlichen Lebens durch die postmoderne Neubewertung der Sprache geht, hat Robert Pfaller in seinem Buch »Erwachsenensprache«[153] gezeigt. In der transhumanistischen Bewegung, die heutzutage insbesondere in den USA an Einfluss gewinnt, wird der Mensch generell als ein fehlerhaftes Wesen betrachtet, das durch Technologie verbessert werden muss.[154] Der frühere humanistische Glaube an die kreativen und intellektuellen Fähigkeiten des Menschen tritt auf diese Weise zunehmend in den Hintergrund. Ohne diesen Glauben jedoch sind die politischen, sozialen und kulturellen Errungenschaften der Aufklärung wie Rede- und Pressefreiheit, die Freiheit der Kunst sowie die Idee einer gerechten Gesellschaft kaum aufrechtzuerhalten. Wenn der Mensch im Zweifelsfall destruktiv und gewalttätig ist,

151 Gabriele Kuby, Die globale sexuelle Revolution – Zerstörung der Freiheit im Namen der Freiheit, Kißlegg 2014, S. 178ff.

152 Hannes Hofbauer, Grün ist das neue Rechts, *Nachdenkseiten*, 21.04.2023

153 Robert Pfaller, Erwachsenensprache – Über ihr Verschwinden aus Politik und Kultur, Frankfurt am Main 2018

154 Thomas Wagner, Robokratie – Google, das Silicon Valley und der Mensch als Auslaufmodell, Köln 2015, S. 33ff.

dann ist es nur logisch, ein System der Kontrolle und Bevormundung um ihn herum aufzubauen.

Dieser Wandel des Menschenbildes geht mit einem weiteren Bedeutungswandel einher, nämlich einer neuen Einschätzung des Verhältnisses von Geist und Körper im Menschen. Das Christentum hat betont, dass der Mensch nach dem Bilde Gottes geschaffen wurde, und hat im Leben Jesu einen Weg aufgezeigt, wie der Mensch zu seinen höheren Qualitäten in Beziehung treten kann, ohne hierbei der Hybris und Selbstliebe zu verfallen. Die hohe Wertschätzung der Gabe der Vernunft im Zeitalter der Aufklärung stellte insofern die Säkularisierung dieser christlichen Sicht des Menschen dar, die den Kern des Menschen in seiner geistigen und seelischen Identität sah. Alle politischen Vorstellungen des 18. und 19. Jahrhunderts, etwa die Idee einer freien, gleichen und brüderlichen Gesellschaft, beruhten auf einem Menschenbild, das die Würde des Menschen aus seiner Fähigkeit zur Reflexion und Vernunft ableitete, das seinerseits wiederum in der christlichen Gottesvorstellung wurzelt.

Während des Kalten Krieges kommt es jedoch in Westeuropa zu einer Aufwertung des Trieblebens des Menschen, wobei hier die sogenannte sexuelle Revolution der 1960er Jahre und die Strukturen der Konsumkultur zusammenwirken und sich gegenseitig verstärken. Sowohl als Kunde als auch ideologisch werden die Bürger nun immer stärker als Triebwesen angesprochen. Nach der Jahrtausendwende rückte die Sexualität so sehr in den Mittelpunkt der gesellschaftlichen Debatten, dass sogar verschiedene Sexualitäten zum Gegenstand der Gesetzgebung werden, indem sie mit Rechten ausgestattet werden. Nach diesen neuen Gesetzen ist es in Teilen der USA und Westeuropas sogar strafbar geworden, die sexuelle Orientierung eines Menschen in Frage zu stellen oder zu kommentieren. Die sexuelle Identität wird nun gesetzlich geschützt, während zugleich der Geist für vogelfrei erklärt wird, Intellektuelle immer häufiger aus den Universitäten ausgeschlossen und intellektuelle Debatten in den Medien zunehmend zensiert werden.[155] In nur wenigen Jahrzehnten ist die Forderung nach einer Emanzipation des Geistes durch die Forderung nach einer Emanzipation der

155 Gabriele Gysi, Der Fall Ulrike Guérot – Versuch einer öffentlichen Hinrichtung, Frankfurt am Main 2024, S. 28ff.

Sexualität ersetzt worden, wodurch den politischen Kämpfen der Moderne förmlich der Boden unter den Füßen weggezogen wird.

Mit der Abwertung des Geistes und der Aufwertung des Körpers verändert sich auch der Begriff der Wahrheit. Die Entstehung der Wissenschaften in der frühen Neuzeit war nur möglich, weil die Idee einer einzigen Wahrheit, die die gesamte Wirklichkeit durchdringt, bereits in der europäischen Kultur verankert war. Diese Idee wiederum geht nicht nur auf die griechische Philosophie, sondern auch auf das Christentum selbst zurück. Der kulturelle Einfluss des Christentums trug insofern zur Entstehung der Wissenschaft in Europa bei, als die Idee des einen Gottes mit der Idee einer universellen Wahrheit verbunden war. Hinzu kam die christliche Vorstellung, dass Gott die Welt aus dem Wort erschaffen hat, was wiederum impliziert, dass Gottes schöpferisches Wort in allen Elementen der Schöpfung präsent ist und daher gelesen werden kann. Von dort war es nur noch ein kleiner Schritt zur Annahme von Naturgesetzen und dem Versuch, diese in der Natur zu erkennen. Die Entstehung der Naturwissenschaften beruht somit auf dem Zusammenwirken christlicher und griechischer Annahmen über die Wirklichkeit.

Und schließlich wäre auch die moderne Geschichtsphilosophie nicht ohne das Erbe des Christentums entstanden. Die europäische Geistesgeschichte verdankt ihren Begriff von Zeit und Geschichte fast ausschließlich der jüdisch-christlichen Tradition. Denn sowohl griechische als auch römische Antike waren von einem gänzlich anderen Zeitverständnis geprägt, das auf der Vorstellung einer schicksalhaften Wiederkehr einer in der kosmischen Ordnung verankerten Zeit beruhte. Gebrochen wird dieser natürliche Schicksalsglaube zunächst bei den jüdischen Propheten und später in der christlichen Lehre. Seitdem ist die Zeit nicht länger Repräsentant einer natürlichen, schicksalsgebundenen Ordnung, sondern in gewisser Weise aus der Natur herausgefallen, wird zur Geschichte und ist fortan auf Gott sowie den von ihm geschaffenen Menschen bezogen. Dies bedeutet, dass sich allmählich ein Geschichtsbegriff durchsetzt, der alle geschichtlichen Entwicklungen fortan in Bezug auf den Menschen bewertet und dem Menschen selbst nicht mehr gleichgültig gegenübersteht. Wie sehr dieser nun auf den Menschen bezogene und nicht länger am Kosmos orientierte Geschichtsbegriff die europäische Geistesgeschichte prägt, wurde von Karl Löwith in seinem

Werk »Weltgeschichte und Heilsgeschehen« im Detail gezeigt.[156] Die mit und nach Hegel entstandenen Geschichtsphilosophien, einschließlich der sozialistischen und kommunistischen Utopien, bestätigen diesen Grundzug der europäischen Geistesgeschichte und stellen somit eine Säkularisierung des christlichen Geschichtsbegriffs dar.

Wenn während des Kalten Krieges eine Kulturpolitik formuliert wurde, die systematisch die mit dem Sozialismus und Kommunismus verbundenen Denkmuster in Frage stellte, dann hätte auch dieses geschichtsphilosophische Verständnis von Wahrheit eine Neuinterpretation erfahren müssen. Und in der Tat lässt sich feststellen, dass mit dem Aufkommen der »neuen Philosophen« in Frankreich wie auch durch ähnliche Entwicklungen in Deutschland die Verbindung zwischen dem Wahrheitsbegriff und der Geschichte besonders in Frage gestellt wird. Zunächst einmal wird der Begriff einer Universalgeschichte angezweifelt und relativiert.[157] Die eine Weltgeschichte wird durch eine Vielzahl von Geschichten ersetzt. Das Ende der großen Erzählungen wird proklamiert[158] und das Ende der Geschichte sogar behauptet.[159] Ähnlich verhält es sich mit dem Wahrheitsbegriff selbst, dessen Perspektivismus nun mit Rekurs auf ein Theorem Nietzsches hervorgehoben wird. In der Postmoderne wird der Wahrheitsbegriff schließlich so weit subjektiviert, dass fast alle Kategorien zu Interpretationen werden – die manchmal bestimmten Minderheiten zugeordnet werden – und daher in einer gemeinsamen Debatte nicht mehr funktionieren können. Die Gültigkeit des besseren Arguments wird durch die Gültigkeit des stärkeren Gefühls ersetzt.

Man könnte argumentieren, dass diese hier beschriebenen Bedeutungsverschiebungen in der europäischen Kultur andere Ursachen haben. Schließlich war die zweite Hälfte des 20. Jahrhunderts auch durch wirtschaftliche Expansion und technologische Entwicklung gekennzeichnet. Warum sollte eine während des Kalten Krieges initiierte Kulturpolitik dies bewirkt haben? Dieser Einwand klingt zunächst berechtigt, ist aber leicht zu entkräften.

156 Karl Löwith, »Weltgeschichte und Heilsgeschehen«, in: Sämtliche Schriften, Bd. 2, Stuttgart 1983

157 Odo Marquard, Schwierigkeiten mit der Geschichtsphilosophie, Frankfurt am Main 1973

158 Jean-François Lyotard, Randbemerkungen zu den Erzählungen, in: Postmoderne und Dekonstruktion, Stuttgart 1990, S. 49

159 Francis Fukuyama, Das Ende der Geschichte, in: *The National Interest*, Sommer 1989

Schon das Beispiel Deutschland zeigt, dass die postmoderne Umwertung bestehender Werte in Westdeutschland viel nachhaltiger gewirkt hat als in Ostdeutschland, wo postmoderne Werte immer noch von einem großen Teil der Bevölkerung abgelehnt werden, was sich auch in den Wahlergebnissen widerspiegelt.[160] Ähnliche Unterschiede im Wählerverhalten lassen sich auch zwischen West- und Osteuropa feststellen, was deutlich macht, dass der Wertewandel etwas mit dem Kalten Krieg zu tun haben muss.

6.9 Noch einmal Nietzsche

Am Ende dieses langen Kapitels scheint es noch einmal notwendig, erneut zu Friedrich Nietzsche zurückzukehren. Denn die bisherigen Ausführungen bezogen sich lediglich auf einen Aspekt seiner Philosophie, nämlich seine Bereitschaft, in die Geistesgeschichte einzugreifen, sie zu einem Gegenstand der Konstruktion und Ideenpolitik zu machen. Dabei wurden jedoch die konkreten Inhalte und Ziele von Nietzsches Ideenpolitik lediglich gestreift. Doch angesichts des Einflusses, den sein Werk auf den kulturellen Kalten Krieg genommen hat, verdient auch das eigentliche Thema seiner Philosophie eine genauere Betrachtung. Was wollte dieser Philosoph wirklich? Und welche anderen Aspekte seines Denkens könnten zusätzlich Einfluss auf unsere Gegenwart genommen haben?

Es wurde gezeigt, dass die Philosophie Nietzsches große Teile der historischen Vergangenheit im Interesse einer neu konstruierten Zukunft überwinden möchte. Allerdings bezieht sich diese Ablehnung nicht auf die gesamte geistesgeschichtliche Tradition. Nietzsches Einschätzung des antiken vorchristlichen Wertesystems spielt hier eine entscheidende Rolle. Er lehnt die christliche Vergangenheit ab, weil das Christentum den Gedanken der Gleichheit aller Menschen vor Gott in die Welt gebracht habe. Entsprechend träumt er von der Wiederherstellung antiker vorchristlicher Traditionen. Denn die Antike habe die natürliche Rangordnung des Lebens anerkannt und damit auch Rangunterschiede zwischen den Menschen akzeptiert. Für den Altphilologen Nietzsche stellt die moderne, zeitgenössische Welt einen Abfall von der antiken griechisch-römischen Zivilisation dar. So heißt es im »Antichrist«, dass

160 Emily Schultheis, Die »neuen« Bundesländer sind immer noch ein Land für sich, *Merkur*, 26.07.2021

»das imperium Romanum, die grossartigste Organisations-Form unter schwierigen Bedingungen, die bisher erreicht worden ist, im Vergleich zu der alles Vorher, alles Nachher Stückwerk, Stümperei, Dilettantismus ist [...].« »Das imperium Romanum, das wir kennen, das uns die Geschichte der römischen Provinz immer besser kennen lehrt, dies bewunderungswürdigste Kunstwerk des grossen Stils, war ein Anfang, sein Bau war berechnet, sich mit Jahrtausenden zu beweisen, – es ist bis heute nie so gebaut, nie auch nur geträumt worden, in gleichem Masse sub specie aeterni zu bauen! – Diese Organisation war fest genug, schlechte Kaiser auszuhalten: der Zufall von Personen darf nichts in solchen Dingen zu thun haben, – erstes Prinzip aller grossen Architektur. Aber sie war nicht fest genug gegen die corrupteste Art Corruption, gegen die Christen.«[161]

Da Nietzsche in Anlehnung an den britischen Historiker Edward Gibbon das Christentum für den Untergang der griechisch-römischen Zivilisation verantwortlich machte, entwickelte er die Idee, dass der Aufstieg der Moderne als atheistisches nachchristliches Zeitalter die Möglichkeit zu einer Wiederherstellung der Grundprinzipien der antiken Werteordnung in sich trägt. Die Schwäche des Christentums in der Moderne erlaubt somit eine gegen das Christentum gerichtete Revolution, eine Umwertung seiner Werte.

Für die Entstehung des Christentums macht Nietzsche nicht so sehr Jesus und seine Jünger, sondern den Apostel Paulus verantwortlich. Nietzsche sah in Paulus den großen intellektuellen Revolutionär der Antike, der durch die Schaffung der christlichen Theologie eine Art geistigen Angriff auf die kulturellen Grundlagen des Römischen Reichs formuliert habe. Nietzsche wirft Paulus vor, durch die Gestaltung der christlichen Theologie letztlich eine Umwertung der antiken Wertordnung erreicht zu haben. Habe die antike Werteordnung sich an der natürlichen Rangordnung der Gesellschaft orientiert und somit den Starken und Mächtigen legitimiert, so würde die von Paulus geschaffene Theologie die natürliche Wertordnung umkehren, einerseits weil sie die Gleichheit aller Seelen vor Gott predige, und

161 Friedrich Nietzsche, Der Antichrist, Kritische Studienausgabe, Bd. 6, Berlin 1969, S. 245f.

andererseits weil sie z. B. in der Bergpredigt sogar den Schwachen über den Starken stelle. Paulus habe somit die Lehre vom schwachen Gott in die Herzen der Menschen eingepflanzt. Die Kunde von einem Gott, der so schwach ist, dass er nicht einmal seinen eigenen Sohn retten kann, habe die Substanz des römischen Imperiums untergraben und letztendlich dessen Niedergang bewirkt, weshalb rückblickend die Lehre des Paulus auch als ein geistiger Angriff auf die Kultur Roms gelesen werden kann.[162]

Da in Nietzsches Philosophie das Ansehen eines Menschen mit dessen Fähigkeit verbunden ist, die Werteordnung umzuwerten, kann man in Anlehnung an Jacob Taubes[163] davon ausgehen, dass eine Person wie Paulus, die die Werteordnung für Jahrhunderte verändert hat, in Nietzsches Augen das war, was er einen »Übermenschen« nennt. Indem Nietzsche nun Paulus im Lichte des anbrechenden modernen und letztlich atheistischen Zeitalters herausfordert, versucht Nietzsche selbst, die Werteordnung für künftige Generationen neu zu schreiben. Doch indem Nietzsche sich selbst den Status eines Umwerters aller Werte zuspricht, ist er in der Konsequenz seines eigenen Denkens letztlich ein zweiter Übermensch, der nun versucht, die von Paulus geschaffene christliche Werteordnung umzuwerten. So notiert Nietzsche in seiner letzten, erst posthum veröffentlichten Schrift »Ecce Homo«:

> »Ich kenne mein Los. Es wird sich einmal an meinen Namen die Erinnerung an etwas Ungeheures anknüpfen, – an eine Krisis, wie es keine auf Erden gab, an die tiefste Gewissens-Collision, an eine Entscheidung heraufbeschworen *gegen* Alles, was bis dahin geglaubt, gefordert, geheiligt worden war. Ich bin kein Mensch, ich bin Dynamit.«[164]

Vor diesem Hintergrund werden die zahlreichen Schmähungen Nietzsches gegen das Christentum, etwa seine Kritik am Mitleid und sein Eintreten für eine natürliche Rangordnung des Lebens, verständlich. Schließlich versuchte Nietzsche auch mittels der Idee einer »ewigen Wiederkehr des Gleichen« den antiken Zeitbegriff, der im Unterschied zum christlichen nicht linear,

162 Vgl.: Hauke Ritz, Der Kampf um die Deutung der Neuzeit, München 2015, S. 329ff.

163 Jacob Taubes, Die Politische Theologie des Paulus, München 1995, S. 109

164 Friedrich Nietzsche, Ecce homo, Kritische Studienausgabe, Bd. 6, Berlin 1988, S. 365

sondern kreisförmig strukturiert war, wiederherzustellen. Ähnlich wie sein geistiger Gegenspieler Paulus seine Bekehrung vor Damaskus als Erweckungserlebnis erfuhr, beschreibt nun auch Nietzsche seine Vision der ewigen Wiederkehr ebenfalls als das Ergebnis eines Bekehrungserlebnisses.[165] Schließlich verfasst er mit seinem Werk »Also sprach Zarathustra« eine im biblischen Stil verfasste Anti-Bibel. All seine Handlungen laufen darauf hinaus, den durch das Christentum erzielten Kulturbruch spiegelbildlich in der Moderne zu wiederholen.

Doch dabei gibt es noch einen anderen Aspekt zu berücksichtigen, den Domenico Losurdo in seiner Biographie »Nietzsche – der aristokratische Rebell« herausgestrichen hat. Die eigentliche Motivation, die hinter Nietzsches Kampf gegen das Christentum steht, ist nach Losurdo seine tief sitzende Angst vor einer proletarischen Revolution, deren Sieg er während der Pariser Kommune befürchtete und die er sich als eine Zerstörung der Kultur vorstellte.[166]

Losurdo arbeitet in seiner Biographie heraus, inwiefern fast alle von Nietzsche entwickelten Begriffe und Theoreme wie z. B. die Lehre der ewigen Wiederkehr darauf abzielen, jene Elemente der europäischen Kultur umzuschreiben, die letztlich eine proletarische Revolution befördern können. So stellt Nietzsche eine direkte Verbindung zwischen der Bereitschaft der Arbeiter zur Revolution und dem linearen Zeitbegriff des Juden- und Christentums her, den er deshalb durch die Lehre von der ewigen Wiederkehr ersetzen möchte.[167] Die Lehre von der Wiederkehr des Gleichen sowie der Liebe zum Schicksal (amor fati) soll zum Einverständnis mit dem Gewesenen führen, wodurch wiederum die revolutionären Energien gebunden werden sollen. »Meine Formel für die Größe des Menschen ist amor fati: dass man Nichts anders haben will, vorwärts nicht, rückwärts nicht, in alle Ewigkeit nicht.«[168] Dabei geht es Nietzsche darum, den Anthropozentrismus des Christentums, aus dem schließlich der Humanismus entstanden ist, aus der europäischen Kultur zu entfernen.

165 Jacob Taubes, Die Politische Theologie des Paulus, München 1995, S. 118

166 Domenico Losurdo, Nietzsche – der aristokratische Rebell. Intellektuelle Biographie und kritische Bilanz, Argument Verlag, Berlin 2012, S. 33ff.

167 Ebenda

168 Friedrich Nietzsche, Ecce Homo, in: Kritische Studienausgabe KSA 6, München 1988, S. 297

Die zivilisatorische Ordnung soll wie eine Naturordnung hingenommen werden. Die Unterscheidung zwischen Geschichte und Natur soll zurückgenommen werden. In seinem Versuch, die revolutionäre Weltsicht zu bekämpfen, richtet sich Nietzsche sogar gegen viele Grundannahmen der Aufklärungsphilosophie, die ihm noch zu humanistisch und damit christlich geprägt erscheinen.

Nietzsche wirft sowohl dem Christentum als auch der Aufklärungsphilosophie vor, den Menschen von der Welt und der natürlichen Ordnung der Dinge entfremdet zu haben. Sowohl das Christentum als auch die Aufklärung haben den Menschen in den Mittelpunkt gerückt und zugleich den Kosmos und die Natur entwertet. Nietzsche möchte diesen Anthropozentrismus sowohl des Christentums als auch der Aufklärungsphilosophie rückgängig machen.

Im Unterschied sowohl zum vermenschlichten Gott des Christentums als auch zur humanen Vernunft der Aufklärung stehe der Kosmos dem Menschen gleichgültig gegenüber. Diese gleichgültige Beziehung des Kosmos zum Menschen zwingt diesen, die Welt zu akzeptieren wie sie ist, wodurch letztlich auch der Gedanke an Revolution und Utopien unmöglich wird. An die Stelle der Revolution würde in einer auf den Kosmos bezogenen Welt die Tragödie treten. Der sich gegen sein Schicksal auflehnende Mensch würde an der Welt scheitern, wodurch es zu einer tragischen Erhöhung des Menschen komme.

Nietzsche sehnt sich nach einer Welt, in der der Mensch weder seine Erlösung im Christentum sucht, noch diese säkular durch Vernunft oder Revolution anstrebt, sondern stattdessen seine tragische Erhöhung im Angesicht des Schicksals erfährt. Für Nietzsche ist die Zivilisation vor allem ästhetisch und nicht moralisch gerechtfertigt. Sie kann wie in der Antike auf Sklaverei beruhen, solange sie Schönheit in Form der Tragödie hervorbringt. Ja, es finden sich in seinem Werk auch immer wieder Sätze, die darauf hindeuten, dass er die Existenz von Sklaverei sogar als eine Vorbedingung der Kultur begriffen hat. So heißt es in »Ecce Homo«:

> »Werfen wir einen Blick ein Jahrhundert voraus, setzen wir den Fall, dass mein Attentat auf zwei Jahrtausende Widernatur und Menschenschändung gelingt. Jene neue Partei des Lebens, welche die grösste aller

Aufgaben, die Höherzüchtung der Menschheit in die Hände nimmt, eingerechnet der schonungslosen Vernichtung aller Entarteten und Parasitischen, wird jenes *Zuviel von Leben* auf Erden wieder möglich machen, aus dem auch der dionysische Zustand wiedergeboren werden muss. Ich verspreche ein *tragisches* Zeitalter: die höchste Kunst im Jasagen zum Leben, die Tragödie, wird wiedergeboren werden, wenn die Menschheit das Bewusstsein der härtesten, aber nothwendigsten Kriege hinter sich hat, *ohne daran zu leiden ...*«[169]

Mit anderen Worten, der Mensch soll Gewalt, Tod und Leid als notwendigen Teil des Lebens begreifen und das Mitleid, als eine in Nietzsches Augen lebensverneinende Kraft, in sich abtöten.

Letztlich bekundet sich hier eine Haltung, die wie geschaffen ist für den distanzierten Blick einer privilegierten Elite auf die übrige Gesellschaft. Nietzsches Philosophie bietet dieser Elite eine Lösung an, um ihr schlechtes Gewissen über ihre Ausnahmestellung in eine Abstandshaltung zu übersetzen und diese Verdrängungsleistung auch noch zu rationalisieren. Nietzsches Philosophie verneint die Aufwertung des menschlichen Lebens als Folge des Christentums und möchte in eine Antike zurückkehren, in der bestimmte Leben wertlos waren, so anders geschätzt wurden als jene der herrschenden Klasse, dass sie in Gladiatorenkämpfen zur Unterhaltung der Zuschauer geopfert werden konnten.

Und so entwirft Nietzsche systematisch die Ethik einer nachchristlichen und letztlich postaufklärerischen Welt, deren erneute Durchsetzung er angesichts der Schwächung des Christentums innerhalb der Moderne für möglich hält. Nietzsches Philosophie läuft auf die Vorstellung hinaus, dass es notwendig sei, die Vernunft zu zerstören, um den Sozialismus zu verhindern. Und nicht nur den Sozialismus, denn letztlich geht es Nietzsche um die Verhinderung aller politischen Konzepte, die auf der rechtlichen Gleichheit der Bürger beruhen. Dabei steht hinter seiner Kritik am Sozialismus, an Republikanismus und Demokratie letztlich eine vor allem ästhetisch motivierte Utopie. Um der tragischen Dimension der Wirklichkeit willen darf die Gesellschaft nicht auf den Menschen, sondern muss auf die Ordnung

169 Friedrich Nietzsche, Ecce Homo, Kritische Studienausgabe KSA 6, München 1988, S. 313

des Kosmos und der Natur bezogen sein. Und dies impliziert die Akzeptanz der gegebenen Gesellschaftsordnung als einer natürlichen Ordnung, an der der Mensch tragisch scheitern und tragisch erhöht werden kann, die aber ansonsten hinzunehmen ist.

Diese Wertung bedeutet allerdings auch, dass die nachchristliche und postaufklärerische Welt, von der Nietzsche träumt, auch eine Welt wäre, in der die Möglichkeit einer Revolution ausgeschlossen ist. Mit der Überwindung des Anthropozentrismus des Christentums würden auch dessen moderne Formen, nämlich der Humanismus, die Werte der Aufklärung, die Vernunft und der Glaube an die Veränderbarkeit der Welt ihre Geltung verlieren. Damit verschwände auch ein dualistisches Verständnis von Wirklichkeit, das die Spannung zwischen Realität und Ideal, Sein und Sollen, Immanenz und Transzendenz zulässt. Die Idee einer Umkehrung der gesellschaftlichen Ordnung, die das Christentum theologisch vorweggenommen hatte und die schließlich im Zeitalter der Aufklärung allgemein denkbar wurde, würde infolgedessen ihre Denkbarkeit wieder verlieren. Die von Nietzsche imaginierte Gesellschaftsordnung wäre eine, in der die Macht derart übermächtig wäre, dass sie wie ein Teil der natürlichen Ordnung erschiene und sich somit nackt und unverkleidet zeigen könnte. Der Mensch würde wieder wie zu antiken Zeiten dem Schicksal ausgeliefert sein, was die von Nietzsche ersehnte tragische Dimension des Lebens wieder herstellen würde.

Die Religion, die in einer solchen postaufklärerischen und postrevolutionären Welt schließlich das Christentum ersetzen würde, könnte daher nur auf eine Verehrung des Schicksals hinauslaufen, eine Religionsform, die Nietzsche selbst in der von ihm aufgestellten Forderung, das Schicksal zu bejahen – Amor Fati – bereits vorweggenommen hat. Eine solche Religion ohne Transzendenz und ohne Erlösung entspräche der Struktur nach einer polytheistischen Religion, insofern der Polytheismus ebenfalls das Schicksal in Gestalt der Götter bzw. Naturmächte verehrt, aber eine eigentliche Erlösung von irdischer Verstrickung nicht kennt. Denn im Polytheismus sind auch die Götter dem Schicksal ausgesetzt. Da der Polytheismus nun aber auf der Speerspitze der Moderne wiederkehren würde, würde es sich praktisch um eine neopagane Bewegung handeln. Es käme infolgedessen zur Vergöttlichung irdischer Gehalte, wie z. B. der Sexualität, des Krieges, der Macht, der Technologie oder einfach des Schicksals. Eine solche Vergöttlichung der Naturmächte würde keinen Transzendenzbezug beinhalten und wäre mit den Interessen des Machterhalts einer herrschenden Gruppe kompatibel. Denn in dem von Naturmächten bevölkerten Götterhimmel würde sich die irdische Verstrickung ein weiteres Mal wiederholen, wodurch es kein Sinnbild einer Erlösung, keine Utopie einer Überwindung der Macht mehr gäbe.

Das bekannteste historische Beispiel für eine Wiederkehr einer neopaganen Geisteslage inmitten der Moderne ist der deutsche Nationalsozialismus. Der erste, der die neopagane Struktur des deutschen Faschismus erkannt und analysiert hat, war der Theologe Paul Tillich, der in seinem Anfang 1933 veröffentlichten und später verbrannten Werk »Die sozialistische Entscheidung«[170] sowohl den Faschismus als auch den Sozialismus als moderne Religionen untersucht. Während der Sozialismus nach Tillich eine säkularisierte Form des christlichen und jüdischen Monotheismus darstellt, so handle es sich beim Faschismus um eine politische Religion mit neopaganen Strukturen.

Nicht nur haben die Nazis aktiv die Verbindung mit vorchristlichen Traditionen gesucht, was zum Beispiel in der Forschungsgemeinschaft Deutsches Ahnenerbe zum Ausdruck kam, ein von Heinrich Himmler, dem damaligen Reichsführer der SS, gegründeter Verein, der durch Expeditionen und Ausgrabungen das Ziel verfolgte, erneut an die Glaubensvorstellungen der alten Germanen anzuknüpfen. Auch sonst suchten die Nazis ständig die Verbindung mit den Ursprüngen, ein typisches Merkmal einer polytheistischen Religionsform. So etwa hinsichtlich der Betonung von Abstammungsverhältnissen, dem Denken in Blutsbanden, der Beschwörung von Rasse, Heimat und Boden sowie der Nutzung ästhetischer Effekte wie Lichtdome und Fackelumzüge. Auch die ständige Beschwörung von Opferbereitschaft und Heldentum weist den deutschen Faschismus als eine Bewegung aus, die aktiv die Denkfiguren des säkularen Christentums durch eine tendenziell neopagane Weltanschauung zu ersetzen versuchte. In Anlehnung an Tillich haben später Max Horkheimer und Theodor W. Adorno die strukturellen Ähnlichkeiten zwischen Faschismus und Polytheismus für ihre berühmte These vom Umschlag von Aufklärung in Mythologie

170 Paul Tillich, Die sozialistische Entscheidung, 2. Auflage, Berlin 1980, S. 24–48

genutzt.[171] In der Nachkriegszeit wurde diese These zudem von dem Religionswissenschaftler Klaus Heinrich und dem Religionsphilosophen Jacob Taubes weiterentwickelt.

Heute lebt der Neopaganismus vor allem in der Popkultur und in der postmodernen Philosophie fort. In der Popkultur ist die Beschwörung der Naturmächte, etwa durch den übermäßigen Bezug auf Sexualität, Gewalt und Tod und die Verwendung hypnotischer übermächtiger Bilder, von zentraler Bedeutung. Dazu kommt die ebenfalls mit der Popkultur verwobene New-Age-Bewegung, die ganz bewusst an pagane Glaubensvorstellungen anknüpft und sie für die Gegenwart zu aktualisieren versucht. So ist es bezeichnend, dass die Mehrzahl aller Science-Fiction-Filme der letzten Jahrzehnte Zukunftsvisionen darstellt, in denen eine zukünftige mit Hochtechnologie ausgestattete Welt zugleich auf einer neopaganen, neofeudalen und quasi mittelalterlichen Gesellschaftsordnung beruht.

Auch die postmoderne Philosophie weist zahlreiche Merkmale auf, die eine strukturelle Ähnlichkeit mit einem neopaganen Weltverhältnis erkennen lassen. Beispiele hierfür sind die Infragestellung eines linearen Geschichtsbegriffs zugunsten eines Endes der Geschichte (Francis Fukuyama) oder eines Endes der großen Erzählungen (Jean-François Lyotard), was letztlich in eine Gegenwartszentrierung einmündet, durch die jedes zielgerichtete und damit kritische Zeitempfinden aufgelöst wird. Auch die Relativierung und Subjektivierung des Wahrheitsbegriffs, durch die das Empfinden mehrerer gleichzeitig nebeneinander existierender Wahrheiten ermöglicht wird, weist Entsprechungen zur polytheistischen Geisteslage auf, in der ebenfalls so viele Wahrheiten wie Götter existieren. Die Aufwertung der Sexualität und besonders die Verehrung der Transsexualität ist ebenfalls ein Merkmal, das die Postmoderne mit der Werteordnung polytheistischer Gesellschaften verbindet und von einer monotheistischen Kultur unterscheidet, die die Ambivalenz der Geschlechterspaltung durch die Weihe der Ehe statt durch die Sakralisierung der Transsexualität zu überbrücken sucht.

Der Religionsphilosoph Jacob Taubes kommentierte diese in den 1980er Jahren einsetzende akademische Rehabilitierung des Mythos, wobei das

171 Max Horkheimer, Theodor W. Adorno, Der Begriff der Aufklärung, in: Dialektik der Aufklärung, Frankfurt am Main 1998, S. 9 ff.

folgende Zitat zahlreiche Anspielungen auf die Arbeiten seiner Kollegen in der Forschungsgruppe »Poetik und Hermeneutik« enthält.

> »Was einst kunstphilosophisch und literaturwissenschaftlich unschuldig begann und an verschiedenen Ecken der deutschen akademischen Republik durchexerziert wurde, hat uns nun religionsphilosophisch und spirituell in hohe Schulden gestürzt. Was einst als kommentierende Arbeit am Mythos und an Literatur begann, angesiedelt zwischen ›Terror und Spiel‹, ist nun kostspielig geworden im Ernst der Frage nach Gott und Göttern. Die Arbeit am Mythos in Mythologie und Literatur hat uns selbst in eine mythogene Geisteslage versetzt.«[172]

Tatsächlich setzte sich in den 1980er Jahren in den deutschen Geisteswissenschaften eine positivere Sicht auf den Mythos durch, was sich u. a. in Hans Blumenbergs »Arbeit am Mythos«[173] oder in Odo Marquards »Lob des Polytheismus«[174] ausdrückte. Nun könnte man all diese strukturellen Ähnlichkeiten auch wieder relativieren. Die Popkultur muss alleine aus dem Grund ihres warenförmigen Charakters die Symbole des Neopaganismus verwenden. Und Science-Fiction-Filme, die eine vernünftige und rationale Zukunft imaginieren, sind tendenziell langweilig und unverkäuflich. Selbst wenn die Postmoderne strukturelle Ähnlichkeiten zu polytheistischen Religionsformen aufweist, so ist der Flirt postmoderner Philosophen mit dem Neopaganismus doch etwas ganz anderes als die Weltanschauung wirklicher indigener Stämme, die noch an Götter und Naturmächte glauben. Was zunächst wie die Reaktualisierung alter Glaubenssysteme auftritt, ist in Wirklichkeit die Schöpfung von etwas Neuem, das nur strukturelle Ähnlichkeiten zum ursprünglichen Heidentum aufweist. Doch vielleicht geht es auch gar nicht primär um die Frage, ob wirklich inmitten der modernen Welt eine neopagane Religionsform erneut Fuß fassen könnte. Vielleicht geht es stattdessen eher um die Frage, ob die Weltbilder, Faszinationen und Traumenergien, die hinter den politischen Ereignissen der Gegenwart stehen, von der Vision Nietzsches beeinflusst sind?

172 Jacob Taubes, Zur Konjunktur des Polytheismus, in: Vom Kult zur Kultur, München 1996, S. 341

173 Hans Blumenberg, Arbeit am Mythos, Frankfurt am Main 1981

174 Odo Marquard, Lob des Polytheismus, Berlin 1979

Denn Nietzsche strebte anders als die Philosophen der Aufklärung keine vollständige Übereinstimmung mit der Vernunft an. Er wollte, anders als Marx, gar nicht die Mehrheit überzeugen oder auch nur von der Mehrheit verstanden werden. Er sah sich nicht als Anwalt der Aufklärung, sondern als Vertreter der Gegenaufklärung, weshalb sich seine Schriften an eine kleine Elite richteten. Und diese kleine und einflussreiche Elite könnte seine Vision auch dann teilen, wenn diese gar nicht vernünftig ist.

Hinzu kommt noch, dass man den Einfluss der Philosophie nicht unterschätzen sollte. Die Geschichte hat wiederholt gezeigt, dass es eine Verzahnung zwischen Ideen- und Realgeschichte gibt. Neue Philosophien bereiten durchaus neue historische Ereignisse vor, so wie die Französische Revolution durch Jean-Jacques Rousseau und die Russische Revolution und die gescheiterte deutsche Novemberrevolution durch das Werk von Karl Marx mit vorbereitet worden sind. Dabei ist die Wechselbeziehung zwischen der Ideen- und der Realgeschichte nicht immer direkt nachweisbar und kann dennoch bestehen.

Von einer solchen Wechselwirkung geht auch Jacob Taubes aus. In dem folgenden Zitat, das zahlreiche Anspielungen u. a. auf Adorno und Horkheimer und Max Weber enthält, wendet sich Taubes gegen die Rehabilitierung des Mythos in den akademischen Debatten der 1980er Jahre und stellt diese in eine Beziehung zum Neopaganismus der 1930er- und 1940er Jahre:

> »[…] Freilich, ihre [Adorno und Horkheimer] diagnostische These ›Aufklärung schlägt in Mythologie zurück‹ leuchtet als Menetekel an der Wand unseres Bewusstseins im Zeichen des epochalen Siegeszuges des Faschismus, der die moralischen und politischen Fundamente Alteuropas zerstörte. Das Menetekel hat sich im Biedermeier unseres Posthistoires, in dem zwar viel passiert, aber nichts mehr geschieht, zum nüchternen Protokollsatz über den Geist der Epoche gewandelt. Die Schrecken des Mythos, exekutiert in der ersten Hälfte des zwanzigsten Jahrhunderts, haben für das liberale pluralistische juste milieu unserer Gegenwart ihre Gewalt verloren. Die alten Götter, entzaubert, entsteigen wieder ihren Gräbern. Aber nicht wie vor einer Generation in Gestalt von unpersönlichen Mächten, die nach Gewalt über unser Leben streben und im Kampf um Werte unversöhnlich gegeneinander antreten, sondern sie werden

berufen, um den ›Spielraum der Imagination‹ jener Zeitgenossen zu füllen, die sich, wie Claude Lévi-Strauss bemerkt, ›zwischen Wissenschaft und Sensibilität zerrissen fühlen‹.«[175]

Der dramatische Wandel der Nietzscherezeption während des Kalten Krieges muss allerdings zu denken geben. In den 1950er Jahren wurde Nietzsche aufgrund seiner Popularität in faschistischen Kreisen als fragwürdig und überholt angesehen. Doch nur eine Dekade später wird Nietzsche plötzlich links ausgelegt, all seine radikalen und zum Teil antisemitischen Aussagen werden mittels einer »Hermeneutik der Allegorie und der Unschuld«[176] relativiert, sodass es möglich wird, die hegelianisch-marxistische Tradition schleichend durch Nietzsche zu ersetzen und nach Habermas' Worten sogar zur Drehscheibe der gesamten philosophischen Diskussion der kommenden Jahrzehnte zu machen. Das ist eine enorme Karriere für einen Denker, dessen Einfluss in den frühen 1960er Jahren bereits beendet schien.

Die Folge dieser sonderbaren Aktualisierung ist, dass Nietzsches Konzept von Ideenpolitik bis heute nachwirkt und zu einem philosophischen Diskurs geführt hat, der jede positive Anknüpfung an alte Traditionslinien ablehnt und eine progressive Haltung mit der Forderung verknüpft, die vom Christentum angeblich problematisch beeinflusste Ideengeschichte zu dekonstruieren, was letztlich bedeutet, sie zu überwinden. Dabei haben die »neuen Philosophen« aus Frankreich und zum Teil auch in Deutschland nicht nur das traditionelle Christentum im Visier, sondern ihre Kritik richtet sich auch auf das säkularisierte Christentum und insbesondere auf dessen Zeit- und Geschichtsvorstellungen. Jacob Taubes, der im Zeitverständnis Europas den Hauptpfeiler seiner Kultur sah, warnt vor dieser Entwicklung eindringlich: »Wenn es uns nicht gelingt, einen geschichtlichen Begriff von Geschichte zu konstruieren, so läßt sich das Projekt der Moderne nicht vor dem Rückzug in eine ewig gleiche Natur bewahren, so steht ein Rückfall in eine mythische Geisteslage auf der Tagesordnung.«[177]

Dies wiederum wirft die Frage auf, ob die Einbeziehung Nietzsches in den kulturellen Kalten Krieg lediglich pragmatisch motiviert war, insofern

175 Jacob Taubes, Zur Konjunktur des Polytheismus, in: Vom Kult zur Kultur, München 1996, S. 341
176 Domenico Losurdo, Nietzsche – der aristokratische Rebell, Argument/InkriT, Berlin 2012, S. 607
177 Jacob Taubes, Konjunktur des Polytheismus, in: Vom Kult zur Kultur, München 1996, S. 346

sie sich anbot? Oder ob hier eine tiefere Beziehung und Faszination vorlag? Wäre es vielleicht sogar denkbar, dass das gesamte philosophische Programm Nietzsches übernommen worden ist, was letztlich bedeuten würde, dass der Kampf gegen den Sozialismus in eine philosophische Programmatik eingebettet wurde, die überhaupt die Auflösung des Christentums und seiner säkularen Ableger anstrebt und an ihre Stelle eine neu geschaffene Kultur setzen möchte? Oder sind die herausgearbeiteten Parallelen zwischen Nietzsches Philosophie und der heute vorherrschenden Kulturpolitik einfach dadurch zu erklären, dass mit Nietzsche eine Weltsicht eine philosophische Form gefunden hat, die auch vor Nietzsche schon existierte, insofern sie eine extreme Form rechten und elitären Denkens darstellt und sich deshalb auch ohne die Lektüre seiner Schriften immer wieder herstellen kann? Doch unabhängig davon, ob man von einem direkten oder indirekten Einfluss seiner Philosophie ausgeht, bleibt doch festzustellen, dass die heute vorherrschende Kulturpolitik tendenziell gegen die christliche Prägung Europas gerichtet ist, was auch von konservativen und katholischen Publizisten immer wieder hervorgehoben wird. So fragte jüngst der Autor Elem Chintsky, ob es »ein EU-Projekt zur Demontage des Christentums« gäbe?[178] Und die Autorin Gabriele Kuby hat in ihrem Werk »Die globale sexuelle Revolution«[179] den antichristlichen Charakter der LGBT-Bewegung anhand zahlreicher empirischer Details umfassend herausgearbeitet. Wenn es tatsächlich »ein EU-Projekt zur Demontage des Christentums« gibt, was Chintsky bejaht und Kuby anhand von zahlreichen Quellen sogar nachweist, so wäre der Entwicklungsweg des Westens in der Tat gleichbedeutend mit einer kulturellen Revolution, die sich im Unterschied zur Kulturrevolution Chinas von 1966 bis 1976 lediglich langsamer, indirekter, ja in gewisser Weise in Zeitlupe vollzieht und deshalb von vielen Zeitgenossen nicht wahrgenommen wird, die aber langfristig nicht weniger radikale Ziele verfolgt. Dieses Ziel wäre dann der Abbruch und die Umwertung der säkularen, bürgerlichen Kultur Europas, die zwischen dem 16. und 19. Jahrhundert entstanden ist. Da eine solche Kulturrevolution die abgelehnten Kulturinhalte durch neue ersetzen muss, kommt es zur Implementierung von schnell erdachten

178 Elem Chintsky, Gibt es ein EU-Projekt zur Demontage des Christentums? 23. April 2023, *RT deutsch*

179 Gabriele Kuby, Die globale sexuelle Revolution, Kißlegg 2014

und somit künstlich wirkenden Themen. Die Künstlichkeit vieler postmoderner Werte, Inhalte und Diskurse wäre so erklärbar.

Eingangs wurde gefragt, warum der Westen Russland so sehr hasst? Hätte nicht die militärische Macht Russlands, seine geographische Weite und sein Rohstoffreichtum den Westen insgesamt stärken können? Warum hat der Westen diese Möglichkeit ausgeschlagen, obwohl wenige Jahre nach der Jahrtausendwende der Aufstieg der Bevölkerungsgiganten China und Indien bereits absehbar gewesen ist? Wären die offiziellen Positionen des Westens während des Kalten Krieges der Maßstab gewesen, so hätte diesem Bündnis mit Moskau eigentlich nichts im Wege gestanden. Denn auch Russland hat sich im Zuge der Perestroika und noch stärker unter Jelzin zu dem bekannt, was der Westen Ende der 1980er Jahre repräsentierte, nämlich eine rechtsstaatliche, demokratische bürgerliche Ordnung auf der Basis eines säkularisierten Christentums.

Vielleicht konnte westlichen Eliten dieses so vorteilhafte Bündnis deshalb nicht eingehen, weil während des Kalten Krieges Planungsziele entstanden waren, die über den Status quo weit hinausgingen und von einer Neuschöpfung der Kultur träumten. Denn jede Tätigkeit führt zu neuen Erfahrungen und Horizonten. In diesem Sinne könnten die angelsächsischen Eliten in der praktischen Durchführung des kulturellen Kalten Krieges Machtmöglichkeiten entdeckt haben, die zunächst ihre Phantasie anregten, wodurch sie in eine Imagination von Allmacht hingerieten, die sie schließlich verführte. Die dabei entstandenen Pläne könnten so ehrgeizig und weitreichend gewesen sein, dass sie selbst einem kapitalistischen und postkommunistischen Russland nicht vermittelbar gewesen wären. Obwohl die neuen russischen Eliten der 1990er Jahre Demokratie und Kapitalismus aufgeschlossen gegenüberstanden, waren sie doch noch von der Sowjetunion erzogen worden. Die Sowjetunion war offiziell atheistisch orientiert, hat aber den Humanismus dafür umso mehr zu einem Bildungsgut erhoben, weshalb eine Weltanschauung, die mit dem humanistischen Erbe Europas bricht, auch bei den neuen russischen Eliten auf Widerspruch gestoßen wäre. Dies gilt insbesondere für alle politischen Konzepte, die auf eine Infragestellung der Naturrechte des Menschen hinauslaufen. Da der Sowjetunion als Supermacht alle Machtmittel des späten 20. Jahrhunderts zur Verfügung standen und der russische Staat das damit verbundene

Wissen von der UdSSR ererbte, geriet die russische Regierung in die Position eines Zeugen, der zu viel wusste, um die kulturelle Transformation Europas widerspruchslos zu akzeptieren. Die angelsächsischen Eliten wiederum fühlten sich von dem Status der Zeugenschaft, die der russische Staat für sie verkörperte, bedroht und träumten von einem Russland, dessen Regierung zu schwach sei, um sich noch unabhängig in der Welt zu orientieren. Und so ist es durchaus möglich, dass aus der Praxis des kulturellen Kalten Krieges heraus Pläne entstanden sind, die nur unter der Bedingung umsetzbar waren, dass die Souveränität des russischen Staates gebrochen wird, weshalb die Geopolitik nach dem Epochenbruch 1989/91 erst verdeckt und später immer offener gegen Russland gerichtet wurde.

7. Warum der Westen Russland so sehr hasst

7.1 Der Universalismus der europäischen Kultur

Es waren jedoch nicht nur das Selbstbewusstsein der einstigen Supermacht Russland und die humanistische Prägung des Landes, die es für die USA unmöglich machten, Russland in jenen während des Kalten Krieges gestalteten Westen zu integrieren. Hinzu kam ein weiterer Faktor, nämlich ein spezifisches Merkmal der europäischen Kultur.

Es handelt sich um ein Attribut, das Europa in der Tat von den meisten anderen Kulturen der Welt unterscheidet. Zugleich handelt es sich um eine Eigenheit, der während des Kalten Krieges eine überragende strategische Bedeutung zugekommen war, weshalb die kulturelle Dominanz über Europa einen Einfluss ermöglichte, der weit über Europa hinausreichte.

Worauf hier angespielt wird, ist ein Phänomen, das man den Universalismus der europäischen Kultur nennen könnte. Mit dem Begriff Universalismus ist die Fähigkeit der Kultur Europas gemeint, für sich selbst eine universale Bedeutung zu beanspruchen und über geraume Zeit auch erlangt zu haben. Lediglich der Islam ist historisch mit einem ähnlichen Anspruch aufgetreten, was bereits darauf hindeutet, dass diese Eigenschaft etwas mit dem Monotheismus zu tun haben könnte. Denn in gewisser Weise liegt dem Glauben an einen einzigen Gott die Annahme einer universalen Wahrheit bereits implizit zugrunde.

Der Begriff Universalismus hebt hervor, dass die europäische Kultur über weite Strecken der europäischen Neuzeit einen globalen Einfluss besessen hat. Sie war in der Lage, in andere Kulturkreise einzudringen und diese auf die eigenen Maßstäbe hin auszurichten. Im Laufe der europäischen Neuzeit etablierte sich die europäische Kultur als Weltkultur, insofern sie die Werte und Formen stiftete, anhand derer die Menschheit in die moderne Welt eintrat. Europa wurde auf diese Weise für andere Kulturen zum Maßstab und Vergleichshorizont.

Nun kann man an dieser Stelle einwenden, dass diese Fähigkeit Europa nur dank einer langen Periode der militärischen Überlegenheit und der durch sie ermöglichten imperialen Expansion zugekommen ist. Dass Europa seine eigene Kultur als Weltkultur etablieren konnte, lag schlicht und ergreifend an der Durchschlagskraft seiner Kanonen, der Reichweite seiner Kriegsschiffe und der Unverfrorenheit von Konquistadoren wie Hernán Cortés oder Francisco Pizarro. Das ist einerseits richtig, und andererseits auch wieder zu einfach. Ja, der europäische Ausgriff auf die Welt wäre ohne die militärische Überlegenheit nicht möglich gewesen. Und doch muss darüber hinaus noch etwas hinzugetreten sein, denn mit reiner militärischer Macht ist nicht hinreichend erklärbar, wie es einem verhältnismäßig kleinen Land wie Großbritannien möglich gewesen sein soll, ein Viertel der Erdoberfläche und ein Viertel der Menschheit zu regieren.

Dieser Erfolg ist umso erstaunlicher, weil Europa zu Beginn der europäischen Neuzeit gar nicht die am höchsten entwickelte Region der Welt gewesen ist. Bereits hundert Jahre vor Kolumbus hatte der chinesische Admiral Zheng He mehrere Entdeckungsreisen in den indischen Ozean unternommen und dabei die Ostküste Afrikas entdeckt. Die Flotte, mit der er diese Entdeckungsreisen durchführte, war der späteren des Kolumbus an Größe und technologischem Niveau weit voraus. Und doch waren es die Spanier und Portugiesen und nicht die Chinesen, die den Ausgriff auf die übrige Welt begannen. Weshalb begnügten sich die Chinesen mit dem Transport einer Giraffe nach China, während die Spanier und Portugiesen ein Weltreich errichteten, fremde Völker zum Christentum bekehrten und ihre eigene Bevölkerung in fremden Erdteile ansiedelten?

An einem hohen Selbstwertgefühl fehlte es China damals nicht. Das Land begriff sich als das Reich der Mitte, also als das Zentrum der Welt. Da alle an China angrenzenden Gebiete kleiner und weniger entwickelt waren, verstand sich China als die Ausnahme unter den Völkern, nämlich als der einzige wirkliche Staat und die einzige wirklich hoch entwickelte Zivilisation. Von Peking, das bereits seit 1421 chinesische Hauptstadt ist, wurden nach chinesischem Verständnis nicht nur die vielen Völker des Reichs regiert, sondern auch die Harmonie des Kosmos und der Natur stand in Beziehung zur Regierungspraxis der chinesischen Herrscher. Noch heute nehmen Chinesen ihre Hauptstadt als heilige Stadt wahr, weil das Geschehen dort nicht nur mit der Politik, sondern auch mit der Harmonie des Universums in Verbindung steht. Es war also nicht Bescheidenheit, die den Unterschied im Verhalten zwischen den Chinesen und Europäern des 15. und 16. Jahrhunderts erklärt.

Der Unterschied bestand darin, dass die Chinesen zwar den Kosmos und die Natur als Einheit wahrnahmen, aber nicht die Menschheit. Trotz ihrer hohen Selbsteinschätzung sahen sie sich nicht im Besitz einer universalen Wahrheit, die sich an alle Menschen gleichermaßen richtete. Diese Annahme lag aber der Weltsicht der Europäer zugrunde, deren Glauben an den einen christlichen Gott, dessen Sohn zur Erlösung aller Menschen gestorben war, den Charakter einer universellen und damit prinzipiell auch den Heiden zugänglichen Wahrheit besaß. Eine Wahrheit zumal, die an den Menschen an sich gerichtet war, die ihn im ganz besonderen Maße meinte, egal auf welchem Kontinent er lebte und welcher Kultur er auch angehörte. Das Christentum gab den Europäern das Zutrauen, im Dienst einer universellen Wahrheit zu wirken. Denn wenn Gott in Gestalt Jesu Mensch geworden war, dann war auch der Mensch vergöttlicht, dann hatte es etwas mit ihm auf sich, dann besaß er eine Mission, aus der wiederum die Berechtigung zur Überschreitung von Grenzen abgeleitet werden konnte.

Dass China sich als Zentrum der Welt begriff, aber kein Bedürfnis verspürte, sich in die Angelegenheiten der Barbaren einzumischen, ja sich sogar gerne mit Mauern von diesen abgrenzte, hing auch damit zusammen, dass Politik in China stets bestrebt war, einen Harmoniezustand zu erreichen und aufrechtzuerhalten. Ein zu großer Kraftzuwachs, eine zu weitreichende Expansion konnte hierbei sogar störend wirken. Die Mauern, mit denen sich das Reich umgab, dienten somit auch dem Zweck, möglichst ohne Störungen von außen ein inneres Gleichgewicht aufrechtzuerhalten. Den Europäern wiederum waren solche Erwägungen fremd. Sie glaubten umgekehrt, im Besitz einer Wahrheit zu sein, die so universal sei, dass sie sich sogar an die Barbaren richtete, auch ihnen noch mitgeteilt werden musste, also im Prinzip für jedermann einsehbar war. Denn schließlich hatte Gott die Welt durch das Wort geschaffen, weshalb Gottes Wort in der Schöpfung anwesend und wirksam war. Denn wenn Gottes Wort seine gesamte Schöpfung durchdrang, so musste es auch aufgefunden werden können, etwa in Gestalt von Gesetzen, die durch Experimente erkennbar wurden und überall auf der Welt die gleiche Geltung besäßen. Der christliche Glaube an den monotheistischen Gott hatte somit zu Beginn der Neuzeit den Boden für die

Annahme einer universellen Wahrheit gelegt und somit auch die Grundlage für die Entdeckung der Vernunft und die Entwicklung der Wissenschaften geschaffen. Der christliche Glaube hatte also ein ganzes Netz an Grundannahmen erzeugt, durch das sich die Europäer berechtigt fühlten, die Welt zu erforschen, auf sie zuzugreifen, sie als Einheit wahrzunehmen und sie nach ihrem Verständnis zu formen.

Es wurde bereits erwähnt, dass es sich beim Christentum um eine Religion handelt, die das Absolute in der Zeit aufsucht und erwartet. Die Geschichtsbücher des Alten Testaments beschreiben die wechselseitige Bezogenheit von Gott und Mensch als ein Drama, welches an einem bestimmten Punkt in der Zeit seinen Anfang nimmt, sich in der Zeit entfaltet und wiederum in einer zukünftigen kommenden Zeit seine Erfüllung finden soll. Der Zeitraum zwischen dem Anfang und Ende dieser Heilsgeschichte, zwischen der Kreuzigung und Auferstehung Jesu und seiner dereinst versprochenen Wiederkunft, ist zugleich der Ort, an dem der Mensch in seiner jeweiligen Lebensspanne sich zum Bunde Gottes mit dem Menschen verhalten kann, indem er an Gott glaubt, aber auch, indem er Gottes Wort hört bzw. es im Fluss der Ereignisse wahrzunehmen und ihm die Treue zu halten versucht. Die Wahrnehmung des gläubigen Christen ist somit in einem ganz besonderen Maße auf die Zeit bezogen. In der Zeit wartet er auf die dereinst versprochene Erfüllung, in der Zeit lokalisiert er das Absolute, in der Zeit sucht er auch den Bund mit Gott und in der Zeit weiß er sich auch von Gott auf die Probe gestellt. Ein gläubiger Christ zu sein, bedeutet somit zu versuchen, durch die Ereignisse des Zeitgeschehens hindurch Gottes Wort zu erkennen und ihm die Treue zu halten.[180] Während in vielen anderen Kulturkreisen die Zeit gemäß den Jahreszeiten nach dem Prinzip der Wiederholung strukturiert ist und somit ohne den Druck der endgültigen Entscheidung an den Menschen herantritt, so ist für den Christen die Zeit ein Raum der Frist, damit auch des unwiderruflichen Beschlusses und letztlich der Bewährung.

Entsprechend angespannt werden die Veränderungen der Zeit beobachtet und registriert, wird auch das Neue in der Zeit wahrgenommen und in

180 Vgl.: Klaus Heinrich, Parmenides und Jona – Ein religionswissenschaftlicher Vergleich, in: Parmenides und Jona, Basel, Frankfurt am Main 1992, S. 122–128

Hinblick auf die erfahrene Vergangenheit und versprochene Zukunft gewogen und interpretiert. Und weil sowohl die Offenbarung des christlichen Gottes als auch die versprochene Verheißung sich an alle Menschen richtet, selbst an jene, die vom Leiden und der Auferstehung von Gottes Sohn bislang nichts erfahren haben, aus diesem Grund ist für die Christen die Geschichte von vornherein Weltgeschichte. Da aber die Weltgeschichte letztlich Heilsgeschichte ist, ist es dem Europäer erlaubt, auf die übrige Welt auszugreifen und die vielen kleinen lokalen Geschichten der verschiedenen verstreuten Völker zu einer Weltgeschichte zu vereinen.

Es ist zwar wahr, dass im 15. Jahrhundert sowohl der indische Subkontinent als auch das fernöstliche China wesentlich fortgeschrittener und entwickelter waren als Europa. Doch weil Europa eine Kultur geformt hatte, die das Absolute in der Zeit lokalisierte, war es auch die Kultur, der die Rolle zufiel, durch den Ausgriff auf die übrige Welt die vielen isolierten Geschichten der einzelnen Kulturen zu einer Weltgeschichte zu verbinden. Während in China die Verehrung den Ahnen galt und die Gegenwart am Ideal längst untergegangener Dynastien gemessen wurde, war Europa auf die Zukunft hin orientiert. Europa war auch deshalb befähigt, andere Völker in den Strudel der Weltgeschichte hineinzustoßen, weil es geistig schon viele Jahrhunderte in einer als Heilsgeschichte interpretierten Zeit gelebt hatte, die wiederum auf eine als universal empfundene Offenbarung bezogen war. All dies ermöglichte es Europa, sich als Vertreter der gesamten Menschheit, ja als Anwalt der Menschheitsgeschichte zu sehen und entsprechend zu wirken.

Zudem waren die Europäer durch ihre spezifische Zeit- und Geschichtswahrnehmung in der Lage, das Neue in der Zeit zu erkennen, es als Zeichen des versprochenen Heils zu sehen und zu ergreifen. So beschreibt der Religionsphilosoph Jacob Taubes den Zusammenhang folgendermaßen. »War Fortschritt einst bei Paulus als Tilgung der Sündenspur exponiert, so konnte Fortschritt verzeitlicht zum Index für die Entwicklung von Gas, Dampf und Elektrizität werden.«[181] Und so kam es mit dem Anbruch der europäischen Neuzeit in Europa nicht nur zur Entdeckung bis dahin unbekannter

181 Jacob Taubes, »Von Fall zu Fall – Erkenntnistheoretische Reflexion zur Geschichte vom Sündenfall«, in: Text und Applikation – Poetik und Hermeneutik, Bd. 9, München 1981, S. 116

Kontinente und Völker, sondern auch zur Entwicklung des Welthandels, der wiederum die Entstehung einer kapitalistischen Wirtschaftsdynamik einleitete, die schließlich durch die Entstehung und Institutionalisierung der Naturwissenschaften und die dadurch ermöglichten technischen Neuerungen die einmal entfesselte Dynamik auf immer höhere Stufen vorantrieb.[182] Und so wurde Europa zum Zentrum einer Entwicklungsdynamik, in deren Folge die verschiedenen Völker zu einer Menschheit und ihre verschiedenen Geschichten zu einer Weltgeschichte verbunden wurden. Dass dieser Prozess höchst gewalttätig ablief, dass ganze Völker und Kulturen im Zuge dessen verschwanden, soll hier keinesfalls unterschlagen werden. Doch die Analyse soll sich auch nicht politisch korrekt in der Verurteilung des europäischen Imperialismus erschöpfen, zumal die Post-Colonial-Studies heutzutage auf eine sehr dialektische Weise in den Neokolonialismus eingebunden sind, ohne dies überhaupt selbst zu bemerken. Worauf es stattdessen ankommt, ist zu verstehen, wie die europäische Kultur zur Weltkultur geworden ist und wie diese Rolle wiederum mit den geopolitischen Kämpfen der Gegenwart verflochten ist. Erst wenn dieser Zusammenhang verstanden ist, kann daraus auch eine Perspektive der Befreiung und Emanzipation abgeleitet werden.

7.2 Die Entstehung einer europäischen Weltkultur

Schnell erkannten die Europäer das machtpolitische Potenzial, das der Besonderheit der europäischen Kultur innewohnte. Schon in der Frühen Neuzeit diente die Verbreitung des Christentums als Legitimationsgrundlage für die Errichtung von Kolonien. Später wurden ähnliche machtpolitische Ziele im Namen der Aufklärung verfolgt. Heutzutage ist es der Schutz von Menschenrechten, die Verbreitung von Demokratie oder sogar der Schutz von Minderheitenrechten, mit denen die Einmischung in die Innenpolitik anderer Länder gerechtfertigt wird. Die Begründungen haben sich im Laufe der Neuzeit geändert, doch die Struktur ist geblieben, nämlich die eigene geopolitische Expansion durch die Behauptung einer universalen Wahrheit zu legitimieren. In gewisser Weise ist der heutige nationale Mythos der USA,

182 Immanuel Wallerstein, Das moderne Weltsystem I-IV, Wien 2012

nach dem die Vereinigten Staaten eine außergewöhnliche (exceptional) und unverzichtbare (indispensable) Nation seien, der von Gott das offenkundige Schicksal (Manifest Destiny) verliehen worden sei, die Welt zu führen, lediglich die letzte Verkörperung des europäischen Universalismus, der vor den USA bereits von den Kolonialmächten Großbritannien, Frankreich, den Niederlanden, Spanien und Portugal beansprucht worden ist.

Doch der europäische Universalismus hätte umgekehrt nicht als imperiale Ideologie fungieren können, wenn er sich vollständig in Ideologie erschöpft hätte. Einer der Gründe, warum Europa im Verlauf der Neuzeit eine universale Perspektive ausbilden konnte, könnte darin bestehen, dass die europäische Kultur aus der Verschmelzung dreier sehr verschiedener antiker Kulturen hervorgegangen ist. Diese drei Kulturen waren die Kultur des Römischen Reichs mit ihrem Rechts- und Staatsverständnis, die Kultur Griechenlands, die sowohl das politische Ideal der Demokratie, die geistige Disziplin der Philosophie, aber auch die Überlieferung der antiken Mythologie verkörperte, sowie die Kultur des antiken Judentums, in deren Mittelpunkt der Glaube an den Bund mit Gott stand und die zudem durch die Vorstellung einer Heilsgeschichte ein starkes Bewusstsein von der Geschichtlichkeit der menschlichen Zivilisation ausgebildet hatte. Gerade weil diese drei Kulturen sich sehr stark voneinander unterschieden, bedeutete ihre Verschmelzung die Vereinigung von im Grunde genommen unvereinbaren Perspektiven. Die griechische Kultur, in deren Zentrum die Möglichkeit des Wissens stand, war mit der Glaubensforderung des jüdischen und später christlichen Gottes konfrontiert.[183] Verlangte die griechische Forderung nach Wissen, Logik, Nachvollziehbarkeit die Suche nach einer Auflösung aller Widersprüche in einer zugrunde gelegten Identität, so ging es im Judentum gerade um die Suspension des Wissens angesichts der Offenbarung, um den Verzicht auf Widerspruchsfreiheit angesichts der unergründlichen Freiheit Gottes, um die Akzeptanz des Paradoxons im Akt des Glaubens. Ging das griechische Denken vorrangig von der Unterscheidung zwischen Wissen und Nichtwissen aus, so begründete sich der Bundesgedanke des Judentums und auch später des Christentums eher auf der Unterscheidung zwischen Treue und

183 Leo Schestow, Athen und Jerusalem – Versuch einer religiösen Philosophie, Berlin 1994

Verrat im Bund mit Gott.[184] Lebte die griechische Kultur vor allem im Raum, den sie mit dem Kosmos identifizierte und den sie für wohlgeordnet hielt, so existierte die jüdische Kultur eher in der Zeit, die nach jüdischem Verständnis ebenfalls eine Ordnung aufwies, sich von einer fernen Überlieferung über die Prophetie und Offenbarung bis zu einer erwarteten Heilsgeschichte erstreckte.[185] War die griechische Kultur auf die tragische Erhöhung des Heros im Moment seines Untergangs konzentriert, so suchte die jüdische Kultur überhaupt die Erlösung vom kreatürlichen Schicksal des Menschen. War die griechische Kultur gemessen an den detailreichen Beschreibungen ihrer Literatur eine Kultur des Auges, so dominiert in den schriftlichen Zeugnissen der hebräischen Kultur das Hören. Während in der griechischen Literatur alle visuellen Eindrücke detailreich dokumentiert werden, erschöpfen sich in der Bibel alle Aussagen vor allem auf das gehörte und mitteilbare Wort.[186] Die griechische und die jüdische Kultur standen somit in einem starken Spannungsverhältnis zueinander. Doch beide standen auch in einem Spannungsverhältnis zum römischen Rechts- und Staatsverständnis, welches das durch den Staat gesetzte und garantierte Recht sowohl einer religiösen als auch einer philosophischen Konzeption der Wahrheit bzw. der Gerechtigkeit vorzog. Die vom Monotheismus geprägte jüdische Kultur befand sich ihrerseits wiederum in einem Spannungsverhältnis zum Polytheismus Roms und teilweise auch jenem Athens, wobei die griechische Philosophie auf argumentativem Wege selbst schon den Schritt vom Polytheismus zu einem zumindest philosophischen Monotheismus teilweise vollzogen hatte.

Diese internen Antagonismen und die sich somit kreuzenden ideellen Einflüsse führten dazu, dass die europäische Kultur unterschiedliche Absolutheitsvorstellungen und Weltzugänge in sich versammelte. Ein großer Teil dieses Traditionsbestandes wurde über das Mittelalter hinweg tradiert, wenngleich in diesen Jahrhunderten der christliche Gottesbezug die übrigen antiken Traditionselemente stark dominierte. In der Frühen Neuzeit

184 Klaus Heinrich, Parmenides und Jona – Ein religionswissenschaftlicher Vergleich, in: Parmenides und Jona – Vier Studien über das Verhältnis von Philosophie und Mythologie, Frankfurt am Main 1982 S. 61f.

185 Georg Picht, Glaube und Wissen – Vorlesungen und Schriften, Stuttgart 1991

186 Erich Auerbach, Die Narbe des Odysseus, in: Mimesis – Dargestellte Wirklichkeit in der abendländischen Literatur, Tübingen 2015, S. 5–27

kam es allerdings zu einer Wiederentdeckung verlorener und vergessener Schriften. Insbesondere in Norditalien wurden Bibliotheken durchsucht und antike Schriften systematisch gesammelt und vervielfältigt. Im Schatten der christlich geprägten Welt des Spätmittelalters eröffnete sich so allmählich ein zweiter vom antiken Denken geprägter Weltzugang, der neue Perspektiven auf die Wirklichkeit zulässt. Trotz der vielen paganen Elemente, die die Renaissance in sich aufnimmt, wird dennoch versucht, ihre Denkansätze mit dem christlichen Weltbild zu verbinden.[187]

Durch fortschreitende Verknüpfung und Überblendung dieser unterschiedlichen Prinzipien und Weltzugänge beginnen sie sich trotz ihrer ursprünglichen Verschiedenheit nun gegenseitig zu durchdringen. So ist die Entstehung der Naturwissenschaften sowohl durch die griechische Philosophie als auch den Monotheismus des Christentums begünstigt worden. Doch parallel dazu erfolgt in den Künsten eine Wiederentdeckung der griechischen Götter und damit zumindest die poetische Aneignung der polytheistischen Weltsicht, von der sie zeugen. In der Frühen Neuzeit werden die antiken Einflüsse erneut sichtbar. Allerdings bilden sie nun keinen Widerspruch mehr zueinander, sondern erscheinen als die verschiedenen Weltzugänge einer neuen modernen europäischen Kultur, die einerseits wie das Römische Reich Republiken und Imperien zu errichten vermochte und über ein hoch entwickeltes Recht verfügte und andererseits in der Tradition Griechenlands die Logik, Philosophie und Wissenschaft zu entwickeln vermochte, demokratische Ideale entwickelte oder anhand der Mythologie einen poetischen Weltzugang erschuf. Auch konnte dieses Europa der Neuzeit sich in der Tradition des antiken Judentums historisch verorten, sich von Gott berufen fühlen und politische Ideale entwerfen, die mit einem geradezu messianischen Eifer im Zustand einer zeitlichen Naherwartung verfolgt wurden.[188] Das Europa der Neuzeit war dem Paradox des Glaubens genauso geöffnet wie der Auflösung der Widersprüche in der logischen Identität. Mit Anbruch der Renaissance verschmelzen in der Tat diese drei großen Kulturen der Antike zu einer Einheit.

187 Jörg Lauster, Wiedergeburten: Das Christentum in der Renaissance, in: Die Verzauberung der Welt – Eine Kulturgeschichte des Christentums, München 2021, S. 245–293

188 Tom Veerkamp, Die Welt anders – Politische Geschichte der Großen Erzählung, Berlin, 2012

Und so kommt es zwischen dem 16. und 17. Jahrhundert anhand der genauen Beobachtung der Planetenbahnen zur Entstehung der Grundprinzipien der modernen Kosmologie, aus denen später überhaupt die Methoden der Physik und schließlich der gesamten Naturwissenschaft abgeleitet werden. Die Entdeckung der Weite des Kosmos verändert wiederum das Weltgefühl des Menschen, demonstriert seine Verlorenheit im Kosmos, befreit ihn aber auch von der Vorstellung einer harmonisch strukturierten vorgängigen Ordnung und ermöglicht ihm so, die Verhältnisse seiner eigenen Existenz als offen zu begreifen. Der aus dem Zentrum der Welt herausgefallene Mensch beginnt nun systematisch seine Möglichkeiten zu erproben. Bereits im ausgehenden Mittelalter war aus der Verschmelzung christlicher Theologie und griechischer Philosophie der Boden entstanden, aus dem dann im 17. Jahrhundert die neuzeitliche Philosophie entsteht, die den Faden aus der Antike wieder aufnimmt. Weil aber das philosophische Denken nun in einem entgrenzten Kosmos stattfindet, kann anders als bei den Griechen keine kosmische Ordnung mehr zugrunde gelegt werden. Da aber sowohl der Mensch als auch die Zeit von der christlichen Lehre aufgewertet worden sind, beginnt die Philosophie nun, die Frage nach dem Menschen zu stellen und hierbei besonders die Frage nach seinem Schicksal in der Zeit. Vor diesem Hintergrund entsteht in der Neuzeit der Humanismus, der den Menschen in den Mittelpunkt rückt und der im Laufe der Neuzeit die Frage nach dem Menschen mit der nach seiner Geschichte verknüpft und so zur Geschichtsphilosophie wird. Weil der Raum durch die neue Kosmologie profaniert worden ist, kann nun keine vorgelagerte Harmonie mehr zugrunde gelegt werden. Damit kann kein politisches Ordnungskonzept sich mehr auf eine vorgelagerte kosmische Harmonie berufen. Die Vorstellung eines Sonnenkönigs zerbricht genauso wie die Vorstellung, dass die Gesellschaft nach dem Vorbild der Sphären der ptolemäischen Kosmologie in Stände gegliedert werden könne.

Weil aber zugleich der Mensch hinsichtlich seiner geschichtlichen Möglichkeiten neu verstanden wird, geraten jahrhundertealte Institutionen wie die Monarchie, aber auch die Ständeordnung, das Eigentum und die Hierarchie überhaupt ins Wanken. Als Folge dieser geistigen kopernikanischen Wende entsteht nun eine Vielzahl politischer Utopien, die, wie Hegel es formulierte, »… die Schätze, die an den Himmel verschleudert worden sind, als Eigentum der Menschen wenigstens in der Theorie zu vindicieren«.[189] Doch bereits Hegel führte als Frage den Nachsatz an: »Welches Zeitalter wird die Kraft haben, dieses Recht geltend zu machen, um sich in den Besitz zu setzen?«[190] Diese prometheische Möglichkeit, die Erlösungsvorstellungen der Religionen im Diesseits zur Verwirklichung zu bringen, sie vom Himmel auf die Erde herunterzuholen und in der Welt zu materialisieren, wohnt der Neuzeit als Ganzes inne. Sie stand schon hinter den ersten Entdeckungsreisen des Kolumbus, den Maschinenentwürfen Leonardo da Vincis und sie begleitete auch noch die utopischen Träume der Kommunisten des 20. Jahrhunderts, die mittels der Revolution nicht weniger wollten, als das Paradies auf der Erde aktiv zu errichten.

Erfahrbar wird die Befreiung des Menschen auch in der europäischen Kunst, die nun nicht mehr wie im Mittelalter vorrangig im Dienst der Kirche steht, die nun auch nicht mehr ausschließlich die Macht des Herrschers darstellt und repräsentiert, sondern die erstmals in der Menschheitsgeschichte zu einer gesellschaftlichen Institution wird, insofern zuerst in den norditalienischen Stadtstaaten und später in ganz Europa ein Netz aus Mäzenen, Sammlern, Kennern, Theoretikern und Künstlern entsteht, die unter sich selbst die Regeln kodifizieren, nach denen wahre Kunst bewertet und kanonisiert werden soll. Die Künste werden auf diese Weise autonom, sie lösen sich aus dem Schwerefeld sowohl der Kirche als auch der politischen Macht und gewinnen damit erstmals die Freiheit, ähnlich wie die neuzeitliche Philosophie die Frage nach dem Menschen, nach seiner individuellen, aber auch gesellschaftlichen und historischen Existenz so umfassend darzustellen und auszudrücken, dass die Kunst zu einer gesellschaftlichen Institution wird, die aufgrund ihrer wachsenden Fähigkeit, Einsicht und Erkenntnis erfahrbar zu machen, fortan gleichberechtigt neben Theologie und Philosophie steht und deshalb auch selbst zu einem Gegenstand der Forschung und Gelehrsamkeit wird. Indem die Kunst zur Autonomie gelangt, sich als Erkenntnis hervorbringende gesellschaftliche Institution behauptet, ändert sich auch die Rezeption ihrer Werke, die nun nicht nur als Schmuck oder Ausdruck von Macht, sondern als Träger von Wahrheit betrachtet und rezipiert werden. Je mehr

189 Georg Wilhelm Friedrich Hegel, Gesammelte Werke, Band 1, Frühe Schriften I, Hrsg. von Friedhelm Nicolin und Gisela Schüler, Hamburg 1989, S. 372

190 Ebenda

man den Kunstwerken Offenbarungsqualitäten zuschreibt, Offenbarungen, die der Betrachter, Hörer oder Leser in seiner eigenen Subjektivität erfahren kann, desto mehr rückt der Künstler selbst in den Status eines besonderen Menschen, ja tendenziell eines Heiligen. Seine künstlerische Begabung wird nun als Zeichen eines höheren Lebens betrachtet, das im Kontakt zur Transzendenz steht, das allerdings gerade durch diesen Kontakt auch oft tragisch verläuft, sodass die Verkörperung künstlerischer Wahrheit im Werk nicht selten teuer, nämlich durch das Opfer des eigenen Lebens erkauft ist. So waren es gerade das schwierige Leben Fjodor Dostojewskijs oder Ludwig van Beethovens bzw. die kurzen Leben eines Schubert, Mozart oder Van Gogh, die rückwirkend den Transzendenzbezug ihrer Werke verbürgen. Schließlich führt die Entwicklung der Künste auch zu einer ästhetischen Erziehung der Bürger, die zum Teil das Vakuum füllt, das durch den allmählichen Bedeutungsverlust des Christentums ausgelöst worden ist. An die Stelle des schwächer werdenden Christentums tritt somit ein Verhältnis zur Kunst, das man auch als Kunstreligion beschreiben könnte. Die Energien, die einst dem Studium der Bibel gewidmet waren, richten sich nun auf den Umgang mit den Künsten und führen hier zu einer ganz neuen Form der Gelehrsamkeit. Die dadurch ermöglichte Schulung der Urteilskraft hat wiederum politische Konsequenzen, insofern sie die Autonomie des Individuums fördert, den Vorstellungshorizont enorm erweitert und somit mit dazu beiträgt, dass aus einer Gesellschaft von Untertanen allmählich eine Gesellschaft von Bürgern wird.

In der europäischen Neuzeit werden somit die einst in den Religionen gebundenen Energien freigesetzt, säkularisiert und auf irdische Ziele ausgerichtet, ohne ihren Transzendenzbezug dabei gänzlich zu verlieren. Die europäischen Händler, Soldaten, Missionare und Auswanderer, die an den Küsten außereuropäischer Kulturen landen, treffen dort in der Regel auf relativ geschlossene Gesellschaften, die noch unter der Autorität von religiös fundierten Regeln und Tabuzonen leben. Die Unbefangenheit, mit der die Europäer die einst auf den Himmel projizierten Ziele im Diesseits verfolgen, sei es durch Technik, Forschung und wirtschaftliche Entwicklung, sei es durch Philosophie und politische Ideale oder sei es durch das Ideal einer humanistischen auf die Erkenntnismacht der Künste ausgerichteten Bildung, blieb dort nicht unbemerkt. Dass Großbritannien in der Lage war, mit 4000 Beamten den gesamten indischen Subkontinent zu regieren, und dass andere europäische Mächte mit ebenfalls wenig Personal Gebiete regieren konnte, deren Fläche und Bevölkerungszahl die ihrer Heimatländer um ein Mehrfaches überstieg, ist nur erklärbar, wenn man zugesteht, dass die koloniale Macht der Europäer nicht ausschließlich auf dem Militär ruhte, sondern dass die Entstehung einer modernen Welt überhaupt eine Anziehungskraft und Vorbildfunktion ausübte, durch die die Kolonialisierung zum Teil akzeptabel erschien, insofern sie eine Verbindung zu einer neuen und bis dahin unbekannten Welt herstellte.

Durch die institutionelle Ausdifferenzierung jenes prometheischen Grundcharakters der europäischen Neuzeit erlangt Europa zwischen dem 17. und 19. Jahrhundert tatsächlich jene universelle Ausstrahlungskraft, die es anfänglich aufgrund des christlichen Glaubens lediglich für sich beansprucht hatte, die aber durch seine Kulturleistungen in anderen Bereichen zunehmend zu einer Realität wird. Neben dem aus dem Christentum hervorgegangenen Selbstbewusstsein der Europäer und der durch Feuerwaffen ermöglichten militärischen Überlegenheit war es die Entstehung einer modernen Welt bestehend aus Wissenschaft, Recht, Politik, den Künsten und der Philosophie, die Europa in den Rang eines Maßstabs und Vorbilds hob, an dem sich vom frühen 18. bis ins späte 20. Jahrhundert nach und nach alle übrigen Kulturen zu messen und zu orientieren begannen. Ein Beispiel für diesen widersprüchlichen Einfluss sind die revoltierenden Sklaven Haitis, die sich zwar gegen französische Kolonialherrschaft wandten, sich dabei aber zugleich auf die Ideale der Französischen Revolution beriefen.[191]

Der europäische Universalismus ist daher ein vielschichtiges Phänomen, das einerseits auf der Herausbildung universaler zivilisatorischer Gehalte beruht, das aber diese Gehalte, kaum dass sie vorhanden waren, auch für machtpolitische und imperiale Ziele instrumentalisierte. Durch diese Instrumentalisierung wurden die universalen Werte in den Dienst partikularer Interessen gestellt, was einerseits zu ihrer Zerstörung führte, andererseits innerhalb der europäischen Kultur Gegenkräfte auf den Plan rief wie z. B. die Arbeiterbewegung, die den Universalismus, nun als ein linkes anti-imperiales Projekt, erneuerte. Es ist diese komplizierte Dialektik von einem ursprünglich religiösen, dann säkularisierten, dann imperial ausgelegten und instrumentalisierten Universalismus, der im Zuge von revolutionären Bewegungen auf die

191 Susan Buck-Morse, Hegel und Haiti – Für eine neue Universalgeschichte, Berlin 2011

Menschheitsinteressen bezogen wird, der dann wiederum die Indienstnahme und Manipulation etwa im Zuge des kulturellen Kalten Krieges auf den Plan ruft, die wiederum Widerstandsbewegungen hervorrufen. Diese komplizierte Dialektik wird von den Post-Colonial-Studies nicht einmal im Ansatz erfasst.

7.3 Der europäische Universalismus und der Kalte Krieg

Konzediert man diese gerade beschriebenen Widersprüche des europäischen Universalismus, so wird verständlich, was der eigentliche Streitgegenstand der Supermächte im Kalten Krieg gewesen ist. Letztlich fand während des Kalten Krieges ein Wettstreit darum statt, welches der beiden Systeme den europäischen Universalismus in der modernen Welt glaubwürdig vertreten könnte und wer infolgedessen auch für die außereuropäische Welt den globalen Trend der Kulturentwicklung bestimmen würde.

Zu Beginn des Kalten Krieges sah es so aus, als könnte dies eher dem Sozialismus als dem Liberalismus gelingen. Denn der Liberalismus wirkte nach der ersten langen Periode des Freihandels Ende des 19. Jahrhunderts, zwei Weltwirtschaftskrisen (1873–1896 und 1929–1936) und zwei Weltkriegen diskreditiert und verbraucht. Hinzu kam noch, dass der Sozialismus die religiösen Energien des Christentums säkularisiert hatte und daher auch besser für sich mobilisieren konnte, während die utopischen Energien des Liberalismus deutlich schwächer entwickelt waren, nur sehr vage ein geschichtliches Ziel zu formulieren wussten und sich überhaupt eher an das Individuum als an die Gesellschaft richteten.

Doch anders als heutzutage waren die Analysten im amerikanischen Sicherheitsapparat in den 1950er Jahren noch zu einer realitätsgerechten Einschätzung fähig. Sie erkannten den Nachteil ihrer Position und waren in der Lage, diese durch eine kulturpolitische Initiative auszugleichen. Diese außergewöhnliche Fähigkeit der amerikanischen Strategen in den 1950er Jahren wird anhand eines Zitats des Kunstkritikers Philip Dodd verständlich, welches Frances Stonor Saunders in ihrer Studie zum kulturellen Kalten Krieg zitiert:

> »Wenn Politiker sich für Kunst engagieren, ist das deswegen so eine große Sache, weil sie für sie Bedeutung hat, ob man nun an die Faschisten, die

> Sowjets oder den amerikanischen CIA denkt. So könnte man argumentieren, dass der CIA in den fünfziger Jahren die besten Kunstkritiker hatte, denn er beschäftigte sich mit Werken, die ihm eigentlich unbequem hätten sein müssen, geschaffen von Linken, die aus dem europäischen Surrealismus hervorgegangen waren; gleichzeitig erkannte er, welche potenzielle Kraft in dieser Art von Kunst steckte, und ließ sich darauf ein. Das konnte man nicht von vielen Kunstkritikern zu dieser Zeit behaupten.«[192]

Die Sowjetunion wiederum war zwar territorial gestärkt, aber wirtschaftlich und sozial geschwächt aus dem Zweiten Weltkrieg hervorgegangen. Just die am dichtesten besiedelten Gebiete im Westen des Landes waren vom Krieg zerstört und die 27 Millionen Kriegstoten fehlten für den Wiederaufbau. Hinzu kamen die zahlreichen geopolitischen Verpflichtungen, die sich für die Sowjetunion aus ihrem Aufstieg zur zweiten Supermacht ergeben hatten. Infolgedessen konzentrierte sie all ihre Energien darauf, technologisch, wirtschaftlich und militärisch aufzuholen, weshalb sie den Zeitpunkt versäumte, die noch junge sozialistische Gesellschaft kulturell zu erneuern. Und so stießen die im vorherigen Kapitel beschriebenen Maßnahmen des amerikanischen Sicherheitsapparates, die universale Ausstrahlungskraft der Arbeiterbewegung zu untergraben, in eine ungeschützte Flanke vor. Der Liberalismus amerikanischer Prägung konnte sich modernisieren, zunehmend auf Europa übertragen werden und nutzte hierbei die Sogkraft der Konsumkultur sowie die beschriebenen fortgeschrittenen Techniken der Einflussnahme. An die Stelle einer Propaganda, die ein geschlossenes Weltbild vermittelt, trat eine Propaganda, die den Weltbildern zugrunde liegenden Gedankenmuster umdeutete bzw. auflöste. Auf diese Weise konnten die tragenden Pfeiler einer sozialistischen Weltanschauung brüchig werden, ohne dass diese Weltanschauung überhaupt direkt angegriffen worden war.

Im Verhältnis zu diesen Anstrengungen blieb der sowjetische Sozialismus bei den einmal entwickelten Formen stehen und erneuerte sich seit den 1950er Jahren kaum noch, wodurch ab den 1970er Jahren das Gefühl der

192 Philip Dodd, Interview London, Juli 1994, zitiert nach: Frances Stonor Saunders, Wer die Zeche zahlt … – Der CIA und die Kultur im Kalten Krieg, Berlin 2001

Stagnation entstand, auf das wiederum eine Vielzahl an sowjetischen Dissidenten reagierte.[193] Allmählich entstand so eine Situation, in der der Westen generell zum Maßstab für die Kulturentwicklungen wurde, auch für die sozialistischen Gesellschaften. Dieser Verlust der kulturellen Deutungshoheit war ein entscheidender Faktor, der in der zweiten Hälfte der 1980er Jahren zur Preisgabe des sozialistischen Systems beitrug.

Doch was passiert, wenn ein Kalter Krieg, der vorrangig als Kulturkampf ausgefochten wird, plötzlich zu einer Entscheidung gelangt? Natürlich wäre es möglich gewesen, den einstigen Gegner ins eigene System zu integrieren, so wie 1814/15 das besiegte Frankreich zu einem gleichberechtigten Partner der im Wiener Kongress vereinbarten Nachkriegsordnung wurde. Doch nach den Napoleonischen Kriegen bestand das Ziel der Sieger darin, die durch die Französische Revolution diskreditierte Monarchie erneut einzusetzen und zu festigen. Man strebte also den Erhalt einer hergebrachten Ordnung an.

Ganz anders ist die Situation nach dem Mauerfall, der in einem Jahrhundert ungebrochener wirtschaftlicher und technologischer Entwicklung stattfindet. Nur wenige Politiker blickten in diesem Jahrhundert zurück und orientierten sich an der Geschichte. Viele dagegen blicken nach vorne und suchen Halt im möglichst schnellen Ergreifen neuer Entwicklungsmöglichkeiten. Der Kalte Krieg hat zu ganz neuen Machttechniken geführt. Gerade die kulturpolitische Einflussnahme stellt ein Machtwerkzeug dar, das keinerlei Regulierung unterlag und von dem nicht einmal die Öffentlichkeit im großen Umfang etwas wusste. Doch je unbekannter die neuen Machttechniken waren, desto umfänglicher konnten sie in Zukunft angewendet werden. Die Einbeziehung des einstigen Gegners in die Nachkriegsordnung hätte jahrelange Verhandlungen notwendig gemacht, während man bei einer unbekümmerten Fortsetzung des bisherigen Kurses die neuen Möglichkeiten des kulturellen Krieges maximal ausschöpfen konnte.

Zudem hätte die Einbeziehung des alten Gegners es erforderlich gemacht, dass die Ideologien des Kalten Krieges als Folie für die Nachkriegsordnung gedient hätte. Einerseits stellte das vergangene sozialistische System immer noch Ansprüche, insofern es die Gesellschaften der sowjetischen

193 Alexander Sinowjew, Die Macht des Unglaubens – Anmerkungen zur Sowjetischen Ideologie, München 1986

Republiken 70 Jahre lang geformt hatte, andererseits existierten noch die Werte des Westens, wie zum Beispiel der sozialdemokratische Kompromiss, auf den sich jetzt auch die einstigen Sozialisten und Kommunisten beriefen. Die Einführung des Neoliberalismus als einflussreichster Wirtschaftsphilosophie zeigte deutlich, dass man im Westen das gesamte Erbe der Arbeiterbewegung überwinden wollte, selbst den sozialdemokratischen Kompromiss. Vor diesem Hintergrund waren Verhandlungen über das künftige Zivilisationsmodell mit Russland nur lästig.

Die Leichtigkeit, mit der vor allem die USA den Ausgang des Kalten Krieges für sich zu definieren verstanden, führte in Washington erst zur Euphorie und dann zu Stolz und Selbstüberschätzung. Die in den USA so empfundene Eindeutigkeit des Sieges lief darauf hinaus, dass der nationale Mythos des Landes erneut auflebte. Der von den protestantischen Sekten des 17. Jahrhunderts gestiftete Glaube, nach dem die USA im Besitz der offenkundigen Bestimmung seien, die Welt zu führen (Manifest Destiny), wurde zum neuen Konsens der führenden Kreise. Damit verschrieben sich die amerikanischen Politiker einer Weltanschauung, die noch vor der Epoche der Aufklärung entstanden war.

In dieser Atmosphäre mag es auch geschehen sein, dass die einstigen Planer des kulturellen Kalten Krieges aufgrund der schon vorhandenen Machttechniken erweiterte Zielsetzungen formulierten. Wurde während des Kalten Krieges das Ziel verfolgt, dem Sozialismus zu verwehren, die Ausstrahlungskraft des europäischen Universalismus für sich zu beanspruchen, so könnte die nun formulierte Zielsetzung gelautet haben, überhaupt die Wiederkehr einer sozialistischen Gerechtigkeitsvorstellung und darauf aufbauender Bewegungen und Parteien kulturell unmöglich zu machen.

Im Zuge einer solchen Programmatik kam Europa eine besondere Bedeutung zu. Jegliche kulturpolitische Initiative, die von den USA ausging, musste sich zunächst in Europa bewähren und dort Fuß fassen, ehe sie eine globale Ausstrahlungskraft gewinnen konnte. Denn obwohl die USA während des Kalten Krieges einen enormen kulturpolitischen Einfluss erworben hatten, basiert dieser doch immer noch auf der Ausstrahlungskraft der europäischen Weltkultur, die die USA in gewisser Weise ererbt und neu interpretiert haben, deren Fundament sich aber trotz allem immer noch in Europa befindet.

Um dennoch als Brückenkopf für die kulturpolitische Einflussnahme der USA in der übrigen Welt zu dienen, musste der während des Kalten Krieges noch fühlbare Widerstand der Europäer gegen die Amerikanisierung ihrer Kultur nach Möglichkeit gebrochen werden. Es sollte eine Konvergenz zwischen der amerikanischen und europäischen Kultur erzeugt werden, wobei es vor allem Europa war, das sich den USA anzupassen hatte. Und dies bedeutete eine möglichst umfängliche Schwächung aller Eigenheiten der europäischen Kultur. Die USA waren bestrebt, die Wurzellosigkeit ihrer eigenen Kultur möglichst auf Europa zu übertragen. Tatsächlich wirft die kulturelle Entwicklung im Westen insbesondere seit Mitte der 1960er Jahre und verstärkt seit dem Mauerfall viele Fragen auf. Besonders in der Gegenwart begegnet einem überall das Prinzip der Auflösung. Historische und nationale Identität wird heute als rechts betrachtet und soll aufgelöst werden. Eindeutige geschlechtliche Zuordnungen von männlich und weiblich gelten ebenfalls als rechts und sollen aufgelöst werden. Staatsgrenzen gelten als überholt und sollen zugunsten einer unregulierten Zu- und Abwanderung aufgelöst werden. Es gibt kaum einen Begriff, der von postmodernen Philosophen nicht schon einmal dekonstruiert, also aufgelöst worden wäre. Spätestens seit dem Mauerfall befindet sich Europa in einem Sog fortschreitender Relativierung seiner selbst.

Hinzu kommt, dass jene Inhalte, die an die Stelle der aufgelösten Vorstellungen gesetzt werden, sehr künstlich wirken, geradezu einen synthetischen Charakter haben. Denn dass die natürliche kulturelle Evolution von den in Revolutionen erkämpften Freiheitsrechten schließlich in Rechte für genderfluide nicht-binäre cis-Männer einmünden würde, die sich in Safe Spaces vor der Mikroaggression der Gesellschaft schützen müssen, wirkt alles andere als selbstverständlich. Auch die in der Postmoderne zum Programm erhobene Politisierung privater Gefühle kennt kaum historische Vorbilder und dürfte keine natürliche Entwicklung darstellen. Denn seit Aristoteles war Politik stets am gemeinsamen Gut orientiert, also auf Belange bezogen, die alle Mitglieder einer Gesellschaft teilen und die alle angehen. Davon abgetrennt war der private und häusliche Raum, der ausdrücklich nicht der Politik unterlag, aus der Öffentlichkeit ferngehalten wurde und in dem subjektive Gefühle und Bewertungen ihren Raum hatten. Indem die LGBT-Bewegung nun private Anliegen öffentlich verhandelt, besetzt sie nicht nur den Raum, der eigentlich allgemeinen öffentlichen Themen vorbehalten sein sollte, sondern sie füllt ihn auch noch mit privaten Gefühlen und transferiert subjektive Bewertungsmaßstäbe in die politische Sphäre. Diese Verkehrung von öffentlich und privat läuft letztlich auf die Zerstörung des öffentlichen Raums und damit der Politik hinaus.

Auch die Klimabewegung, die wie eine Sekte an einen datierbaren Weltuntergang glaubt, wirkt wie eine im Labor entworfene Wetter-Religion. Man fühlt sich an polytheistische Religionen erinnert, die bei ausbleibendem Regen ebenfalls Opfer und Rituale abhalten mussten.

Künstlich wirkt auch die postmoderne Einteilung der Gesellschaft in lauter Minderheiten, die nun nicht mehr aus der Position des verantwortlichen und tätigen Bürgers auf die Politik einwirken, sondern stattdessen eine Opfer-Mentalität kultivieren. Durch die Identität als Opfer wird zugleich eine Ohnmachtsposition internalisiert, die wiederum nach einer paternalistischen Bevormundung verlangt.

Ebenfalls künstlich wirkt auch die in der Postmoderne vertretene Vorstellung, dass jegliche Grenzziehung an sich falsch und politisch rechts einzuordnen ist. Alles in der Welt kann nur in einem Gleichgewicht existieren, wobei Grenzen eine elementare Rolle spielen. Die Zellen des Körpers benötigen genauso Grenzen wie die Institutionen und Organisationen. Ohne Grenzen kann es kein funktionierendes Gemeinwesen geben. Deshalb kommt die von der Postmoderne aufgestellte Behauptung, Grenzen ließen sich dauerhaft auflösen, einem impliziten Selbstzerstörungsprogramm gleich.

Überblickt man all diese sonderbaren Glaubenssätze dieser Epoche, so ist es kaum vorstellbar, dass diese Inhalte innerhalb eines rationalen Diskurses oder auf dem Weg einer natürlichen kulturellen Evolution hätten entstehen können. Der gesamte postmoderne Diskurs macht einen sehr künstlichen Eindruck und wirkt so, als ob mit ihm noch etwas anderes als sein vordergründiger Sinn gemeint ist.

Dieser Eindruck von einer künstlichen Kulturentwicklung wird durch Recherchen der Autorin Gabriele Kuby bestätigt. Kuby hat in ihrem Buch »Die globale sexuelle Revolution«[194] eine Vielzahl der kulturpolitischen Maßnahmen zusammengetragen und recherchiert, die seit den 1990er

194 Gabriele Kuby, Die globale sexuelle Revolution, Kißlegg 2014

Jahren auf eine Umdeutung des Verhältnisses von Geist und Sexualität bzw. männlich und weiblich abzielen. Die vielen von Kuby beschriebenen empirischen Details betreffen auch die Finanzierung der LGBT-Bewegung sowie die Vernetzung der sie tragenden Organisationen, die wiederum – wie Kuby zeigt – mit den höchsten Gremien der US-amerikanischen und europäischen Politik verbunden sind. Kubys Recherche macht deutlich, dass hier finanzstarke Akteure am Werk sind, denen es weniger um Gleichberechtigung, sondern vielmehr um eine Uminterpretation des Verhältnisses von Seele und Körper, Geist und Sexualität, Öffentlichkeit und Intimität geht. Dies wird auch daran deutlich, dass die LGBT-Bewegung in die bestehenden Universitäten, Schulen und sogar Kirchen integriert worden ist, was ohne politische Förderung in dieser Dichte nicht möglich ist. Kuby kommt zu dem Schluss, dass die Umdeutung der Rolle der Sexualität in der Gesellschaft letztlich intendiert, den kulturellen Boden zu zerstören, auf dem einst die Säkularisierung des Christentums und damit die Kontinuität der Kulturentwicklung von der Antike bis zur Moderne stattgefunden hat.

Dass diese Umwertung aller Werte nicht an sich schon ein Wesensmerkmal der Moderne ist, wird auch an der Begriffsgeschichte des Wortes deutlich. Die Moderne, die bis heute für alles Neue und Innovative steht, ist ursprünglich aus dem Vergleich mit der Antike hervorgegangen, was anzeigt, dass die Moderne als Epoche immer noch in der Kontinuität der bisherigen Kulturentwicklung gestanden hat, mit der sie sich verglich und deren Impulse sie in sich aufgenommen hat. Modern zu sein bedeutete daher nicht, der Tradition feindlich gegenüberzustehen. Es bedeutete lediglich, diese in der Moderne neu zu interpretieren. Erst die Postmoderne hat sich dem nietzscheanischen Programm der Umwertung aller Werte verschrieben. Erst sie strebt an, alles Alte wie einen alten Zopf abzuschneiden und den Bruch zumindest mit der vom Christentum geprägten Überlieferung zu vollziehen. Denkt man die Entwicklungslogik der Postmoderne zu Ende, so stände an ihrem Ende eine Gesellschaft, die nicht mehr in der Lage wäre, die Kontinuität der bisherigen Kulturentwicklung fortzusetzen, ja auch nur den erreichten Stand der Zivilisation zu erhalten. Denn ihr kulturelles Gedächtnis wäre derart fragmentiert und relativiert, dass sich eine funktionsfähige Urteilskraft nicht mehr aufbauen könnte. Derart seiner Geschichte beraubt, könnte in der Tat die Idee einer künstlichen Neuschöpfung der Kultur in Angriff genommen werden.

7.4 Der Sieg der Oligarchie

Unter normalen Umständen sollte niemand eine solche Gesellschaft wollen. Allerdings könnte das Klasseninteresse einer sehr reichen und privilegierten Klasse derartige Maßnahmen nahelegen. Denn würde Europa die Kontinuität seiner bisherigen Kulturentwicklung aufrechterhalten und würde sich die europäische Kultur im Prinzip ähnlich fortentwickeln, wie sie es in der Vergangenheit getan hat, dann stünden die Chancen nicht schlecht, dass sich der Sieg des Kapitals über den Sozialismus lediglich als Pyrrhussieg erweisen würde. Aufgrund der inneren Logik der europäischen Kultur wird diese nach einer gewissen Zeit erneut Gerechtigkeitsvorstellungen hervorbringen, die wiederum zu einer Regulierung der Eigentumsordnung führen und letztlich bestehende oligarchische Machtstrukturen herausfordern werden. Wer also den Sieg des konzentrierten Eigentums über jegliche Form von emanzipatorischer politischer Utopie dauerhaft sichern möchte, der kommt nicht umhin, den kulturellen Code der europäischen Kultur umzuschreiben.

Es ist ein eigentümliches Phänomen der menschlichen Natur, dass die Mittelklasse meist über kein Klassenbewusstsein verfügt. Wer zur Mittelklasse gehört, lebt mit dem Gefühl, es geschafft zu haben und blendet Machtgegensätze gerne aus. Die Armen hingegen sind sich erzwungenermaßen viel eher ihrer Klassenzugehörigkeit bewusst. Über das am Höchsten entwickelte Klassenbewusstsein allerdings verfügt die Klasse der außerordentlich Reichen, die immer ihre Position in der Gesellschaft kennen. Wer ein bestimmtes Niveau des Reichtums überschritten hat, vergisst dies nicht mehr. Er interessiert sich deshalb auch nicht mehr für Jachten und Villen, sondern gelangt in die Position, Politik kaufen zu können. Zur Politik gehören Expertisen, Forschungen, mit einem Wort: Orientierung. Wer über mehrere Milliarden verfügt, der hat auch bald sein eigenes Forschungsinstitut und sitzt in einem sehr hohen Turm und kann entsprechend weit in die Zukunft blicken. Während die Mittelklasse ihre Karriere, ihre Familienleben und ihre Urlaube plant, blicken unter den Superreichen zumindest einige Jahrzehnte in die Zukunft. Dabei steht ihnen auch deutlich die Konzentration an Kapital vor Augen, von der sie selbst profitieren, die aber für den größten Teil der Gesellschaft, vor allem für die Mittelschicht, katastrophale Folgen hat. Sie begreifen die disruptive Macht, die von digitalen Monopolen wie Amazon, Alphabet (Google), Microsoft, Meta (Facebook) und Apple ausgeht, denen es gelungen ist, Teile des Marktes zu privatisieren, was den Kapitalismus zugunsten eines neuen Feudalismus in Frage stellt. Hinzu kommt noch das Vermögen von großen Kapitalgesellschaften wie BlackRock, Vanguard und State Street, die die internen Verhältnisse tausender Unternehmen kennen und deren gebündelte Kapitalmacht selbst die des amerikanischen Staates übersteigt. Noch nie in der Geschichte hat sich so viel finanzielle, technologische und wissensbasierte Macht in den Händen einzelner global aufgestellter Konzerne und ihrer Besitzer befunden. Diese Konzentration von Macht geht einher mit einer dramatischen Schwächung des Staates, der fortan nicht mehr in der Lage ist, die Gesellschaft zu schützen. Es mag sein, dass unter den Profiteuren dieser Entwicklung sich einige ihre Menschlichkeit bewahrt haben und sogar eine Änderung wünschen. Doch in der Gesamtheit ist hier ein System entstanden, das seiner eigenen Entwicklungslogik nur immer weiter folgen kann. Indem es das tut, erzeugt es soziale Kämpfe, die an die Frühphase der Industrialisierung erinnern.

Die herrschende Oligarchie wird von dieser Entwicklung nicht überrascht, sondern sieht sie Jahre im Voraus kommen. Maßnahmen, die die Vermögenskonzentration abschwächen oder die Monopolbildungen unterbinden, sind jedenfalls seit vielen Jahren nicht ergriffen worden. Es ist sogar möglich, dass aus Sicht der angelsächsischen Oligarchie nach dem Wegfall eines sozialistischen Gegenmodells und der Auflösung der Arbeiterbewegung ein kurzes Zeitfenster von einigen Jahrzehnten besteht, in dem nun Bedingungen geschaffen werden müssen, die auf Dauer den Klassenkampf zugunsten der Klasse der Superreichen entscheiden und auch langfristig sicherstellen, dass eine organisierte Arbeiterschaft niemals wieder so mächtig werden wird, wie sie es im 20. Jahrhundert gewesen ist.

Da aber die Institutionen der Arbeiterbewegung bereits weitgehend entmachtet sind und die Kapitalkonzentration unvorstellbare Ausmaße angenommen hat, kann von nun an die anvisierte Schwächung nur noch auf dem Gebiet der Kultur erfolgen. Weil die tragenden Prinzipien der europäischen

Kultur aufgrund des christlichen Erbes über kurz oder lang immer wieder Gerechtigkeitsvorstellungen hervorbringen, muss diese Kultur in ihrer Gesamtheit geschwächt und verändert werden. Nur durch eine solche Schwächung könnte eine machtvolle Wiederkehr sowohl demokratischer und republikanischer, aber auch sozialistischer und kommunistischer Konzepte verhindert werden.

Ein solcher Versuch, Kultur im großen Maßstab umzuschreiben, muss sich gegen alle gewachsenen Formen der Kultur wenden und versuchen, diese durch etwas Künstliches zu ersetzen. Doch eine solche radikale politische Agenda kann nur in einem kleinen Kreis diskutiert und implementiert werden, was gleichberechtigte Strukturen, Diskussionen, Öffentlichkeit und Kompromisse auf internationaler Ebene ausschließt. Alleine aus diesem Grund konnte Russland nicht in die westliche Welt integriert werden. Und aus demselben Grund konnte West- und Zentraleuropa nach dem Kalten Krieg keine Souveränität zugestanden werden. Hinzu kam noch, dass Russland aufgrund seiner Zugehörigkeit zur europäischen Kultur viel genauer wahrzunehmen vermochte, was im Westen hinter dem Schleier zufälliger Trends und Ereignisse eigentlich geschah. Während die europäischen Staaten einerseits zu tief involviert waren, andererseits zu ohnmächtig waren, um auszusteigen, waren die bedeutenden außereuropäischen Länder wie China, Indien und Iran zu weit vom Selbstverständnis der europäischen Kultur entfernt, um den dortigen Kulturkampf in seiner Bedeutung und Tragweite verstehen zu können.

Auf diese Weise geriet Russland einerseits in die Position eines Zeugen und Kritikers der vorherrschenden Entwicklung, während andererseits dessen bloße Existenz für ganz Europa die Möglichkeit eines Richtungswechsels bereitstellte. Solange Russland als der östliche Teil Europas seine Souveränität nach ihrem kurzfristigen Verlust in den 1990er Jahren allmählich zurückgewann und sich der Schwächung der europäischen Identität widersetzte, so lange bestand für ganz Europa die Möglichkeit eines Vergleichs und damit auch einer Umkehr. Zwar war es den USA gelungen, während des Kalten Krieges die in der Neuzeit entstandene europäische Weltkultur neu zu interpretieren und in ein machtvolles Instrument ihrer eigenen globalen Einflussnahme zu verwandeln. Doch war ihre Hegemonie über die europäische Kultur nicht lückenlos. Solange Russland über Souveränität verfügte und sich unabhängig von den USA in der Welt und in der Geschichte orientieren konnte, so lange bestand auch für das übrige Europa die Chance, seine eigene Position zu erkennen und sich seiner eigenen Identität und Geschichte zu erinnern.

Denn die amerikanische Interpretation der europäischen Kultur war nur unter der Bedingung wirklich stark und dominant, dass sie die einzige Interpretation der europäischen Kultur war. Sobald die Möglichkeit eines Vergleichs bestand, wurde sofort der synthetische Charakter der postmodernen Werte sichtbar. Kein Mensch, der die Schönheit und das Kulturniveau einer voll entwickelten bürgerlichen Kultur gesehen hat, könnte sich danach noch für die in lauter Lifestylegruppen zersplitterten postmodernen Gesellschaften erwärmen. Gerade weil die amerikanische Interpretation der europäischen Kultur letztlich auf einer manipulativen Umwertung ihrer tragenden Prinzipien beruhte, konnte sie den Vergleich mit dem Original nicht standhalten. Die bloße Tatsache, dass sich Russland der postmodernen Umwertung der europäischen Kultur nicht anschloss, stellte somit für die USA eine Bedrohung dar.

Zugleich ging eine solche Bedrohung für die USA nicht von China, Indien oder dem Iran aus, die zwar den amerikanischen Supermachtstatus geographisch, militärisch und wirtschaftlich herausforderten, die auch in ihrer jeweiligen Region die amerikanischen Interessen durchkreuzen konnten, die aber als außereuropäische Mächte keine Möglichkeit besaßen, auf die Interpretation der europäischen Kultur selbst einzuwirken. Im »hermeneutischen Weltbürgerkrieg«[195] besaßen China, Indien und Iran nur eine regionale, aber keine globale Stimme. So wie für Europäer die Kulturunterschiede zwischen China und Japan kaum wahrnehmbar sind, so schwierig ist es für Chinesen, die USA und Europa voneinander zu unterscheiden oder die Moderne von der Postmoderne zu trennen. Nur wer Teil eines Kulturkreises ist, kann dessen kulturelle Quellen erfühlen, kann dessen Entwicklungsrichtung beurteilen und kann die eigentliche Kultur von ihrer ideologischen Verformung trennen. Weil in der gesamten europäischen Welt heute nur noch Russland über Souveränität verfügt, kommt in der heutigen Welt diese Rolle nur Russland

195 Jacob Taubes, Die Welt als Fiktion und Vorstellung, in: Funktionen des Fiktiven – Poetik und Hermeneutik, Bd. 10, München 1983, S. 421

zu. Würde die Russische Föderation ihre Souveränität verlieren, so könnte die westliche Welt zwar immer noch wirtschaftlich und militärisch herausgefordert werden. Aber die dauerhaft amerikanische Hegemonie über die bestehende Weltkultur wäre dann wahrscheinlich kaum noch umzukehren. Diese Sonderrolle Russlands in der heutigen geopolitischen Auseinandersetzung erklärt, warum sich die USA von ihrer Gegnerschaft gegenüber Russland nie haben lösen können, warum sie bis zum heutigen Tag mehr Ressourcen für die Eindämmung Russlands ausgeben als für die Chinas, obgleich China der eigentliche wirtschaftliche Herausforderer der USA ist.

Dieser Widerspruch wird aber schnell verständlich, wenn man versteht, dass in der heutigen Welt Macht zu einem ganz erheblichen Maße eine geistige und kulturpolitische Dimension angenommen hat. Haben sich die Weltmächte im 19. und 20. Jahrhundert noch vorrangig um die Kontrolle geographischer Räume und die dort gelagerten Rohstoffe gestritten, so ist seit der Mitte des 20. Jahrhunderts ein neuer Faktor hinzugetreten. Der neue geographische Raum, der nun im 21. Jahrhundert die Aufmerksamkeit aller militärischen Strategen verlangt, liegt im Bereich der Kultur und den kulturformenden Institutionen, also den Medien, den Universitäten, der Wissenschaft. Haben sich die Strategen des 19. Jahrhunderts um die Kontrolle von Meeresengen und Gegenküsten gestritten, so streiten sich die Strategen des 21. Jahrhunderts um die Frage, wer die Massenformation des Weltbewusstseins kontrolliert. Weil aber dieses Weltbewusstsein in den vergangenen 500 Jahren im ganz erheblichen Maße von Europa geformt worden ist, kann nun auch seine weitere Prägung kurzfristig nur von einer größeren Macht ausgehen, die in Europa beheimatet oder zumindest wie die USA von Europäern besiedelt worden ist. Langfristig wäre es zwar durchaus vorstellbar, dass auch China, Indien und Iran ihre eigenständige Interpretation der modernen Welt entwickeln und über diese globalen kulturpolitischen Einfluss gewinnen. Doch kurzfristig steht nur einer europäischen Macht und den USA diese Möglichkeit offen.

7.5 Die Zukunft der Weltkultur und die Rolle Europas

Die Transformation der eigenen Kultur in eine Weltkultur ist ein sehr komplizierter Prozess. Dieser verlangt Kulturleistungen, die nicht einfach von einem Staat oder einer Regierung in Auftrag gegeben werden können. Sowohl die europäische Philosophie als auch Wissenschaft, Musik, Literatur und Kunst sind selbstständig entstanden. Niemand hat ihre Entstehung bewusst geplant und ihre Entwicklung zog sich über lange Zeiträume hin. Das gleiche gilt für die Ausdifferenzierung der politischen Kultur Europas, die sich auf einer Serie von europäischen Revolutionen begründet, aus denen wiederum revolutionäre Werte hervorgegangen sind. Auch die Entstehung einer Gesellschaft, die diese Kulturleistungen hervorzubringen, aufrechtzuerhalten und an die nächste Generation weiterzugeben vermag, ist nicht in kurzer Zeit zu erreichen. Letztlich handelt es sich hier um einen selbstständigen von einer Vielzahl an Einzelfaktoren abhängigen Prozess, der Generationen in Anspruch nehmen kann.

Zwar sind sowohl China, Indien als auch der Iran eigenständige Zivilisationen mit einer Jahrtausende umfassenden Kulturgeschichte. Aber selbst ihre jüngeren, erst einige Jahrhunderte zurückliegenden Kulturleistungen sind nicht einfach unter den Bedingungen der Modernität zu erneuern. Um sie auf die heutige Welt zu übertragen, müssen sie zunächst neu interpretiert und geformt werden, was wiederum die Arbeit mehrerer Generationen beinhaltet. Denn die dafür notwendige Philosophie und Literatur kann nicht in wenigen Jahren erschaffen werden. Die hierzu nötigen Traditionen müssen erst entstehen, die begnadeten Künstler müssen erst in Erscheinung treten und sich über längere Zeit gegenseitig beeinflussen. Solange jedoch die großen Zivilisationen Ost- und Südasiens noch dabei sind, ihre Kultur mit der modernen Welt zu verbinden, bleibt der Status der europäischen Kultur als Weltkultur vorläufig bestehen. Zwar ist der gegenwärtige Zustand Europas äußerst beklagenswert, insofern viele europäische Großstädte hinsichtlich ihrer mit Graffiti beschmierten Häuserwände und auch in Hinblick auf die allgemeine Verwahrlosung mehr New York als dem alten Europa ähneln. Dennoch sind bis heute die von Europa geprägten politischen Begriffe, entwickelten Philosophien und historisch geformten Maßstäbe immer noch in Kraft.

Und tatsächlich stehen auch heute noch keine anderen Begriffe und philosophischen Traditionen zur Verfügung, um kurzfristig die Widersprüche des 21. Jahrhunderts zu verhandeln. Die Entwicklung von Künstlicher Intelligenz und die Fortschritte der Gentechnik berühren Schlüsselfragen der menschlichen Existenz und stellen die Menschheit als Ganzes vor eine Weggabelung, die entweder zur Technokratie, also die Kolonialisierung des Menschen durch die Technik, oder zu einem neuen Humanismus des 21. Jahrhunderts führen muss, der die technische Entwicklung der menschlichen Entwicklung unterordnet. Vorläufig können diese existenziellen Fragen nur vor dem Hintergrund der von Europa gestifteten Weltkultur erforscht und debattiert werden. Aber gerade deshalb ist der Zustand dieser Weltkultur von so entscheidender Bedeutung. Und deshalb ist es keine periphere Frage, ob das Europa, das diese Weltkultur gestiftet hat, selbst zu einer US-amerikanischen Kolonie herabgesunken ist oder ob es frei und souverän im eigenen Interesse seine Geschicke lenken kann. Der Zustand Europas ist nicht nur für Europa, sondern für die Welt entscheidend.

Würde es Europa gelingen, sich von den USA zu lösen und sich den BRICS+-Staaten anzuschließen, so könnte Europa die postmoderne Fehlinterpretation seiner eigenen Kultur abschütteln und sich vor dem Hintergrund seiner eigenen Traditionen erneuern. Europa würde damit nur einen Prozess nachvollziehen, der in den BRICS-Staaten bereits begonnen hat. Denn auch die BRICS-Staaten Indien und Südafrika waren einst Kolonien, während die BRICS-Staaten China und Iran kurz davor standen, Kolonien zu werden, ja zwischenzeitlich halbkolonialisiert waren. Auch Russland war 1941 bis 1945 und erneut in den 1990er Jahren mit der Gefahr des totalen Souveränitätsverlustes konfrontiert. Aus diesem Grund kennen diese Staaten die Voraussetzungen der Freiheit und den Weg zur Befreiung. So hat Indien vor Kurzem seinen alten Namen Bharat wieder angenommen, um auf diese Weise die Reste seines einst kolonialisierten Bewusstseins abzuschütteln. Auch China und Iran haben begonnen, sich auf ihre kulturellen Traditionen zu beziehen.

Für diesen Rückbezug auf die eigene Kultur hat sich unter den BRICS-Staaten der Begriff des Zivilisationsstaates eingebürgert. Damit ist ausgedrückt, dass sowohl Indien, China und der Iran beides sind, nämlich Staaten und Zivilisationen. Russland ist ein Land mit starken staatlichen Traditionen, dessen Kultur allerdings aufs Engste mit der Europas verflochten ist. Russland könnte wahrscheinlich nur dann ein eigenständiger Zivilisationsstaat werden, wenn die europäische Kultur sich selbst zerstörte. Augenblicklich ist Russland dabei, sich als Schwesterzivilisation Europas zu begreifen, die aber andere Wege geht.[196] Nun ist auch Europa eine Zivilisation. Könnte auch Europa ein Zivilisationsstaat sein, der ein gleichberechtigtes Verhältnis zu den BRICS-Staaten entwickelt?

Sicherlich wäre es falsch, wenn Europa sich nach dem Muster der heutigen EU oder nach dem Vorbild der USA oder auch Chinas, Russlands oder Indiens zentralisieren würde. Was aber Europa offensteht, wäre ein Bund ungefähr gleich großer Nationalstaaten, die in einem Gleichgewichtszustand existieren würden, deren Stabilität und Kontinuität durch ein Bewusstsein der gemeinsamen europäischen Kultur sowie gemeinsame europäische Interessen zusammengehalten wird. Diese Lösung wäre im Fall Europas sogar wahrscheinlich. Denn die Geschichte zeigt, dass sich in den verschiedenen Weltregionen stets die Ordnung durchsetzt, die dort früher schon einmal existiert hat. Das heutige Russland wiederholt einige Merkmale sowohl der Sowjetunion als auch des Zarenreichs, während das heutige China Formen und Strukturen wiederholt, die dort auch schon vor Jahrhunderten existierten und vom Konfuzianismus geprägt wurden. Kulturkreise besitzen neben einer Religion und einer Ethik auch Weltordnungskonzepte. Und diese sind in den Köpfen der dort lebenden Menschen verankert und stellen sich deshalb unabhängig von der Regierung oder der herrschenden Ideologie immer wieder her. So ist die im heutigen China etablierte Internetmauer, mit der der Zugriff auf ausländische Webseiten stark reguliert wird, lediglich die moderne Auslegung jener Mauer, mit der sich schon das antike China von seinen Nachbarn abgrenzte. Umgekehrt wiederholten die USA mit der Osterweiterung der NATO lediglich die Eroberung des einstigen wilden Westens, in den über Generationen hinweg die Siedler vorstießen. So wie sie damals versuchten, eine Grenze beständig nach Westen zu verschieben, so verschoben sie nun die Grenze der NATO beständig nach Osten. Die Russen waren für sie nur Indianer, mit denen man Verträge abschließt, die man später wieder bricht.

Auch den Europäern ist ein Weltordnungskonzept zu eigen, das wie im Falle Chinas oder der USA den Vorstellungshorizont der Menschen unbewusst bestimmt und sich früher oder später in der Politik Geltung

196 European Citizen Radio, Russland und die multipolare Welt: Fragen und Perspektiven, Interview mit Marine Voskanyan, 05.05.2023, https://www.youtube.com/watchv=HWFLtxBwJpM&list=PLnyzP4SJFIWbAF8WDPtgCOp4nhcj3KgHV&index=38 (zuletzt abgerufen am 3. August 2024

verschaffen wird. Wie bereits im Eingangskapitel beschrieben, weist das europäische Weltordnungskonzept die Besonderheit auf, dass Europa seit dem Untergang des weströmischen Reichs zwar kulturell durch das antike Erbe und geistig durch die Kirche geeint gewesen ist, dafür aber politisch gespalten war. Die vielen natürlichen Grenzen Europas, die von den Alpen, den Pyrenäen, über den Ärmelkanal bis hin zu den Karpaten und zur Ostsee reichen, trennten die europäischen Mächte so nachhaltig voneinander, dass sich nie ein europäischer Zentralstaat entwickeln konnte. Stattdessen ergab sich eine europäische Ordnung, in der politische Macht geistig reguliert wurde. So kam es in Europa nach dem Investiturstreit am Ende des 11. und dem Beginn des 12. Jahrhunderts zur Trennung von geistiger und weltlicher Macht. Der Papst hatte zwar keine Armeen, war aber dennoch über sein Netzwerk von Klöstern und Kirchen sehr einflussreich. Europa entwickelte ein Weltordnungskonzept, in dem ein Übermaß an politischer Macht geistig herausgefordert und ausgeglichen werden konnte. Zugleich mussten Diplomatie und kultureller Austausch das Fehlen einer politischen Einheit kompensieren. Die Abwesenheit einer politischen Zentralgewalt bei einer dennoch bestehenden kulturellen Einheit wurde somit zum Katalysator für die Entstehung einer gemeinsamen europäischen Kultur, die auch heute noch in allen Bereichen erkennbar ist.

Kodifiziert wurde das europäischen Weltordnungsmodell in den Prinzipien des Westfälischen Friedens, durch die der schwebende Gleichgewichtszustand erstmals juristisch legitimiert und kodifiziert wurde. Was oberflächlich betrachtet wie eine Schwäche erscheint, war eigentlich die Stärke Europas. Denn durch die politische Zersplitterung in einem verbundenen kulturellen Raum konnten gerade aufgrund der leichten Differenzen zwischen den europäischen Staaten und Sprachräumen immer wieder Innovationen entstehen, die in einem Land aufkamen, dann aber für den gesamten Kontinent verbindlich wurden. So trat die klassische Musik erstmals in Italien, Österreich und Deutschland in Erscheinung, ehe sie im 19. Jahrhundert zur Musik ganz Europas wurde.

Gerade im 21. Jahrhundert könnte dieses dezentrale Weltordnungskonzept zu einem einzigartigen Vorteil Europas werden. Denn die sich herausbildende multipolare Weltordnung ähnelt von der Machtverteilung her sehr dem Europa des Wiener Kongresses, das sich seinerzeit aus den fünf

Mächten Großbritannien, Frankreich, Preußen, Österreich und Russland zusammensetzte und über lange Zeiträume in der Lage war, das Gleichgewicht im gegenseitigen Interesse aufrechtzuerhalten. Indem sich Europa von den USA löst und seine eigene Einheit in einem Gleichgewichtszustand der Mächte erneut realisiert, könnte es im Kleinen verkörpern, was die multipolare Welt im Großen bedeutet. Ein solches Europa wäre anders als die heutige Europäische Union. Es wäre nicht eine zentralistische Bürokratie, die den Vereinigten Staaten von Amerika nacheifert und im Geheimen von ihnen gelenkt wird. Es wäre ein Europa, das dem Imperialismus abgeschworen hätte und stattdessen seine Einheit durch einen gemeinsamen Bezug auf die Geschichte und Kultur Europas sucht. Als Stifter und vorläufiger Verwalter der heute vorhandenen Weltkultur sowie als Erfinder der Prinzipien des Westfälischen Friedens könnte Europa im 21. Jahrhundert die Rolle eines globalen Mediators einnehmen. Nicht mehr die Rolle als imperiale Macht und Hegemon stände Europa offen, wohl aber die einer großen Schweiz.

Weil es die Rolle Europas gewesen ist, durch seinen Ausgriff auf die übrige Welt die Völker der Erde zueinander in Kontakt gebracht zu haben, könnte es nun zum Ausgangspunkt eines Dialogs der Zivilisation werden, in der die alte europäische Weltkultur, deren geistige Leistungen im 21. Jahrhundert immer noch von Bedeutung sind, in den Dialog mit den sich herausbildenden Weltkulturen Asiens tritt, die gerade erst damit beginnen, »… die Schätze, die an den Himmel verschleudert worden sind, als Eigentum der Menschen wenigstens in der Theorie zu vindicieren«, wie es Hegel nannte. In einem solchen Dialog, der die verschiedenen Traditionen aller daran beteiligten Kulturen gleichberechtigt berücksichtigen würde und der einen ergebnisoffenen Charakter haben müsste, könnten Prinzipien entwickelt werden, die die Kriegsgefahr minimieren und Sicherheit als gemeinsames Gut begreifen. Langfristig wäre es sogar möglich, den Dialog so weit voranzutreiben, dass sogar Normen entwickelt werden, die die existenziellen Fragen der Technologieentwicklung betreffen. Soll der Mensch alles tun dürfen, was er technologisch tun kann, den Eingriff ins eigene Genom mit eingeschlossen? Soll er akzeptieren, dass er auf diese Weise zu einem Anhängsel der Technologieentwicklung wird, an die er sich anzupassen hat? Oder sollte der Mensch umgekehrt versuchen, die Technologieentwicklung an den Menschen anzupassen und im Zuge eines neuen Humanismus auch zu regulieren?

In den USA geht der Trend eindeutig in die Richtung einer umfänglichen Anwendung aller technologischen Möglichkeiten, also in Richtung des Transhumanismus, der im Silicon Valley bereits Merkmale einer modernen Religion aufweist. Diese Entwicklung ist logisch für ein Land, dessen gesamter Aufstieg zur Supermacht in Ermangelung einer historischen Identität vor allem von einer technologiegetriebenen Entwicklung bestimmt gewesen ist. Es ist vor diesem Hintergrund auch kein Zufall, dass die USA als einziges Land der Welt die Atombombe im Krieg angewendet haben. Der Wesenskern Amerikas war immer der Sprung in die Zukunft und das Versprechen des Neuen in Gestalt technischer Möglichkeiten. Dieser in den USA entstandene Messianismus der Technik wird in dem Moment zu einem Verhängnis, in dem der Entwicklungsstand der Technik in einen fundamentalen Widerspruch zum humanistischen Erbe der europäischen Zivilisation gerät. Bereits die Kerntechnik enthielt solche Implikationen, vergleichbar drastischer sind die antihumanistischen Konsequenzen der Gentechnik und künstlichen Intelligenz. Umso wichtiger ist es, dass in diesem Moment der Menschheitsgeschichte Europa wieder eine Stimme auf der Weltbühne gewinnt und einen Vorschlag für einen Humanismus des 21. Jahrhunderts einbringen kann. Ein Europa, das sich anders als das moderne China, Indien, Russland und der Iran zwar nicht als Zivilisationsstaat, aber doch als ein Bündnis von Staaten innerhalb einer Zivilisation begreift, könnte Erhebliches zu diesen Fragen beitragen.

7.6 Der Westen – eine Anomalie der Geschichte

Doch diese Entwicklung wird so lange nicht möglich sein, solange sich Europa vorrangig als ein Bestandteil des Westens und nicht als Europa versteht. Bereits eingangs wurde herausgearbeitet, dass der heutige Westen das zufällige Ergebnis von taktischen Machtkoalitionen und Kriegsausgängen ist. Konnte die Entente cordiale als erste Form eines westlichen Bündnisses im Vorlauf zum Ersten Weltkrieg noch eine europäische Identität für sich beanspruchen, so ist dies für den Westen nach 1945 in einem weitaus geringeren Maße der Fall. Denn die westliche Welt, wie sie sich nach dem Zweiten Weltkrieg herauskristallisiert, hat ihr wirtschaftliches und administratives Zentrum nicht in Europa, sondern in den USA. Westeuropa wurde seit 1945 zunehmend von einem fremden Kontinent aus regiert. Die Grenzen des

Westens verliefen jeweils dort, wo die Front zum Stehen gekommen war, etwas zwischen Nord- und Südkorea, Taiwan und China, West- und Ostdeutschland. Zwar wird diese Spaltung nach dem Fall der Berliner Mauer zumindest in Europa wieder aufgehoben. Doch ändert dies nichts daran, dass alle maßgeblichen Entscheidungen über die Entwicklungsrichtung der europäischen Zivilisation weiterhin in den USA getroffen werden. Europa bleibt ein bloßes Objekt der Weltpolitik.

Diese Dominanz der USA über Europa führt nun zu folgendem Paradox. Einerseits ist die Hegemonie der USA über Europa der eigentliche Wesenskern des Westens geworden, sein hervorstechendes Merkmal, ohne das die westliche Welt kaum noch eine eigenständige Identität besäße. Denn was verbindet so unterschiedliche Länder wie Frankreich, Polen, Südkorea, Taiwan und Australien, wenn nicht die gemeinsam erfahrene Hegemonie der USA?

Andererseits ist diese mit dem Konzept des Westens verbundene Hegemonie einer außereuropäischen Macht über Europa eine historische Anomalie. Noch nie in der Geschichte wurde der größte Teil Europas von einem fremden Kontinent aus regiert. Die zurückliegenden acht Jahrzehnte sind in der Geschichte Europas eine absolute historische Ausnahme.

Um diese Anomalie dauerhaft zu etablieren, sahen sich die USA bereits während des Kalten Krieges gezwungen, eine Kulturpolitik in Europa zu entwerfen, die sich negativ auf die vorgefundenen Merkmale der europäischen Kultur bezog. Statt Europa zu stärken und eine partnerschaftliche Bindung mit seinen wichtigsten Ländern einzugehen, statt die Beziehung zu Europa durch einen gemeinsamen Bezug auf das kulturelle Erbe Europas zu suchen, haben die USA versucht, die Identität Europas allmählich durch eine westliche und tendenziell amerikanische Identität zu überschreiben. Dieses negative Verhältnis der Amerikaner zu Europa lässt sich auch mit ihrer eigenen widersprüchlichen Identität erklären.

Einerseits kamen die Amerikaner aus Europa und verfügten ähnlich wie die Russen über einen direkten Zugang zur europäischen Kultur. Der Zugang der USA zur Kultur Europas bestand vor allem in der Übernahme der politischen Ideen Europas, insofern die Grundlagen der amerikanischen Republik in Europa zunächst gedacht worden waren, ehe sie in Amerika zur Anwendung kamen. Andererseits waren die Amerikaner in den letzten zwei

Jahrhunderten von der Geographie eines anderen Kontinents geprägt. Sie kamen zwar aus Europa, doch ihre Beziehung zur europäischen Kultur war von Generation zu Generation schwächer geworden. Zu stark war die Prägekraft eines ganz anderen Kontinents, seiner Geographie und seines Klimas. Während auf politischem Gebiet die Beziehung zu Europa Bestand zu haben schien, lockerte sie sich auf dem Gebiet der Kultur. Die europäische Unterteilung zwischen hoher Kunst und Unterhaltung rief bereits Mitte des 20. Jahrhunderts bei vielen Amerikanern Misstrauen hervor, erschien ihnen undemokratisch.[197] Bereits nach wenigen Generationen unterschied sich die amerikanische Perspektive von der europäischen. Besonders das Weltordnungskonzept, das sich auf dem neuen Kontinent herausbildete, unterschied sich vom europäischen Streben nach einem Machtgleichgewicht. Diese geographisch bedingte Distanz zwischen der neuen und der alten Welt wurde durch zwei weitere Faktoren verstärkt.

Zunächst gehört es zum amerikanischen Mythos, sich selbst als auserwählte Nation zu begreifen, was implizierte, dass alle anderen Nationen, einschließlich der europäischen, auf einer niedrigeren Stufe stehen, wodurch eine partnerschaftliche Beziehung unmöglich wird. Hinzu kam noch, dass viele Auswanderer Europa als Flüchtlinge verlassen hatten, insofern sie sich entweder wegen ihrer religiösen oder politischen Überzeugungen oder aber durch die sozialen Verhältnisse unterdrückt fühlten. Da die Auswanderung vom 17. bis ins späte 19. Jahrhundert oft unter enormen Strapazen stattfand und meist unumkehrbar war, also eine permanente Lebensentscheidung darstellte, diente das negative Bild der europäischen Heimat oft auch zur Rechtfertigung der eigenen, nicht mehr rückgängig zu machenden Auswanderung und wurde so von Generation zu Generation weitergetragen. Alle politischen Wirren in Europa vom Ersten bis zum Zweiten Weltkrieg schienen den Nachgeborenen das negative Bild ihrer Vorfahren zu bestätigen und bedingten, dass die meisten Amerikaner sich den Europäern überlegen fühlten.

Zwar geschah es durchaus, dass die europäische Kultur aufgrund ihrer Komplexität und Tiefe bei einigen Amerikanern Anerkennung hervorrief.

197 Theodor W. Adorno, Wissenschaftliche Erfahrungen in Amerika, in: Gesammelte Schriften, Kulturkritik und Gesellschaft. 10–2, S. 702ff.

Doch hatten diese Empfindungen einzelner Amerikaner keine bleibende Wirkung auf die gesamte amerikanische Gesellschaft. Viel häufiger löste die Kultur Europas bei Amerikanern Misstrauen oder Minderwertigkeitsgefühle aus, die dann durch die tradierten und somit leicht abrufbaren Überlegenheitsgefühle kompensiert wurden. In den allermeisten Varianten lief es leider darauf hinaus, dass die USA Europa mit Distanz betrachteten. Die meisten Amerikaner hatten ein gleichgültiges bis negatives Verhältnis zu Europa, weshalb sie nach dem Zweiten Weltkrieg vor allem machtpolitisch in Europa investierten. Europa war für sie die Gegenküste und der nützliche Brückenkopf auf dem eurasischen Kontinent. Weil eine wirkliche Verbundenheit mit der europäischen Kultur fehlte, war ihnen auch das langfristige Schicksal Europas nicht besonders wichtig. Diese Gleichgültigkeit gegenüber der Zukunft Europas geht auch aus den Kriegsplanungen der USA während des Kalten Krieges hervorgeht. Diese sahen Atombombenabwürfe nicht nur im sowjetischen Einflussbereich, sondern auch in Westdeutschland vor, um den sowjetischen Vormarsch zu stoppen. Zudem favorisierten die USA im Kriegsfall das Konzept eines »begrenzten Atomkrieges«.[198] Dies bedeutete, dass man im Kriegsfall versuchen würde, den Atomkrieg auf West- und Osteuropa zu begrenzen, was das stillschweigende Einverständnis beider Supermächte implizierte, sich gegenseitig zu verschonen.

Der amerikanische Einfluss in Europa beruhte somit nicht auf Partnerschaft, einer gemeinsamen Herkunft und einem geteilten Schicksal, sondern auf Nützlichkeitserwägungen, Überlegenheitsgefühlen und dem daraus abgeleiteten Recht zur Dominanz. Dabei standen die USA vor dem Problem, dass die amerikanische Präsenz in Europa letztlich sowohl geographisch als auch historisch eine Anomalie darstellte, während zugleich ihr Weltmachtstatus von dieser Präsenz abhing. Denn ohne Europa waren die USA nur eine große Insel am Rande der Welt. Erst ihre Teilhabe an allen europäischen Angelegenheiten machte sie zu einer Macht auf der Weltbühne. Doch solange die Europäer sich als Europäer bzw. Franzosen, Deutsche und Italiener empfanden, konnten sie sich auch wieder von den USA lösen, wodurch sich der amerikanische Machtstatus verändert hätte. Nur wenn Europa kulturell

198 Georg Schild, Ist ein begrenzter Atomkrieg führbar? in: 1983 – Das gefährlichste Jahr des Kalten Krieges, Paderborn 2013, S. 155

im größeren amerikanisch geprägten Westen aufgehen würde, nur wenn die Europäer sowohl ihr nationales als auch europäisches Selbstwertgefühl verlieren würden, nur dann konnte die historische Anomalie des amerikanisch regierten Europa zu einem dauerhaften Phänomen werden. Um dies zu erreichen, mussten die USA Europa kulturell auf sich ausrichten, sich selbst ähnlich machen. Praktisch bedeutete dies, dass die europäische Vorstellung von »societas« durch die Prinzipien des amerikanischen Liberalismus ersetzt werden musste.

Unter dem Einfluss solcher geokulturpolitischer Zielsetzungen gerieten die Europäer tatsächlich von Jahrzehnt zu Jahrzehnt in eine immer tiefere geistige und kulturelle Abhängigkeit gegenüber den USA. Sie verloren die Fähigkeit, sich mit anderen als mit amerikanischen Augen zu betrachten. Sie verloren nach und nach auch die Verbindung zu dem, was Europa eigentlich ausmacht, verloren das Vermögen, die Seele Europas zu spüren und zu verteidigen. So geriet das europäische Konzept von Gesellschaft seit den 1980er Jahren und spätestens seit dem Mauerfall immer stärker unter Druck. Wie in den USA wurde nun auch in Europa die Gesellschaft in lauter konkurrierende Minderheiten eingeteilt und die selbstbewusste und eigenverantwortliche Identität als aufgeklärter Bürger durch eine unselbstständige Opferidentität der postmodernen Minderheiten ersetzt. Wie in den USA ging nun auch in Europa die Schere zwischen Arm und Reich beständig auseinander, zerbrach der gesellschaftliche Zusammenhalt, das Gefühl gesellschaftlicher Solidarität und historischer Identität. Und wie die USA sollten sich nun auch die Europäer als Melting Pot of Nations verstehen, was den für Europa typischen Bezug auf die historische Vergangenheit sowie die Kulturgeschichte obsolet machte. An die Stelle des einstigen europäischen Bürgerbewusstseins und eines von Philosophie, Literatur und Kunst beeinflussten Diskursniveaus trat ein sich ständig verrohender öffentlicher Diskurs, der Freund- und Feindunterscheidungen in die Debatten einführte, Positionen stigmatisierte und so letztlich den Austausch von Argumenten verunmöglichte.

Allmählich stellte sich auf diese Weise ein kolonialisiertes Bewusstsein der Europäer her. Über die Jahrzehnte wurde dieser psychologische Einfluss der USA auf die Europäer zur Hauptsäule ihrer politischen Macht in Europa und war bald wichtiger als der direkte militärische und wirtschaftliche Einfluss. Die Tradition Europas, Frieden durch Herstellung eines

Machtgleichgewichts zu suchen, wurde durch das amerikanische Denken in Feindbildern und das amerikanische Streben nach nackter Gewalt überschrieben. Von Krise zu Krise wurde es für die Europäer immer schwieriger, sich überhaupt noch als eigenständiges Subjekt wahrzunehmen und über die eigene Geschichte sowie daraus abgeleitete Interessen nachzudenken. Spätestens seitdem die USA mit Unterstützung der EU und Deutschlands 2014 einen Staatsstreich in der ukrainischen Hauptstadt Kiew durchführten, befindet sich der gesamte europäische Kontinent in einem Zustand der hypnotischen Starre. Dass die Ukrainepolitik allem widerspricht, wofür sowohl das Projekt der europäischen Einigung als auch die deutsche Außenpolitik seit 1949 eigentlich gestanden haben, konnte fortan nicht mehr öffentlich artikuliert werden. Fast die gesamte politische Klasse sowie alle maßgeblichen Institutionen reagieren fortan nur noch auf Signalwörter und bewegen sich reflexionslos in Richtung Krieg.

Dieser den Europäern auferlegte Zustand einer unbewussten Orientierungslosigkeit schloss selbstverständlich aus, dass ein selbstbewusster Akteur wie Russland, der seine Geschichte kannte und über eine eigenständige Orientierung in der Welt verfügte, sich an den innerwestlichen Diskussionen beteiligt hätte. Russland besaß das Potenzial, die Europäer an das zu erinnern, was sie verloren hatten, insbesondere dann, wenn es zu gemeinsamen Strategiedebatten kommen sollte. Russland musste deshalb aus amerikanischer Sicht möglichst aus Europa herausgehalten werden, ja auch als Gesprächspartner möglichst isoliert werden. Denn bereits die Gespräche zwischen europäischen und russischen Diplomaten stellten für den amerikanischen Einfluss eine Gefahr dar.

Russland hatte in der ersten Hälfte des 20. Jahrhunderts in Gestalt des Sozialismus ein eigenständiges Zivilisationsmodell entwickelt und in der zweiten Hälfte des 20. Jahrhunderts den Status einer Supermacht eingenommen. Auch im 19. Jahrhundert war Russland neben Frankreich, Deutschland und Italien eine der prägenden Kulturnationen Europas gewesen, mit maßgeblichen Beiträgen im Bereich der Literatur, Musik und Philosophie. Vor dem Hintergrund dieser Vergangenheit betrachtete Russland die Verwestlichung Europas mit ganz anderen Augen. Russland war zwar in den 1990er-, 2000er- und 2010er Jahren bereit, eine Allianz mit dem Westen einzugehen. Und die Angebote Moskaus, Russland könne selbst der NATO beitreten[199] und immer engere wirtschaftliche Verflechtungen mit der EU eingehen, ja sogar akzeptieren, dass »irgendwann in der Zukunft Brüssel unsere gemeinsame Hauptstadt ist«,[200] waren durchaus ernst gemeint.

Doch war von Anfang an klar, dass mit dem Eintritt Russlands sich die westliche Welt selbst hätte fundamental ändern müssen. Mit dem russischen Staat hätte ein Akteur am Tisch Platz genommen, der die Prozesse der kulturellen Transformation nicht wie die Politiker Deutschlands, Italiens und Frankreichs als natürliche Prozesse hinnahm und akzeptierte, sondern jemand, der sie aus eigener machtpolitischer Erfahrung kannte und entsprechend auch zur Diskussion gestellt hätte. Russland wäre deshalb nur in den Westen integrierbar gewesen, wenn die bis dahin verdeckt ausgeübte kulturpolitische Macht der USA zu einem gemeinsamen politischen Inhalt der gesamten Allianz geworden wäre, was wiederum Diskussionsprozesse angestoßen hätte, die zu einer veränderten Bewertung und damit auch Politik hätten führen müssen.

Dies wiederum bedeutet, dass Russland nur in den Westen integrierbar gewesen wäre, wenn die USA Europa in die Unabhängigkeit entlassen hätten. Damit aber wären die USA nicht länger das administrative Zentrum des Westens gewesen. In gewisser Weise hätte dies die Auflösung bzw. Neuschöpfung des Westens bedeutet. Statt einer unipolaren Struktur, deren Zentrum in den USA lag, wäre eine tripolare Struktur mit drei Zentren entstanden, deren Mitte allerdings Europa gebildet hätte. Mit diesem neuen Europa hätten sich sowohl Russland als auch die USA nur auf dem Weg einer partnerschaftlichen Beziehung verbinden können. Der Westen hätte sich in den größeren europäischen Kulturraum transformieren müssen, um Russland zu integrieren. In diesem größeren europäischen Kulturraum, der dann wirklich von Vancouver bis Wladiwostok gereicht und aus drei unabhängigen Zentren bestanden hätte, hätten die USA dann gleichberechtigte Beziehungen zur EU und zu Russland pflegen müssen.

Bis zum 24. Februar 2022 war Russland ein Land gewesen, das sich der europäischen Kultur tief verbunden gefühlt hatte, in gewisser Weise einen europäischen Traum besaß und das Wohlergehen Europas wünschte, ja zu

199 Johannes Arends, Ex-NATO-Chef: »Putin wollte zu Beginn seiner Amtszeit beitreten«, *Kurier.at*, 04.11.2021
200 Vgl.: Moskau-Besuch: Schröder und Chirac besänftigen Putin, *Spiegel Online*, 04.04.2004

ihm beitragen wollte. Diesen Freund verstoßen und möglicherweise dauerhaft verloren zu haben, indem man wie einst die oberste Heeresleitung im Ersten Weltkrieg die Abtrennung der Ukraine von Russland plante, ist die vielleicht dramatischste Fehlentscheidung Europas in seiner gesamten Geschichte. Wie weit Russland jetzt durch seine Integration in das neue Bündnissystem der BRICS-Staaten sich von Europa entfernen wird, bleibt abzuwarten. Der in den letzten 300 Jahren vorherrschende ausschließliche Bezug Russlands auf Europa wird sich aber wohl so schnell nicht wieder herstellen. Allerdings lassen sich kulturelle Prägungen nur über Generationen und nicht kurzfristig verändern, weshalb die Möglichkeit einer erneuten, auf der gemeinsamen Kultur begründeten Allianz der Staaten der EU mit Russland immer noch denkbar ist.

7.7 Ausblicke auf ein neues Europa

Die meisten Europäer haben in den letzten 30 Jahren ihr Leben geführt, ohne zu bemerken, dass sich auf ihrem Kontinent erneut ein großer Krieg abspielte. Denn dieses Mal war es ein Krieg, der über lange Zeiträume fast unsichtbar vonstattenging. Der gesamte Prozess von der NATO-Osterweiterung über die Errichtung eines Raketenschildes, eine Einleitung von Staatsstreichen vor allem in der Ukraine 2004 und 2014, der anschließende Bürgerkrieg im Osten der Ukraine, die Wirtschaftssanktionen, die Aufrüstung im Weltraum und insbesondere die Negativberichterstattung über Russland in der gesamten westlichen Presse, all dies waren im Grunde genommen nur unterschiedliche Etappen eines Krieges zwischen dem Westen und Russland. Eines Krieges, der nur deshalb nicht als ein solcher wahrgenommen wurde, weil heutzutage Länder anders erobert werden als früher. Statt wie in der Mitte des 20. Jahrhunderts mit Panzerverbänden und Armee-Einheiten in ein Land einzufallen, erobert man heute Länder, indem man über geschickte Medienmanipulation und Netzwerkpolitik im Zielland eine dem Westen verpflichtete Opposition aufbaut, mittels der man allmählich immer mehr Einfluss auf den politischen Prozess gewinnt, bis diese schließlich im Zuge einer konzertierten PR-Kampagne, einer Serie an Demonstrationen und einem abschließenden Putsch an die Macht gebracht wird.

Ein weiterer wichtiger Bestandteil moderner Kriege ist die Entmenschlichung des Gegners, die im Falle Russlands aufgrund der langjährigen Negativberichterstattung bereits so weit fortgeschritten ist, dass es den meisten Europäern normal erscheint, dass russische Vermögen einfach konfisziert werden können oder russische Athleten bei den olympischen Spielen ohne Fahne und Hymne antreten müssen. Mit anderen Worten: Macht hat im frühen 21. Jahrhundert eine psychologische und kulturelle Dimension angenommen. In den Kriegen des späten 20. und frühen 21. Jahrhunderts streiten verschiedene Akteure darum, das Massenbewusstsein ganzer Länder zum eigenen Vorteil zu beeinflussen und schließlich zu kapern. Im Falle des Konflikts mit Russland kommt allerdings noch ein weiterer Aspekt hinzu, durch den diese Militarisierung der kulturellen Sphäre noch potenziert wird. Denn die Russische Föderation ist das letzte große europäische Land, das sich der Etablierung der amerikanischen Interpretation der europäischen Kultur bislang zu widersetzen vermochte und auch langfristig widersetzen könnte. Wäre daher Russland in der Lage, seine Souveränität zu verteidigen und damit auch unabhängig von den Vorgaben der amerikanischen Postmoderne über die weitere Evolution seiner Kultur zu entscheiden, dann würden fortan zwei unterschiedliche Kulturpolitiken auf dem europäischen Kontinent existieren. Es gäbe fortan zwei unterschiedliche Interpretationen der europäischen Kultur und damit auch der europäischen Weltkultur. Dies wiederum würde es verschiedenen europäischen Ländern erlauben, zwischen beiden Modellen zu vergleichen. Die postmoderne Variante der europäischen Weltkultur kann dem direkten Vergleich mit dem eher traditionellen Verständnis Europas, das von Russland propagiert wird, allerdings nicht standhalten. In der direkten Konkurrenz dieser beiden Deutungen der europäischen Kultur würde die amerikanische-postmoderne Interpretation immer unterliegen. Die USA können die Postmoderne als verbindliche Interpretation der europäischen Weltkultur deshalb nur dann durchsetzen, wenn sie Russland seiner Souveränität berauben und das kulturelle und historische Selbstbewusstsein seiner Bevölkerung brechen. Nur dann kann auch die aus amerikanischer Sicht bestehende Gefahr gebannt werden, dass andere Teile Europas umdenken und ebenfalls erneut nach kultureller Souveränität streben. Der Krieg zwischen den USA und Russland ist somit letztlich ein Krieg um die Zukunft der europäischen Kultur.

Lange Zeit wurde die Gegenposition Russlands in Washington und London, aber auch in Berlin, Paris und Brüssel nicht sonderlich ernst genommen. Man glaubte, durch die globale Präsenz der postmodernen Interpretation der europäischen Kultur einen solchen Trumpf im Ärmel zu haben, dass man die Gegenposition Moskaus eher belächelte. Denn viele Menschen, die aus eher traditionelleren Kulturen kommen, richten sich geistig auf die bestehende Weltkultur aus, glauben auf einer unbewussten Ebene, dass nur dort, also im Westen, das richtige Leben zu finden sei. Diesen Vorteil genießt die etablierte Weltkultur sogar dann, wenn sie zunehmend kulturlos und irrational ist. Denn in den Augen von Millionen Menschen hat das, was global dominiert, einfach recht. Diese Autorität der Weltkultur – so nahm man im Westen an – würde genügend Russen überzeugen, so sehr, dass sie sich mit dem Westen identifizieren und dementsprechend für eine Destabilisierungskampagne ähnlich jener auf dem Kiewer Maidan 2014 zugänglich wären, ja vielleicht sogar helfen würden, diese umzusetzen. Man glaubte deshalb, dass es dem Westen relativ leichtfallen würde, Zweifel im Bewusstsein der russischen Bevölkerung zu säen.

So rechnete man im Westen fest damit, dass Russland destabilisiert werden könnte, sobald es zum Einmarsch in die Ukraine provoziert würde. Ferner ging man davon aus, dass im Zuge des Krieges immer mehr Särge in die Heimat zurückkehrten. Zudem würde die Wirtschaft in Folge der Sanktionen im zweistelligen Prozentbereich schrumpften, weshalb es als Reaktion früher oder später zu Massendemonstrationen käme, die die USA bzw. die NATO dann nur noch finanziell und logistisch unterstützen mussten. Das größte Land der Welt würde in innere Unruhen geraten, sein Gleichgewicht verlieren, im Zuge dessen dann eine Regime-Change-Operation nach dem Muster des Kiewer Maidan durchgeführt werden könnte. Sobald eine prowestliche Regierung in Moskau an die Macht gekommen wäre, wäre zunächst die russische Außenpolitik erneut auf die des Westens ausgerichtet worden. Später hätte es auch Versuche gegeben, die wirtschaftliche und kulturelle Souveränität Russlands dauerhaft zu unterminieren und Russland erneut in die 1990er Jahre zu stoßen. Auf ein derartiges Szenario deutet jedenfalls eine im Jahr 2019 von der RAND Corperation veröffentlichte Studie mit dem Titel »Russland überdehnen – Wettbewerb aus vorteilhafter Position« (Extending Russia – Competing from Advantageous Ground)[201] hin, die gemessen an ihrem Inhalt mindestens eines der Planspiele darstellt, das bereits im Vorfeld des russischen Einmarsches zur Anwendung kam.

Wäre Russland erst einmal seiner Souveränität beraubt worden, so hätten die übrigen Schwellenländer einen wichtigen Waffenlieferanten und eine Vetomacht im UN-Sicherheitsrat verloren und stünden dem amerikanischen Militärapparat deutlich schwächer gegenüber. Zudem gäbe es dann nur noch eine große Atommacht mit Tausenden von Atomsprengköpfen, die USA selbst. Das chinesische, indische und pakistanische Atombombenpotenzial ist im Verhältnis zum russischen eher klein. China für sich genommen hätte den USA wohl auch deshalb nur wenig Widerstand entgegensetzen können, weil der chinesische Staat jeden Tag die Ernährung von 1400 Millionen Menschen sicherstellen muss, was eine enorme Bürde darstellt, die nur erfüllt werden kann, wenn es zu keinen tiefgreifenden Störungen der Handelsketten kommt. Und so glaubten die USA, dass es vor allem Russland war, das ihren weiteren Zukunftsplanungen im Wege stand. Würde es den USA gelingen, Russland zurückzustufen, also das Land mit Hilfe einer prowestlichen liberalen Regierung ein zweites Mal nach der Amtszeit Jelzins zu lateinamerikanisieren,[202] so könnten gleich mehrere Ziele erreicht werden. Zunächst könnten wie schon in den 1990er Jahren enorme Profite aus dem Land herausgeschafft werden. Zusätzlich würde eine Rückstufung Russlands die bereits im Schwinden begriffene Autorität des Westens in der Welt neu herstellen. So gestärkt wäre der Westen in der Lage, neokoloniale Wirtschaftsbeziehungen zu asiatischen, lateinamerikanischen und afrikanischen Staaten durchzusetzen. Dies wiederum würde es den USA erlauben, in einem zweiten Schritt die Eindämmung Chinas in Angriff zu nehmen.

Doch diese groß angelegten Planungen haben sich nicht erfüllt. Sie konnten sich auch nicht erfüllen, weil sie nicht das reale Russland in Rechnung stellten, sondern stattdessen ein vorgestelltes und imaginiertes Russland adressierten. Die westliche Russlandpolitik verspottete Russland als eine Tankstelle mit Raketen und legte damit eines der ältesten Russlandklischees zugrunde, nämlich das eines Kolosses auf tönernen Füßen. Bereits

201 RAND Corperation: Extending Russia – Competing from Advantageous Ground, Santa Monica 2019

202 Ulrike Guérot und Hauke Ritz, Die Lateinamerikanisierung Europas? European Democracy Lab, e. V., 27. Mai 2024

Napoleon und Hitler hatten an dieses Klischee geglaubt und wurden eines Besseren belehrt.

Zudem überschätzten die westlichen Strategen den kulturellen Einfluss des Westens, insofern sie glaubten, dass die Situation der Jahre 1989, 1991 und 1993,[203] als das westliche Image eine große Ausstrahlungskraft hatte, sich erneut wiederholen werde. Aufgrund dieser Ideologisierung der eigenen Weltwahrnehmung hatten die westlichen Strategen übersehen, dass bereits ein Bewusstwerdungsprozess sowohl in Russland selbst als auch in der Welt stattgefunden hatte, durch den die psychologischen Machttechniken des amerikanischen Imperiums sich zunehmend als stumpf erwiesen. Doch ohne seine Public-Relations-Industrie und deren psychologische Manipulationstechniken war Washington erstaunlich schwach. Die amerikanische Flotte an Flugzeugträgern ist heute weitgehend nutzlos, seit moderne Antischiffsraketen im Einsatz sind. Anders als in den 1990er Jahren ist die USA heute auch nicht mehr fähig, mit Hunderttausenden Soldaten in einem konventionellen Krieg zu kämpfen. Einerseits sind die amerikanische und die europäischen Gesellschaften heute zu gespalten, um noch die Opfer eines echten konventionellen Krieges tragen zu können. Andererseits fehlt es an Produktionskapazitäten, um den dafür notwendigen Nachschub zu produzieren. Schließlich sind die Soldaten der NATO für einen zeitgenössischen Krieg unter Berücksichtigung der neuen Rolle von Drohnen auch nicht ausreichend trainiert, während russisches Militär die neuesten Kampftechniken auf dem Schlachtfeld bereits erlernt und eingeübt hat. Die USA können, sofern sie keinen Atomkrieg riskieren wollen, einem russischen Sieg in der Ukraine nur tatenlos zuschauen. Ähnlich verhält es sich auf der finanzpolitischen Ebene. Die Bemühungen der Ent-Dollarisierung sind so umfassend geworden und betreffen so viele Länder gleichzeitig, dass die USA nicht mehr in der Lage sind, dagegen militärisch vorzugehen. Auch der Etablierung eines alternativen globalen Finanzsystem können die USA wenig entgegensetzen, sofern sie nicht einen für alle desaströsen Atomkrieg mit Russland oder China beginnen möchten.

All dies zeigt, dass die in diesem Buch beschriebene Welt allmählich

203 Im Oktober 1993 kam es zum blutigen Machtkampf zwischen dem russischen Parlament und Präsident Jelzin, infolge dessen die neoliberale Schocktherapie durchgesetzt wurde.

zerbricht. Und weil diese Welt, die die USA über sieben Jahrzehnte aufgebaut haben, an ihre Entwicklungsgrenze gelangt ist, lässt sie sich auch analytisch rekonstruieren und beschreiben. Denn nur das, was eigentlich schon vergangen ist, kann erkannt werden. Je länger der Westen existierte, je weiter er expandierte, desto deutlicher wurde erkennbar, wie künstlich dieses Gebilde eigentlich ist. Der Westen, dieses artifizielle Zufallsprodukt von zwei Weltkriegen und einem Kalten Krieg, kann die nun einsetzenden Veränderungen schwerlich überleben. Wenn der Dollar seinen Status als Welt- und Reservewährung verliert, wird es für die USA unmöglich werden, ihren globalen Einfluss in der heutigen Form aufrechtzuerhalten. Da der Westen kein echtes kulturelles Selbstverständnis besitzt und seine gesamte Identität auf der Tatsache der amerikanischen Hegemonie beruht, wird der bevorstehende wirtschaftliche Niedergang der USA auch zum Identitätsverlust des Westens führen.

Auf diese Weise wiederholt sich ein Muster, das bereits aus dem 19. und 20. Jahrhundert bekannt ist. Denn sowohl aus den Napoleonischen Kriegen als auch aus dem Zweiten Weltkrieg ist Russland jeweils gestärkt hervorgegangen, obwohl beide Kriege darauf abzielten, es zu schwächen. Auch die jetzige Konfrontation wird zu einer Stärkung Russlands führen. Damit kommt auch Russland, das erst durch den Eisernen Vorhang des Kalten Krieges und später durch Sanktionen aller Art aus Europa herausgedrängt worden ist, nach Europa zurück. Doch dieses Mal kommt Russland nicht alleine, es bringt auch seine neuen Freunde, die BRICS-Staaten, mit.

Angesichts dessen steht auch Europa vor einer einzigartigen geopolitischen Zäsur. Europa befindet sich in der Situation, dass die alte Welt, an die sich die Politiker in den vergangenen 70 Jahren angepasst haben, bereits an ihr Ende gelangt ist. Die transatlantischen Institutionen, ihr Selbstverständnis und ihre Glaubenssätze haben bereits jede Verbindung zur Realität verloren und bestehen nur noch als leere Hüllen fort. Doch zugleich ist die neue Welt, in die Europa hineinwachsen muss, noch nicht da. Diese Zwischenzeit zwischen der dahinschwindenden, im Sterben liegenden alten Welt und der noch nicht vorhandenen neuen ist eine äußerst gefährliche Periode, in der es leicht zu Kurzschlusshandlungen verzweifelter Politiker kommen könnte. Je schneller die Europäer in der Lage sind, die Umrisse der neuen kommenden Epoche zu erkennen und als Ausdruck einer neuen Realität zu akzeptieren, desto eher können sie auch die Gefahr eines neuen Weltkrieges auf europäischem

Boden umschiffen. Und so ist die entscheidende Frage, was einem in dieser gefährlichen Zwischenzeit eigentlich Orientierung geben könnte? Paradoxerweise könnte es genau die im Sterben liegende transatlantische Ordnung sein, durch die sich diese Orientierung gewinnen ließe; zumindest wenn man bereit ist, sie als Spiegelschrift zu lesen, also aus den Falschheiten und Verkehrungen der alten Welt die richtige Entwicklungsrichtung der neuen abzuleiten.

1. Wenn es stimmt, dass die äußerst schädliche Kulturpolitik der letzten Jahrzehnte auch darauf zurückzuführen ist, dass Europa sich seit dem Ende des Zweiten Weltkriegs im Zustand einer historischen Anomalie befunden hat, nämlich von einem fremden Kontinent aus regiert worden ist, bestände dann nicht die Lösung darin, zu einem Europa zurückzukehren, das entweder als EU oder durch seine Nationalstaaten erneut Souveränität erlangt und sich von den USA löst? Oder anders gefragt: Bedarf es zur Erhaltung und Verteidigung der Wesensmerkmale Europas nicht eines postatlantischen Europas, das aufgrund der Erfahrungen der letzten 75 Jahre ein Bewusstsein von der grundsätzlichen Verschiedenheit der europäischen und amerikanischen Zivilisation entwickelt und aus dieser Einsicht seine zukünftige Ausrichtung ableitet?

2. Wenn es stimmt, dass der Souveränitätsverlust der europäischen Nationalstaaten nach 1945 und das Versäumnis der EU, stellvertretend für die Staaten Europas Souveränität zu realisieren, die eigentliche Ursache der in diesem Buch beschriebenen Probleme ist, dann ist es um so wichtiger, dass die Souveränität Europas generell angestrebt wird. Sie sollte nicht abhängig von den politischen Prozessen in den USA sein! Selbst wenn eine zukünftige US-Regierung Reformen einleiten und ein Ende der postmodernen Ideologie versprechen würde, sollte Europa dennoch Souveränität gegenüber den USA anstreben. Es ist wichtig, dass die Korrektur der Postmoderne aus Europa kommt und nicht wiederum den USA überlassen wird. Denn in diesem Fall könnte Europa schnell vom Regen in die Traufe kommen, insofern nämlich reaktionäre Werte der Postmoderne gegen reaktionäre Werte protestantischer Sekten aus den USA eingetauscht werden. Es ist wichtig, sich zu vergegenwärtigen, dass die zivilisatorischen Unterschiede zwischen den USA und Europa weit über die postmoderne Ideologie hinaus gehen. Sie betreffen generell die Organisation der Gesellschaft, das Verhältnis zur Geschichte, zur Kunst, zur Bildung sowie zur Religion.

3. Wenn es stimmt, dass der Westen nur existieren kann, wenn er den östlichen Flügel Europas, also die Russische Föderation, von sich abtrennt und durch einen permanenten militärischen Konflikt von sich distanziert, besteht dann die Lösung nicht darin, genau diese Abtrennung soweit es möglich ist rückgängig zu machen und erneut Beziehungen zur Russischen Föderation aufzubauen, die einerseits auf gemeinsamen Interessen und andererseits auch auf einer geteilten Geschichte und einer gemeinsamen europäischen Kultur beruhen? Dabei müsste das amerikanische Denken in Freund-Feind-Unterscheidungen ersetzt werden durch die europäische Tradition, Frieden durch die Herstellung eines Machtgleichgewichts zu organisieren und dieses durch engen kulturellen Austausch abzusichern. Eine solche Annäherung an Russland könnte dann auch als Modell dienen, um in einem zweiten Schritt in einen gleichberechtigten und ergebnisoffenen Dialog mit den alten Zivilisationen Asiens einzutreten, allen voran mit China, Indien und dem Iran. Die europäischen Prinzipien des Machtgleichgewichts könnten im Zuge einer solchen Öffnung Europas nach Osten auch zu den Grundlagen der multipolaren Welt werden.

4. Wenn es stimmt, dass im Zuge des Kalten Krieges und auch darüber hinaus aktive Anstrengungen unternommen worden sind, den europäischen Begriff von Gesellschaft »Societas« aufzulösen und durch einen Individualismus amerikanischer Prägung zu ersetzen, durch den die Gesellschaft letztlich in unzählige Lifestylegruppen und Minderheiten aufgespalten wurde, die sich wiederum gegeneinander ausspielen lassen, bestände die Antwort dann nicht genau darin, das politische Selbstverständnis Europas genau wieder am Konzept einer verbundenen und solidarischen Gesellschaft zu orientieren? Was spräche gegen die Rückkehr zu einem Europa, dessen politischer Prozess erneut zwischen einem sozialistischen und konservativen Politikverständnis stattfindet und das sich am Allgemeinwohl statt am Partikularismus isolierter Interessengruppen orientiert?

5. Wenn der derzeitige Westen die falschen Schlüsse aus dem Kalten Krieg gezogen und infolgedessen den Klassenkampf der Oligarchie auf die Spitze getrieben hat, nämlich durch die Entstehung mächtiger Monopole im Digital- und im Finanzsektor, die wiederum zu einer beispiellosen Konzentration von Vermögen, Daten und Macht geführt haben, die nun sogar die Autorität des Staates in Frage stellt und diesen zu einem bloßen Handlanger oligarchischer Interessen macht, wäre dann nicht das Europa, das

stattdessen errichtet werden sollte, ein Europa des starken Staates? Nämlich eines Staates, der in der Lage wäre, das Kartellrecht durchzusetzen und die Gesellschaft zu schützen und zudem noch zur Umverteilung fähig wäre und die entstandenen oligarchischen Strukturen dauerhaft zerbricht? Dies ist allerdings nur möglich, wenn sich Europa von einer potenziellen amerikanischen Korrektur der Postmoderne abgrenzt. Im US-amerikanischen Diskurs wird die Postmoderne oft dem Marxismus zugeordnet und als eine Form von Sozialismus beschrieben. Eine authentische europäische Kritik der Postmoderne würde dagegen deutlich machen, dass die postmoderne Werteordnung aus dem kulturellen Kalten Krieg hervorgegangen ist, von Anfang an gegen die Arbeiterbewegung gerichtet war und ihre kulturelle Hegemonie erst durch den Zusammenbruch der Sowjetunion möglich geworden ist.

6. Wenn es stimmt, dass während des Kalten Krieges eine Kulturpolitik entstanden ist, die die Kultur in gewisser Weise zweckentfremdet hat, entweder zugunsten der geopolitischen Einflussnahme oder zugunsten eines verdeckten Klassenkampfes, bestände die Antwort dann nicht genau darin, über diese Einflussnahme aufzuklären, sie sichtbar zu machen, öffentlich zu verhandeln und letztlich zu regulieren? Schließlich sind auch in der Vergangenheit neu entstandene Machttechniken reguliert worden. Eine solche Regulierung im Bereich der Kulturpolitik ist überfällig, weil die Zweckentfremdung kultureller Prozesse für machtpolitische Ziele letztlich die Kultur zerstört und so auch alle Werte und zivilisatorischen Errungenschaften gefährdet, die innerhalb der bisherigen Kulturgeschichte entstanden sind.

7. Wenn es stimmt, dass die im Niedergang begriffene Welt des Westens auf dem nietzscheanischen Programm einer Umwertung aller Werte beruht, ist dann die Welt, die stattdessen angestrebt werden sollte, nicht eine, die erneut an die Werte und Traditionen der europäischen Geistesgeschichte anknüpft? Eine solche Wiederanknüpfung müsste nicht reaktionär sein, sie könnte sogar Modernität ausdrücken, würde aber im Unterschied zur postmodernen Kulturpolitik trotzdem die Kontinuität der Zivilisationsentwicklung aufrechterhalten, um deren Unterbrechung es der postmodernen Umwertung aller Werte gerade geht.

8. Und wenn es stimmt, dass der Klassenkampf nach dem Zerfall der Arbeiterbewegung und der Auflösung der Sowjetunion das Gebiet der Kultur betreten und vor allem eine gegen das säkularisierte Christentum gerichtete

Kulturpolitik eingeleitet hat, bedeutet dies dann nicht, dass das post-atlantische Europa, das an die Stelle des Westens treten wird, genau dieses säkularisierte Christentum wieder verlebendigen und stärken sollte? Böckenförde hatte 1967 in seinem berühmten Aufsatz »Die Entstehung des Staates als Vorgang der Säkularisation« die Möglichkeit verneint, dass der Staat durch Rechtszwang die kulturellen Voraussetzungen erhalten könnte, ohne dadurch die freiheitliche säkulare Gesellschaft in ihrem Wesen wiederum zu beschädigen. Dabei setzte Böckenförde allerdings ein freies Spiel der gesellschaftlichen Kräfte voraus, das sich heute immer mehr als Illusion erweist. Vor diesem Hintergrund könnte der Satz Böckenfördes heute etwas anders gefasst werden. Er müsste nun lauten: »Die freiheitlichen säkularen Gesellschaften Europas leben von kulturellen Voraussetzungen, die sie zwar nicht erzeugen, aber durchaus gegen Initiativen schützen können, die auf eine Veränderung der kulturellen Substanz einer Gesellschaft abzielen.« Dies würde nicht zwingend eine aktive Rückkehr zur Religion bedeuten, noch verlangt es ein Glaubensbekenntnis, doch es würde die säkularisierte christliche Werteordnung, die im 19. und 20. Jahrhundert in fast alle Institutionen der modernen Gesellschaft eingedrungen ist und die enormen Fortschritte jener Epoche ermöglicht hat, als Wert anerkennen. Da zur politischen Tradition Europas seit dem Investiturstreit und verstärkt seit dem Westfälischen Frieden auch die Scheidung von weltlicher und geistiger Macht gehört, könnte ein Übergreifen religiöser Ansprüche auf die Politik trotzdem verhindert werden. Zudem wäre ein Europa, das sich zu seinen eigenen Kulturleistungen wieder bekennt, ein ernst zu nehmendes Gegenüber für die chinesische, indische und persische Zivilisation.

9. Wenn es stimmt, dass Europa unter amerikanischer Führung einem rein technologiegetriebenen Verständnis von Fortschritt gefolgt ist, wobei auch das langfristige Ideal einer Entwicklung hin zum Transhumanismus entstanden ist, bestände dann nicht das Ziel eines unabhängigen und postatlantischen Europas darin, den Fortschrittsgedanken wieder auf andere Felder der Zivilisation zu übertragen und einen Fortschritt der Kultur, der Künste und der Gesellschaft anzustreben, den Transhumanismus als eine moderne Sekte zu entzaubern und stattdessen zu versuchen, die Tradition des europäischen Humanismus für das 21. Jahrhundert erneut wiederzubeleben?

10. Und wenn es stimmt, dass Europa unter amerikanischer Führung den Kontakt zu seinen eigenen Zivilisationsmerkmalen und infolgedessen auch die Verbindung zu seinen philosophischen und künstlerischen Traditionen verloren hat, könnte dann die Antwort nicht genau darin bestehen, Bedingungen zu erschaffen, durch die es gelingen könnte, die Institution der europäischen Kunst erneut wiederzubeleben? Es ginge darum, an eine Kulturtradition anzuknüpfen, die von der italienischen Renaissance bis in die Mitte des 20. Jahrhunderts in der Lage gewesen ist, auf säkularem Wege, nämlich mittels intellektueller Bildung und künstlerischer Tätigkeit, eine Verbindung zur Transzendenz herzustellen. Und könnte ein solcher Versuch der Erneuerung dem europäischen Kontinent nicht den Geist verleihen, dessen es bedarf, um in der neuen multipolaren Welt seine Position zu finden? Diese könnte darin bestehen, dass Europa die Rolle eines postimperialen und neutralen Mediators auf der Weltbühne annähme, eine Funktion, die es angesichts der Stellung der europäischen Kultur als Weltkultur tatsächlich ausfüllen könnte.

Diese zehn Punkte zeigen, dass das Neue schemenhaft bereits in der Luft liegt. Um zu ihm zu gelangen, ist nicht mehr erforderlich, als die Prinzipien des von den USA interpretierten und umgedeuteten Europas umzukehren. Die amerikanische Welt zeigt bereits die richtige Welt, sofern man sie als Spiegelschrift liest.

Um zu dieser neuen Welt zu gelangen, muss allerdings eine letzte Hürde übersprungen werden. Diese besteht darin, dass sich die heutigen Europäer auf einer unbewussten Ebene unter der Vormundschaft der Amerikaner geborgen und beschützt fühlen. Im heutigen Europa und insbesondere in Deutschland existiert ein unbewusster Gesellschaftsvertrag, der da lautet, dass die Schrecken zweier Weltkriege gebannt seien und die Deutschen nicht erneut schuldig werden können, sofern sie sich von den USA regieren lassen. Dieser Gesellschaftsvertrag ist zwar zutiefst irrational, doch das spielt in diesem Fall keine Rolle, weil er auf der Ebene des Unbewussten in Kraft ist, wo rationale Argumente keine Geltung haben.

Aufgrund dieses irrationalen Gesellschaftsvertrages sind viele Deutsche heute bereit, eine erneute Abtrennung der Ukraine von Russland zu unterstützen, obgleich genau dies ein Kriegsziel in den beiden Weltkriegen gewesen ist. Dies führt zu dem Paradox, dass die Europäer aus der unbewussten Angst vor einer Wiederholung der Schrecken der zwei Weltkriege genau das wiederholen, was zu diesen geführt hat. Ein ähnlicher unbewusster Wiederholungszwang liegt auch im aktuellen Gaza-Krieg vor, wo ebenfalls viele Deutsche eine Politik der ethnischen Säuberung unterstützen, um so der Scham über den zurückliegenden Genozid an den europäischen Juden zu entkommen.

Dieses irrationale und letztlich unbewusste Selbstverhältnis zeigt sich auch im Verhältnis der Europäer zu ihrer eigenen Kultur. Auch hier scheint auf einer unbewussten Ebene die Vorstellung vorzuherrschen, dass ein positiver Bezug auf die in Europa entstandene bürgerliche Kultur zur Wiederholung der Schrecken des 20. Jahrhunderts führen müsste. Auf einer unbewussten Ebene glauben vor allem die heutigen Deutschen, sie seien geschützt vor erneuter Schuld und Krieg, wenn sie die bürgerliche Kultur des 18. und 19. Jahrhunderts ablehnen und stattdessen zerrissene Jeans tragen, sich tätowieren lassen und den neuesten Trends der Popkultur folgen. Zwar ist die bürgerliche Kultur des 18. und 19. Jahrhundert auch nicht unschuldig. In der Tat hat Europa just in den Jahrhunderten, in denen es seine Kunstwerke schuf, auch seine Kolonien erworben. Doch zeigt sich darin nur der Doppelcharakter der bürgerlichen Kultur. Sie hat einerseits den Imperialismus hervorgebracht und andererseits zugleich Philosophie, Musik und Literatur erschaffen, durch deren langfristige Wirkung dieser Imperialismus untragbar wurde. Die heutige Ablehnung der bürgerlichen Kultur führt keinesfalls zum Sieg einer humanen Zivilisation, sondern hat umgekehrt vom Jugoslawien- bis zum Gaza-Krieg einen neuen Zyklus neoimperialer Kriege eingeleitet. Der Versuch, die eigenen Wurzeln abzuschneiden, indem man sie rein negativ bewertet, ist daher keine Lösung. Vielmehr kommt es darauf an, die Geschichte in ihrer Doppeldeutigkeit zu erfassen, die komplexe Verwobenheit von Gutem und Schlechtem zu erkennen und so aus ihr zu lernen. Nur durch die Annahme der eigenen Kultur kann deren negative Seite verstanden und korrigiert werden.

Dieser unbewusst wirksame Wiederholungszwang kann nur durch zwei mögliche Entwicklungsszenarios gebrochen werden, entweder durch eine breite Aufklärung, was allerdings eine Öffnung der Medien für alternative Sichtweisen zur Voraussetzung hat, die wiederum nur durch eine gesellschaftlich-politische Machtverschiebung möglich wäre. Diese Möglichkeit, so unwahrscheinlich sie zurzeit noch erscheint, wäre sicherlich der humanste Übergang in die neue Zeit. Die andere Möglichkeit bestünde darin, dass es zu keiner politischen Machtverschiebung kommt und die Medien die selbstzerstörerischen Prozesse in Europa weiterhin stützen und begleiten. In diesem Falle müssten sich die Verhältnisse irgendwann so dramatisch verschlechtern, dass es zu einer Art Katharsis käme, also einen als einschneidend erfahrenen Schmerz, der wiederum eine neue Orientierung in der Welt erzwingt. Dies impliziert, dass Europa aus seinem unbewussten Wiederholungszwang wohl erst wird ausbrechen können, wenn die selbstzerstörerischen Implikationen dieser Bindung noch offener und direkter zutage treten, als es zurzeit der Fall ist. Diese Entwicklung wäre sicherlich der schlechtere und inhumanere Ausgang aus dem kolonisierten Bewusstsein der heutigen Europäer. Allerdings wird die historische Anomalie, die die amerikanische Herrschaft über Europa darstellt, in jedem Fall auf die eine oder andere Art zerbrechen. Die Frage ist nur wann und zu welchen Kosten?

Leider sind die Zyklen der Politik oft länger als ein menschliches Leben. Aus diesem Grund tendiert man in der Regel dazu, eine in der eigenen Lebenszeit vorherrschende Entwicklungsrichtung für unabänderlich zu halten und ewig in die Zukunft zu verlängern. Da die meisten Europäer heute auf eine mindestens 40-jährige Niedergangsphase zurückblicken, glauben sie, diese müsse sich auch in der Zukunft ungebrochen fortsetzen, eine fundamentale Änderung der Entwicklungsrichtung sei unrealistisch, ja geradezu unmöglich. Jedoch lohnt es sich, daran zu erinnern, dass im frühen 19. Jahrhundert die Gesellschaft mit einer ähnlichen Naivität an einen unabwendbaren Fortschritt geglaubt hatte. Dieser Fortschritt entsprach der damaligen Lebenserfahrung. Doch sowohl der Optimismus des 19. Jahrhunderts als auch der Pessimismus der Gegenwart sind letztlich in einer Art Täuschung befangen, die sich aus der begrenzten Lebensspanne ergibt. Für ein Menschenleben sind 40 Jahre sehr viel, doch für die Geschichte ist dies nur ein kurzer Moment. Tatsächlich spricht vieles dafür, dass die Gesellschaft heute am Beginn einer neuen Aufklärung steht. Zu zahlreich sind die Widersprüche, die sich in den letzten Jahrzehnten angehäuft haben, zu irrational ist das heute vorherrschende Zivilisationsmodell, zu entfremdet von der Realität ist die heutige politische Elite und zu viel steht für die gesamte Menschheit auf dem Spiel.

Die Aufklärung des 18. und frühen 19. Jahrhunderts hat einst die illegitime Macht des Adels herausgefordert, der ebenfalls ein System untragbarer und vernunftwidriger Doppelstandards erschaffen hatte. Zudem hat die alte Aufklärung die ideologische Macht der Kirche einer fundamentalen Kritik unterzogen, insofern auch sie zur Ideologie verkommen war und ihrer eigenen Lehre, aber auch der Vernunft an sich von Grund auf widersprach. Heute wird der Adel durch die Monopole im digitalen Sektor und an den Finanzmärkten repräsentiert und der neue Klerus begegnet uns in den Manipulationstechniken der Massenmedien und ihrem Einfluss auf eine zunehmend künstliche Kulturentwicklung. Gelänge es, über die neuen Machtstrukturen aufzuklären und ihre fehlende Legitimation vor dem Gerichtshof der Vernunft zu verhandeln, so könnte die Gesellschaft in eine geschichtliche Phase eintreten, in der es dann erneut wie im frühen 19. Jahrhundert für eine gewisse Zeit zu einer positiven Zivilisationsentwicklung und echtem Fortschritt kommt und in der die Menschen von Generation zu Generation freier und klüger werden.

Nun könnte man einwenden, dass es unrealistisch sei, überhaupt anzunehmen, die normalen Bürger hätten gegenüber den Machtstrukturen dieser Zeit überhaupt den Hauch einer Chance. Gegen dieses Argument sollen am Ende ein paar Überlegungen vorgebracht werden. Wenn die Bürger diese Chance nicht hätten, dann würde das bedeuten, dass die herrschende Macht die Zukunft wirklich planen und deterministisch festlegen könnte. Doch dies würde nicht nur eine Aussage über die gegenwärtige politische Machtkonstellation beinhalten, es würde auch die Welt als eine beschreiben, die in diesem Umfang von oben her geplant und eingerichtet werden kann. Dies wiederum wäre nur in einer rein materialistisch verstandenen Welt möglich. In einer solchen rein von Naturgesetzen gegliederten Welt könnte tatsächlich eine Gesellschaftsordnung errichtet werden, die die menschliche Freiheit konstant reduziert und begrenzt. In ihr wäre die Freiheit entweder gar nicht vorhanden oder aber nur ein derart schwacher Faktor, dass sie keinen wirklichen Einfluss mehr auf die Entwicklungsrichtung der Geschichte mehr nehmen könnte. Doch ist diese Welt wirklich so strukturiert? Zeigt die Geschichte nicht vielmehr, dass die groß angelegten Pläne am Ende immer scheitern? Offenbart die Geschichte nicht, dass die Schwachen über die Starken durchaus den Sieg davontragen können?

Legt man aber eine Ordnung der Welt zugrunde, in der die Freiheit des Menschen ihren Platz hat, dann muss die Zukunft offen sein und dann muss es dementsprechend auch eine realistische Hoffnung geben, sich aus der Umklammerung einer zunehmend repressiven Gesellschaftsordnung zu lösen.

Franz Kafka hat in seiner Erzählung vom »Bau der chinesischen Mauer«[204] ein Gleichnis der Zivilisation entworfen, das zur gegenwärtigen Situation passt. Denn die chinesische Mauer ist ähnlich wie der Turmbau zu Babel ein Symbol für das Unternehmen der Zivilisation. Anders als dieser strebt die chinesische Mauer allerdings nicht nach Vollkommenheit, sondern ist, wie Kafka dem Leser mitteilt, nach dem »System des Teilbaus«[205] errichtet. Diese Bauweise bringt es jedoch mit sich, dass auch nach der Vollendung des Baus in ihm noch Lücken vorhanden sind, »die überhaupt nicht verbaut worden sind«.[206] Siegfried Kracauer hat in einem Essay über Kafka die Frage aufgeworfen, warum die chinesische Mauer als Symbol der Zivilisation als bewusst unvollendet vorgestellt wird, und die Antwort gegeben, dass Kafkas Erzählung eine Beschwörung »vergangenen Lebens [...] festzuhalten sucht [...], eine verschollene Existenzform heraufzitiert und verklärt, in der die richtig eingeordnete menschlichen Kreatur noch nicht aus Lebensangst die Lücken verstopfte, deren Vorhandensein ihr offenbar ermöglichte, dem Echo des wahren Worts zu lauschen.«[207] Die chinesische Mauer wird von Kafka somit als ein Zivilisationsbau beschreiben, der im Gegensatz zum Turmbau zu Babel Lücken enthält. Die Lücken in der Mauer sind notwendig, damit das wahre Wort auch im weit fortgeschrittenen Bau der Zivilisation noch durchdringen kann. Kafkas Erzählung gründet sich damit auf der Hoffnung, die moderne Zivilisation möge kein Turmbau zu Babel sein, dessen Architektur vollkommen auf Verblendung ruht; sondern, dass auch im ehrgeizigsten Werk der Verblendung immer noch Lücken vorhanden sind, durch die auch für die Späteren noch das »wahre Wort« zu den Menschen durchdringen kann. Dabei kommt der Vergangenheit eine besondere Rolle zu.

Auch von dem Philosophen Walter Benjamin sind ganz ähnliche Gedanken überliefert. 1940 lebte Benjamin als kritischer Intellektueller im französischen Exil, wo er an seinem Hauptwerk, dem »Passagen-Werk«, arbeitete. Durch den Einmarsch der Wehrmacht sah er sich plötzlich zur Flucht vor

204 Franz Kafka, Beim Bau der chinesischen Mauer, in: Sämtliche Erzählungen, Frankfurt am Main 1994, S. 289

205 Ebenda, S. 291

206 Ebenda, S. 289

207 Siegfried Kracauer, Franz Kafka, in: Das Ornament der Masse, Frankfurt am Main 1977, S. 266

den herannahenden Truppen seines eigenen Heimatlandes gezwungen. Kurz vor seiner Flucht verfasste Benjamin einen thesenartigen Text, der als »Über den Begriff der Geschichte« oder einfach auch als »Geschichtsphilosophische Thesen« Berühmtheit erlangte. Diese Sammlung von nur 20 Aphorismen atmet auch heute noch die enorme Anspannung der damaligen Situation und bündelt wesentliche Gehalte von Benjamins philosophischem Denken. So äußert Benjamin an einer Stelle sein »Staunen darüber, dass die Dinge, die wir erleben, im zwanzigsten Jahrhundert ›noch‹ möglich sind.«[208]

Denn Walter Benjamin zeichnet in den geschichtsphilosophischen Thesen das Bild einer Geschichte, die von ewigen Klassenkämpfen durchzogen ist und letztlich vom Sieger geschrieben wird. Vordergründig ließe sich dieser Klassenkampf als Kampf um Macht beschreiben. Doch hintergründig sieht Benjamin hierbei auch theologische Prinzipien walten, was er anhand einer Deutung des Bildes »Angelus Novus« von Paul Klee aufzeigt. Die von ihm beschriebene Geschichte sei davon geprägt, dass »ein Sturm [...] vom Paradiese her [wehe]« und Trümmer über Trümmer anhäufe. Der Engel der Geschichte, der auf das Paradies blickt, werde vom Sturm erfasst und mit dem Rücken voran in die Zukunft geweht und könne nur mit Entsetzen auf die Trümmer der Geschichte blicken, die sich vor ihm auftürmen. Am Ende drohe die Gefahr nicht nur den Zeitgenossen einer bestimmten Epoche, sondern überhaupt »dem Bestand der Tradition wie ihren Empfängern«.[209] Denn der Sieger der Geschichte drohe sich sogar der Überlieferung zu bemächtigen. So warnt Benjamin davor, dass »auch die Toten [...] vor dem Feind, wenn er siegt, nicht sicher sein [werden]. Und dieser Feind hat zu siegen nicht aufgehört.«[210]

So wie heute zahlreiche Bürger Europas das Gefühl haben, dass die Kultur ihrer Heimatländer in Auflösung begriffen ist, so war auch bereits Walter Benjamin angesichts des drohenden Sieges des Faschismus von der Sorge bestimmt, dass der gesamte Bestand der Tradition kurz vor seiner Vernichtung stände. Und dass sogar die Toten vor dem Sieg des Faschismus nicht sicher wären. Doch Benjamin bleibt bei der negativen Beschreibung der Geschichte nicht stehen. Während er auf der einen Seite die Geschichte

208 Walter Benjamin, Über den Begriff der Geschichte, in: Gesammelte Schriften Bd. I-2, S. 697

209 Walter Benjamin, Über den Begriff der Geschichte, in: Gesammelte Schriften Bd. I-2, S. 695

210 Ebenda, S. 695

als Verfallsgeschichte beschreibt, sieht er auf der anderen Seite auch eine »schwache messianische Kraft«[211] in der Geschichte wirken, die den Verfall aufhalten würde. Denn die »Vergangenheit«, so Benjamin, »führt einen heimlichen Index mit, durch den sie auf die Erlösung verwiesen wird.«[212] Es bestehe, so Benjamin, »eine geheime Verabredung zwischen den gewesenen Geschlechtern und unserem«.[213] Jeder Generation sei von Neuem »eine schwache messianische Kraft mitgegeben, an welche die Vergangenheit Anspruch hat«.[214] Erkennbar sei diese schwache messianische Kraft an kleinsten, scheinbar unbedeutenden Phänomenen, wie dem Echo historischer Stimmen oder am Aufblitzen einer schon verloren geglaubten Vergangenheit. Während die normale historische Erinnerung oft von der Perspektive der Sieger dominiert sei, gäbe es auch »das wahre Bild der Vergangenheit«.[215] Dieses jedoch »[droht] mit jeder Gegenwart« erneut zu verschwinden [...]«.[216] Denn das »wahre Bild der Vergangenheit«, so Benjamin, »huscht vorbei«.[217] Dem Geschichtsschreiber komme die Aufgabe zu, zum »Tigersprung ins Vergangene«[218] anzusetzen und »sich der Erinnerung zu bemächtigen, wie sie im Augenblick der Gefahr aufblitzt«.[219] Es komme darauf an »im Vergangenen den Funken der Hoffnung anzufachen«,[220] indem man »die Geschichte gegen den Strich bürstet«[221], um »die Überlieferung von neuem dem Konformismus abzugewinnen.«[222] Dabei geht Benjamin davon aus, dass zwei Epochen in einer Art geheimer Verabredung zueinanderstehen können. Und dass das Rettende für eine Epoche aus der blitzartigen Erinnerung einer anderen Epoche gewonnen werden könne.

Gerade weil die heute lebende Generation erneut mit Benjamin die Angst teilen muss, dass der Sieger der Geschichte sich der gesamten Überlieferung bemächtigen könnte, ist sie auch auf die schwache messianische Kraft

211 Ebenda, S. 694
212 Ebenda, S. 693
213 Ebenda, S. 694
214 Ebenda, S. 694
215 Ebenda, S. 695
216 Ebenda, S. 695
217 Ebenda, S. 695
218 Ebenda, S. 701
219 Ebenda, S. 695
220 Ebenda, S. 695
221 Ebenda, S. 697
222 Ebenda, S. 695

verwiesen, an die Walter Benjamin seine Hoffnung knüpfte, sowie an die Lücken im großen Zivilisationsbau der Mauer, auf die Kracauer vertraute. Tatsächlich sind in der europäischen Geistesgeschichte von der italienischen Renaissance bis in die Mitte des 20. Jahrhunderts Ansprüche formuliert worden, von denen schwer vorstellbar ist, dass sie durch die postmoderne Ideologie gänzlich ins Vergessen gestürzt werden könnten. Die über 2500-jährige Vergangenheit Europas sowie die 500 Jahre der europäischen Neuzeit scheinen momentan nur noch wenig Geltung zu bekommen. Sie scheinen vergessen und entwertet angesichts der hundertjährigen Erfolgsgeschichte des »Westens«, der aus Kriegen hervorgegangen ist, erst die Konsumkultur entwickelt und dann die postmoderne Werteordnung etabliert hat. Doch tatsächlich ist die Kulturgeschichte Europas noch vorhanden, ihre Ansprüche sind zu ernsthaft, um durch die knapp hundertjährige Geschichte des Westens so einfach dem Vergessen überantwortet zu werden. Etwas vom Geist des alten Europas, seines Humanismus, seiner Revolutionen sowie der Ansprüche der Aufklärung und nicht zuletzt seiner Künste könnte in kommenden Epochen erneut Einfluss auf die Geschicke Europas nehmen. So schreibt Siegfried Kracauer über die Lücken im Zivilisationsbau der großen Mauer: »Das Licht der alten Zeit strömt aus ihr in die heutige: nicht um uns zu seinem Glanz zurückzulenken, sondern um unsere Finsternis gerade so weit zu aufzuhellen, dass wir den nächsten Schritt zu tun vermögen.«[223] Und Benjamin notiert über den Einfluss der Vergangenheit auf die Gegenwart: »Billig ist dieser Anspruch nicht abzufertigen.«[224]

223 Siegfried Kracauer, Franz Kafka, in: Das Ornament der Masse, Frankfurt am Main 1977, S. 267
224 Walter Benjamin, Über den Begriff der Geschichte, in: Gesammelte Schriften Bd. I-2, S. 694

Hannes Hofbauer

Im Wirtschaftskrieg

Die Sanktionspolitik des Westens und ihre Folgen. Das Beispiel Russland

ISBN 978-3-85371-533-8, br., 256 Seiten, 22,00 €
E-Book: ISBN 978-3-85371-919-0, 17,99 €

Hannes Hofbauer

Feindbild Russland

Geschichte einer Dämonisierung

ISBN 978-3-85371-401-0, br., 304 Seiten, 19,90 €
E-Book: ISBN 978-3-85371-833-9, 16,99 €

Peter Mattmann-Alland

Deglobalisierung

Ein ökologisch-demokratischer Ausweg aus der Krise

ISBN 978-3-85371-489-8, br., 264 Seiten, 24,90 €
E-Book: ISBN 978-3-85371-891-9, 19,99 €

Hochuli/Hoare/Cunliffe

Das Ende des Endes der Geschichte

Post-Politik, Anti-Politik und der Zerfall der liberalen Demokratie

ISBN 978-3-85371-498-0, br., 200 Seiten, 19,90 €
E-Book: ISBN 978-3-85371-897-1, 16,99 €